학생자치를 말하다
학생 중심으로 민주적인 학교문화 만들기

학생자치를 말하다

초판 1쇄 발행 2017년 1월 6일
초판 4쇄 발행 2021년 1월 6일

지은이 이민영·백원석·조성현

발행인 김병주
COO 이기택
CMO 임종훈
뉴비즈팀 백헌탁, 이문주, 김태선, 백설
행복한연수원 이종균, 박세원, 이보름, 반성현, 남기연, 고요한
에듀니티교육연구소 조지연
경영지원 한종선, 박란희
편집주간 이하영 **편집팀** 신은정, 최진영, 김준섭 **디자인** 신미연
책임편집 김미영

펴낸곳 ㈜에듀니티(www.eduniety.net)
도서문의 070-4342-6110
일원화 구입처 031-407-6368 ㈜태양서적
등록 2009년 1월 6일 제300-2011-51호
주소 서울특별시 종로구 인사동 5길 29, 9층

이메일 book@eduniety.net
홈페이지 www.eduniety.net
페이스북 www.facebook.com/eduniety
네이버포스트 post.naver.com/eduniety

ISBN 979-11-85992-32-7 (13370)
책값은 뒤표지에 있습니다.
이 책은 저작권법에 따라 한국 내에서 보호를 받는 저작물이므로 무단 전재 및 복제를 금합니다.

학생자치를
말하다

학생 중심으로 민주적인 학교문화 만들기

이민영·백원석·조성현 지음

에듀니티

프롤로그

세 남자 이야기

… 조성현 선생님께

벌써 5년 반이 지났네요. 의도하지 않았으나 마지막일 수밖에 없었던 학교 축제의 그날로부터. 2010년 겨울, 학급 감소로 공립학교로 전출이 확정된 후, 원치 않는 이별의 슬픔을 잊기 위해 기울인 전날의 술잔 수만큼이나 쓰린 속을 붙잡고 캐럴경연대회 사회를 보던 선생님의 모습이 생각납니다. 늘 그랬듯이 유쾌하고 즐거운 표정과 웃음으로 진행했기에 아이들과 다른 교사들은 눈치채지 못했겠지만, 무대 반대편에 있던 저는 선생님의 웃음에 담긴 깊은 아쉬움을 보았습니다.

  2003년부터 8년 동안 함께 근무하면서 나눈 수많은 이야기, 같이 한 행사들, 무엇보다 매일 점심식사도 제대로 못하면서 아이들과 합창

연습을 하던 선생님의 모습이 생각납니다. 아마 선생님의 아쉬움은 천사의 목소리 세라핌합창단 친구들과 더는 함께하지 못하는 데서 오는 섭섭함 때문이었을 겁니다. 그동안 숱한 무대에서 개구쟁이 친구들 한 명 한 명이 하얀 단복을 입고 노래 부를 때 전해오는 진한 감동을 경험한 선생님이, 이별을 묵묵히 받아들이기 힘든 것은 당연했겠지요.

낯선 지역, 낯선 환경의 새 부임지에서 적응하기 힘들어한 첫 1년도 생각납니다. 지금은 다시 멋지게 교육 활동의 중추적 역할을 담당하고 계신 선생님께, 그 1년은 스스로를 돌아보는 소중한 시기가 아니었을까 감히 짐작해봅니다. 다행히 훌륭한 학교, 좋은 동료들을 만나 성장하는 선생님의 모습을 보면서 함께 근무하지 못하는 서운함을 넘어설 만큼 기뻤습니다. 그 성장은 선생님의 노력과 아이들을 사랑하는 마음이 든든한 밑바탕이 되었으리라 확신합니다.

지금도 한 가지 아쉬움이 있다면 둘이 늘 입버릇처럼 언젠가는 꼭 아이들과 뮤지컬을 만들어보자고 한 약속을 지키지 못했다는 것입니다. 공교롭게도 선생님이 전출한 다음 해부터 저는 뮤지컬을 만들게 되었습니다. 매년 공연할 때마다 선생님과 함께 나눈 다짐들을 떠올립니다. 아마 제가 이렇게 아이들과 계속 뮤지컬 공연을 할 수 있는 건, 그때의 다짐들이 준 소중한 힘 때문일 것입니다.

여전히 저는 선생님에게서 많은 힘과 긍정적인 기운을 받고 있습니다. 선생님을 통해 훌륭하고 멋진 동료 교사들을 알게 되었고, 그 분들로부터 많이 배우면서 부족한 저를 채웁니다. 그리고 교사는 아이들이 자유롭게 스스로 성장할 수 있도록 돕는 사람이라는 생각을, 선생님과 공유하며 이렇게 책으로 펴낼 수 있게 되어 기쁩니다. 우리의 부족한 실천과 약속들이 깨어 있는 교사들의 움직임에 작은 보탬이 되었으면 하는 바람을 가져봅니다. 함께 웃으며 또 다른 다짐들을 생각해내는 좋은 시간들이 있기를 늘 기대하고 있습니다.

이민영 드림

··· **백원석 선생님께**

2011년 여름, 따갑게 내리 쪼이는 햇볕 아래서 밀짚모자와 긴 장화를 신고, 얼굴은 새카맣게 그을린 선생님을 보고 대체 어떤 사람일까 궁금했는데, 벌써 5년이라는 시간이 흘렀네요. 포도송이에 맺힌 이슬방울과 선생님 이마에서 흘러내리는 땀방울을 번갈아보며 그 방울 같은 열정에 감동했습니다. 그리고 농사 관련 책들을 읽고 연구하며 아이들을 지도하는 선생님의 모습을 보면서 존경하는 마음 금할 길이 없었지요.

　사립학교에서 공립학교로 첫 발령을 받은 후, 적응하지 못하고 겉돌던 저를 조금씩 혁신학교라는 따뜻한 공간으로 인도해주신 선생님께 먼저 고맙다는 인사를 드리고 싶습니다. 선생님이 아니었으면, 이 터전에서 제 삶이 결코 지금처럼 행복하지 못했을 테니까요.

저와 3년을 함께 근무하신 선생님이, 장곡중학교에서 보낸 5년이라는 시간을 뒤로하고 작은 학교로 전근을 가신다는 말씀에 무척이나 아쉽고 슬펐답니다. 하지만 그곳에서도 여전히 동료 교사들, 학부모님들과 묵묵히 마을교육공동체를 만드시는 모습에서 선생님의 아이들에 대한 한결같은 사랑과 철학을 엿볼 수 있었지요. 하늘이 눈부시게 푸르른 어느 봄날, 선생님이 전화를 주셨지요.

"우리, 혁신학교아카데미의 리더 과정을 신청해볼까?"

그때까지 저는 '혁신학교의 선두주자인 장곡중학교에 있는데, 굳이 리더 과정을 들을 필요가 있을까?' 하는 아주 오만한 생각을 가지고 있었답니다. 그런데 저보다 더 오래 혁신학교에 몸담은 실천가의 제안에 놀랍기도 했고, 의아하기도 했다지요. 그렇게 시작한 리더 과정에서 저는 초라함을 느꼈습니다. '내가 알고 있는 혁신 교육은 수박 겉핥기였구나!' 하는 걸 깨달았으니까요. 저보다 훌륭한 선생님들이 공부하고 토론하는 모습을 보면서 오만하고 건방졌던 저를 되돌아볼 수 있었지요. 지금 혁신학교아카데미 전문가 과정에서도 수많은 교육철학과 비전에 대한 고민을 함께 나누고 있지만, 선생님의 진지함과 교육에 대한 열정에는 실로 머리가 숙여집니다.

혁신학교를 시작한 지 7년이 지났습니다. 숭고한 동료애와 학생들에 대한 사랑 그리고 실천가로서 묵묵히 살아온 선생님 같은 교사들 덕분에 경기도에서 혁신 교육이, 나아가 전국적으로 확산되고 있는 지금의 현실이 고맙기만 합니다.

저도 선생님과 더불어 나아가겠습니다. 선생님께 물려받은 혁신 철학을 전파하는 데 힘쓰겠습니다. 그리고 선생님이 아이들에게 전하는 무한 사랑과 열정을 본받겠습니다. 앞으로도 이 후배에게 따끔한 조언과 질책 부탁드립니다. 사랑합니다.

조성현 드림

··· 이민영 선생님께

장곡중학교에서 조성현 선생님과 같이 근무하는 동안, 귀에 못이 박힐 만큼 들은 말이 있습니다. "제가 교직에서 가장 존경하는 선생님이 바로 이민영 선생님이에요." 조성현 선생님이 어찌나 자주 이 말을 했는지, 질투가 날 정도였습니다. '도대체 어떤 사람이기에 이러는 거지?' 싶어서 직접 뵙고 싶었지요.

마침내 2012년 여름, 푹푹 찌는 무더위 속에서 진행된 혁신학교아카데미 직무 연수에서 선생님을 뵈었습니다. 그때의 느낌은 이랬습니다. 낯선 사람도 전혀 불편하지 않도록 선하게 웃음 띤 얼굴, 얼굴만큼 부드럽게 건네는 인사말. 짧은 인사를 나누었을 뿐인데도 저는 단박에 알 수 있었습니다. '조성현 선생님의 말이 괜한 소리가 아니었구나!' 하는 걸 말이지요. 감히 질투의 대상으로 삼을 수 있는 분이 아니었습니다.

그렇게 인연을 맺은 뒤로 4년이 흘러가고 있습니다. 한번 인연을 맺기가 어려워서 그렇지, 알게 된 뒤로는 여러 번 만났지요. 특히 경기도 혁신학교의 정착과 확산을 위한 자리에서는 어김없이 열정적으로 참여하고 계신 선생님을 뵐 수 있었습니다. 그러다 조성현 선생님과 함께한 자리에서 선생님께서 이렇게 말씀하셨지요. "우리가 학생들을 위해서 걸어온 길에 뿌려놓은 흔적들을 이제는 정리할 때가 되었다고 생각해."

게으름과 두려움 때문에 감히 제 인생에서 '책을 쓴다'는 것이 가당키나 할까 엄두도 못 내고 대답을 주저하던 제게, 선생님은 '충분히 자격이 있다'는 말로 무한한 용기를 심어주셨습니다. 그 용기에 힘입어 무지하고 부덕한 제가 겁 없이 이렇게 학생부장으로 지내온 과정을 정리하게 되었네요. 절대 잘났다고 자랑하려는 것이 아니라, 아이들과 함께 아파했던 일들에 대한 넋두리이자 푸념을 부끄러운 마음으로 펼쳐 보이는 것뿐입니다. 중간에 포기하고 싶다는 생각이 들 때마다 듬직한 형으로서 중심을 잡아주신 선생님이 계셨기에 가능한 일이 아니었나 싶습니다.

그래서 저도 이제는 말할 수 있습니다. "교직에서 닮고 싶은 선배 교사가 있나요?" 하고 누군가 묻는다면, "소명여중에 계신 이민영 선생님입니다" 하고 자신 있게 말할 수 있다는 것을요. 선생님, 고맙습니다.

백원석 드림

이 책을 읽는 독자들께

아이들은 학교에서 행복할까? 진정한 학생자치란 무엇일까? 여기에 의문을 품은 세 교사가 만났습니다. 저희는 지난 10여 년간 학교 현장에서 학생부(생활인권부)와 학생자치, 동아리 담당 교사로 근무하며, 아이들이 자유롭고 스스로 결정하여 행동할 때 가장 행복하다는 것을 보고 느꼈습니다. 또 아이들을 일방적인 가르침의 대상으로 보지 말고 동등한 인간으로 바라보아야 한다는 것, 스스로 성장할 수 있도록 세심한 배려와 체계적인 교육과정을 만들어주어야 한다는 것을 절실히 깨달았습니다.

이 책은 아이들을 이해하기 위한 교육심리학 서적도 아니고, 학생자치를 성공적으로 학교에 정착시키기 위한 교육과정을 연구한 이론서도 아닙니다. 저희 셋이 교육 현장에서 좌충우돌하며 겪은 성공과 실패담, 상처와 믿음 그리고 가능성과 희망에 관한 보고서입니다. 교사라면 누구나 겪고 있을 어려움과 갈등을 정리한 동료 교사들의 일기 정도로 봐주시면 좋겠습니다.

저희는 각기 다른 경기도의 혁신학교에 근무하면서 많은 시간을 교문에서 인사로 아이들을 맞이하거나, 아이들과 함께 동아리 활동을 하고 축제를 만들면서 성장을 지지하거나, 많은 이들에게 학생 인권과 학교폭력 예방의 중요성을 설득하는 일을 해왔습니다. 치유와 관계 회복을 통한 평화로운 학교 만들기를 실천하는 과정에서 얻은 이 소중한 경험들을, 일부 학교와 특정 지역이 아닌 모든 학교 현장에서 필요로 하는 분들께 사례로 보여드릴 수 있겠다는 믿음으로 이 책을 썼습니다.

1장 '학교, 자치를 말하다'에서는 학년이 올라갈수록 소극적이고 자존감이 떨어지는 우리나라 청소년들의 행복 필수 조건으로 학생자치의 중요성에 대해 밝히고, 학교 현장에서 일군 자치 사례를 소개해보았습니다.

2장 '학교, 인권을 말하다'에서는 학생이라는 이유로 강요당하는 반인권적인 교육 현장의 문제점과 변화의 가능성을 조망해보았습니다.

3장 '학교, 평화를 말하다'에서는 사례를 통한 학교폭력 실태 및 예방 대책과 함께, 최근 들어 주목을 받고 있는 '회복적 생활교육'의 실천 경험을 소개했습니다.

4장 '학교, 축제를 말하다'에서는 아이들 스스로 만드는 동아리 활동과 축제에서 즐겁고 행복한 학교의 모습을 제시해보았습니다.

그리고 끝으로, 현장에서 어려움을 겪고 있는 학생자치 사례를 '아직 말하지 못한 이야기'로 묶어보았습니다.

부끄럽고 부족한 이야기를 책으로 펴내는 데 망설임이 있었습니다. 출판이 가능하도록 흔쾌히 도와주신 에듀니티 김병주 대표와 최윤서 이사께 감사드립니다. 또한 독자들이 이 책을 잘 읽을 수 있도록 꼼꼼하게 보아주신 편집팀에게도 고마운 마음을 전합니다. 저희가 마음 놓고 교육적 사고(?)를 칠 수 있도록 늘 격려해주는 가족과 동료 교사들, 누구보다 이 책의 진정한 주인공인 우리 아이들에게 깊은 고마움을 전합니다.

OECD 청소년행복지수 최하위라는 오명조차 익숙해진 현실에서 학교교육이 '기적'과 같은 변화를 일으킬 수 있을지 예측하기는 어렵지만, 아이들이 행복한 학교를 만들 수 있다는 믿음과 희망을 포기하고 싶지는 않습니다. 그리고 그 희망의 단초를 '진정한 학생과의 만남'을 통해 찾을 수 있다는 바람을 민들레 홀씨처럼 세상에 날리고 싶습니다. 세상 모든 아이들이 행복해질 때까지, 어디선가 정착하여 자라날 새로운 생명이 또 다른 홀씨를 날릴 수 있도록 응원할 것입니다.

이민영·백원석·조성현 드림

차례

프롤로그　세 남자 이야기	5
이 책을 읽는 독자들께	12
여는글　아이들은 학교에서 행복할까?	18

1장 학교, 자치를 말하다 (조성현)

학생자치에 관하여	33
학생들이 너무 바빠요	42
자치의 시작은 교문에서부터	48
회의는 지루해요	55
평화로운 학교 만들기 캠프(리더십 캠프)	66
교육 3주체가 함께하는 생활인권규정 개정 & 학생과 교사의 자율적 생활규범 만들기	73
학생들이 기획하는 학교 축제 & 축제를 통해 마을교육공동체 만들기	82
아빠, 어디가?	88
주제가 있는 학급별 체험학습	93
실패는 두렵지 않다	99
학교, 자치와 만날 수 있을까?	102

2장 학교, 인권을 만나다 (백원석)

학생부와의 첫 인연	107
응답하라, 1999	109
저 새× 또 나왔네	113
미련 없이 떠나자	116
마침내 학생부에서 벗어나다	118
다시 돌아온 학생부	122
나는 중학교 부적응 교사	124
학생부장, 그만두겠습니다	128
교문에서 배꼽인사 하는 학생부장	131
미친 학생부장이 되다	134
학생부, 참을 수 없는 존재의 이유	136
재킷 때문에 팔이 안 올라가요	139
휴대폰을 어찌 하오리까?	146
제대로 된 학급회의, 처음 해봐요	149
빨강머리, 파랑머리는 안 되나요?	152
교내 봉사, 청소 벌에서 벗어나자	158
입장 바꿔 생각해봐, 교사―학생 역할 바꾸기	166

3장 학교, 평화를 만나다 (백원석)

느닷없는 인연	177
'회복적 정의'를 만나다	182

'회복적 생활교육'을 위한 첫걸음　　　　　　　　　　189
B의 사례를 통해서 본 회복적 생활교육　　　　　　　195
회복적 생활교육, 학교는 어렵다?!　　　　　　　　　202
회복적 생활교육의 정착을 위하여　　　　　　　　　207
'마을 공동체 평화 학교'를 지향하며　　　　　　　　213

4장 학교, 축제를 말하다 (이민영)

학생 중심 축제의 서막　　　　　　　　　　　　　　221
수업이 끝나면 즐거운 아이들　　　　　　　　　　　226
우리도 영화 만들 수 있어요　　　　　　　　　　　237
최고의 무대를 만들어줄게　　　　　　　　　　　　246
'TENTEN'에서 '잉큼엉큼'까지　　　　　　　　　　253
역시 아이들은 아이돌이 최고　　　　　　　　　　　260
언젠가 알게 될 거야　　　　　　　　　　　　　　　266
상상할 수 있다면, 꿈꿀 수 있다면　　　　　　　　　270
노래를 불러야지　　　　　　　　　　　　　　　　　276
포기할 수 없는 존재의 가벼움　　　　　　　　　　281
아이들과 함께 축제 만들기　　　　　　　　　　　　285

에필로그　아직 말하지 못한 이야기　　　　　　　　　292

여는 글

아이들은 학교에서 행복할까?

··· 첫 번째 단상, 2003년

한 꼬마가 있었다. 다섯 살쯤 되었을까. 꼬마는 텔레비전에 나오는 사람들이 늘 싸우고 서로 상처 주는 행동을 하는 것을 보며 이런 생각을 했다. '내가 어른이 되면 사람들이 싸우지 않고 서로 사랑하고 도와주고 아껴주는 세상을 만들어야지. 꼭 그런 세상을 만들 거야.'

어느덧 꼬마는 초등학교에 들어갔다. 어느 날 수업시간, 자신의 꿈을 발표하는데 친구들은 저마다 변호사, 의사, 군인, 대통령이 되겠노라고 말했다. 꼬마 차례가 되었다. 꼬마는 일어나서 힘차게 말했다. "저는 모든 사람이 싸우지 않고 서로 사랑하고 도와주고 아껴주는 그런 세상을 만드는 사람이 되겠습니다." 그러자 교실은 웃음바다가 되었다.

친구들은 "야! 그런 꿈이 어디 있어?", "그건 다섯 살짜리나 하는 말이지"라며 놀려댔다. 꼬마는 갑자기 슬퍼졌다. 하지만 꿈을 포기하고 싶지 않았다. 그래서 다시 한 번 다짐했다. "꼭 그런 세상을 만들고 말 거야!"

꼬마가 중학생이 되었다. 선생님은 종이를 나누어주며 자신의 꿈과 희망을 적으라고 했다. 꼬마는 옆 친구가 크게 '과학자'라고 쓰는 걸 보았다. 꼬마는 잠시 고민하다 '모든 사람들이 자유롭고 평화로우며 서로 사랑하는 세상을 만드는 사람'이라고, 자신 있게 썼다. 그러자 어느 날 선생님이 꼬마를 불렀다. 선생님은 다짜고짜 말했다. "야, 이 녀석아! 이런 꿈이 어디 있어? 다섯 살짜리 같은 엉뚱한 생각 하지 말고, 열심히 공부해서 좋은 고등학교에 갈 생각이나 해." 함께 불려간 친구들이 옆에서 키득키득 웃었다. 꼬마는 슬펐다. 그리고 고민 끝에 결론을 내렸다. '그래, 선생님이 되어야지. 그래서 나와 같은 꿈을 가진 아이들에게 희망을 줄 거야.' 하지만 꼬마는 예전만큼 자신이 없었다. 그저 열심히 공부해서 선생님이 되어야겠다는 생각만 남았을 뿐이다.

꼬마가 대학생이 되었다. 같은 과 친구들과 캠퍼스 잔디밭에서 진로에 대한 이야기를 나눌 때, "난 선생님이 될 거야. 그래서 '아이들이 자유롭고 평화로우며 서로 사랑하는 그런 세상을 만드는 사람이 되도록' 도와줄 거야"라고 말했다. 하지만 친구들은 "지금 같은 교육 현실에서 그게 가능할까?", "요즘에도 그렇게 순진한 꿈을 간직하고 있는 아이들이 있을까?", "그건 단지 너의 꿈일 뿐이야"라고 이야기했다. 꼬마는 또 다시 슬퍼졌다. 그리고 꿈을 이루기 위해 다짐을 해야 한다는 사실조차 잊었다. 꼬마에게는 그저 한 살 한 살 나이를 먹는 일이 남아 있을 뿐이었다.

꼬마는 선생님이 되었다. 매일 아이들과 씨름하는 학교생활과, 한 집안의 가장 역할에 많이 지쳐 있었다. 꼬마의 꼬마가 아파서 거의 밤을 샌 다음 날, 수업을 하려고 힘든 걸음으로 교실로 들어갔다. 마침 서로의 꿈에 대해 발표하는 시간이었다. 꼬마는 지친 목소리로 말을 꺼냈다. "자! 한 사람씩 자신의 꿈을 발표해보세요." 아이들은 말했다. 의사가 되겠다고, 과학자가 되겠다고, 유명한 연예인이 되겠다고. 그런데 한 꼬마의 순서가 되었을 때, 커다란 목소리로 "저는 모든 사람들이 싸우지 않고 서로 사랑하고 도와주고 아껴주는 세상을 만들고 싶습니다" 하는 말이 들렸다. 교실은 이내 웃음바다가 되었고, 꼬마는 꼬마에게 어이없다는 듯이 말했다. "야! 이 녀석아, 그런 꿈이 어디 있어? 그건 다섯 살짜리 꼬마나 하는 소리지…."

2003년 그때, 나는 많이 지쳐 있었다. 중학교 때부터 꿈꿔온 교사가 된 지 5년밖에 지나지 않았는데, 절망하고 있었다. 행복한 학교에 대한 꿈은 사라진 지 오래였다. 3년간 학생들보다 성적을 처리하는 도트 프린터와 더 친해진 것 같은 착각을 하게 만든 연구부 평가 업무를 끝내고, 학생부 생활지도를 맡고 있었다. 하루하루가 갈등의 연속이었다. 특히 나를 가장 힘들게 한 것은 아침 교문 지도였다. 긴 막대기를 들고 나가 교문으로 쏟아져 들어오는 아이들을 한 명 한 명 노려보다가 복장과 머리가 규정에 맞지 않는 아이를 발견하면, 영혼 없는 목소리로 불러다가 혼내고 다그쳐야 했다.

아침부터 한바탕 소란을 떨고 지친 발걸음으로 교무실로 가면, 어김없이 사고를 친 녀석들이 꿇어앉아 있거나 손을 들고 서 있었다. 한 명씩 불러서 진술서를 받고 반성문을 쓰도록 지시하면 아침 일과는 어느 정도 마무리되었지만, 평온하게 수업에 들어갈 마음은 온데간데없어졌다. 수업을 하다가도 어디선가 문제가 생기면 뛰쳐나가야 하는 것이 학생부 교사의 일상이었고, 가출한 아이를 찾기 위해 잠복근무도 불사해야 했으며, 사건을 처리하다 보면 아이를 윽박지르거나 협박하기 다반사였다. 가끔 체벌이라도 하면 그날은 잠을 제대로 잘 수 없었다. '내가 교사인가, 경찰인가?', '도대체 머리를 귀밑 20센티미터까지만 길러야 하는 이유는 무엇일까?', '내가 꿈꾸던 교사의 모습은 이런 게 아니었는데…'

괴로운 일상 가운데 기회가 찾아왔다. 학생부장 선생님과 '학생생활규정'을 개정하기로 한 것이다. 1년에 한 번씩 의례적으로 하는 작업이었지만, 그 수준에서 하고 싶지 않았다. 교사회의를 거쳐 규정을 개정하자고 건의했다. 다행히 의견이 받아들여져서 생활규정개정위원회가 꾸려졌고, 회의를 시작할 수 있었다. 하지만 야심차게 준비한 회의는 난항의 연속이었다. 머리 길이로, 치마 길이와 양말 색깔로, 액세서리 착용으로 여러 차례 공전한 회의는, 봄에 시작해 어느덧 10월을 넘기고 있었다. 이 일은 한 가지 사안에 대해 교사들의, 아니 사람들의 의견이 정말 다양하다는 것을 알게 해주었다. 학생과 학부모에 대한 심층적 의견도 제대로 모으지 못한 채, 우리는 머리 길이 규정 폐지를 합의하는 선에서 생활규정 개정을 마쳤다. 별다른 규정 없이 행해지던 체벌을, 교육청 지침에 의거해 포함시킨 것이 위안이라면 위안이었다.

당시 규정은 회초리의 크기와 재질과 모양까지 규정하고 있어서 지금 시각으로 보면 이런 것까지, 하고 생각할 수도 있다. 하지만 당시로서는 암묵적으로 행해지던 체벌을 규정에 명시하고, 교사의 자의적인 체벌이나 집단 체벌을 금지한, 진일보한 규정이었다. 무엇이든 당시에는 없어지면 마치 세상이 무너질 것처럼 중요하게 여기던 것도, 세상이 변하면 놀랍도록 빨리 잊어버리기 마련이다. 그렇다면 우리는 항상, 머지않은 미래에 폐기될지도 모르는 불합리한 가치들을 고집스럽게 붙잡고 있지는 않은지, 진지하게 생각해볼 필요가 있다.

우여곡절 끝에 1년이나 이어진 생활규정 개정 논의는 일단락되었다. 만족스러운 결과는 아니었지만, 그래도 힘겨운 교사 생활에 열정과 의지를 되살려주는 계기가 되었다. 게다가 함께 머리를 맞대면 무언가 이루어진다는 생각이, 그해 처음으로 학생이 중심이 되는 축제를 기획하는 발판이 되어주기도 했다. 논의하는 과정에서 몸과 마음이 지쳐서인지, 지역에 있는 중학교에서는 처음으로 머리 길이 규정을 폐지한 의미 있는 순간이었는데, 그때는 미처 그걸 알지 못했다.

… 두 번째 단상, 1985년

영화 〈백 투 더 퓨처〉의 타임머신이 번개를 맞고 30년의 시공을 넘나들 때, 나는 까까머리 중학생이었다. 우리 학교는 지역에서 유명한 사립학교였는데, 입학하고 처음 받은 충격은 운동장의 흙이 고르게 펴져 있지 않은 자갈밭이었다는 것이다. 그 운동장에서 우리는 '하느님의 형님'으로 불리기를 원한, 갓 군에서 제대한 체육 선생님의 엄격한 훈련으로 조련을 받아야 했다. 체육 시간 내내 체력단련이라는 이름으로 행해진 PT체조, 선착순 벌칙, 통닭구이로 얻은 효과는, 기시감으로 인해 예상보다 훈련이 덜 고되다고 자기 위안을 삼은 10년 뒤 군 복무 시절에나 나타났다.

그 당시 남자 중학교의 일반적인 머리 길이 규정은 3센티미터였는데, 등교 시간에 학교 정문에서 자를 들고 서 있는 학생주임과 선도부의 모습은 낯선 풍경이 아니었다. 심지어 불시 검사라는 명목으로 학생부 선생님들이 수업시간에 갑자기 자와 가위를 들고 나타나기도 했는데, 지금도 미닫이문이 드르륵 열리며 '전부 고개 숙여!' 하고 호통치던 선생님의 목소리가 들리는 듯하다. 한번은 소위 모범생이던 나도 수업시간에 실시하는 용의 검사의 희생양이 되어 머리를 잘린 적이 있다. 그때 왜 그랬는지 모르지만, 약간의 반항심이 생겨서 한쪽만 잘려나가 우스꽝스러운 머리를 며칠씩 제대로 자르지 않고 다니기도 했다. 물론 소심한 반항은 오래가지 못했지만.

'강한 남자 되기 프로젝트'의 하이라이트는 '내복 검사'였다. 우리는 300미터 고지에 있는 학교의 칼바람에 맞서기 위해 내복을 입곤 했는데, 그러면 어김없이 체육 시간에 체육복 바지를 내려야만 했고, 내복만 입은 채 선착순을 하거나, 심한 경우에는 내복마저 벗고 손을 들고서 있어야 했다. 맨 다리로 받아들여야 하는 추위보다 견디기 힘든 것은 친구들과 옆 학교 아이들이 보고 있는 가운데 운동장에서 팬티만 입은 채 손을 들고 있다는 수치심이었다. 그것은 이후에 내가 꾼 수많은 악몽의 원천이 되었다.

지금도 이해할 수 없는 것이, 왜 그렇게 머리를 짧게 잘라야만 했는지, 왜 내복을 입으면 안 되었는지, 아무도 이유를 설명해주지 않았다는 것이다. 공부에 방해가 되니까 머리 길이는 짧은 게 좋다는 어른들의 생각 때문이라면, 머리 길이와 성적은 반비례해야 한다. 그런데 우리 반 꼴찌 친구는 빡빡머리로, 반항한다며 매일 선생님들께 매를 맞는 의문을 남겼다. '강한 남자 되기 프로젝트'라는 표현은, 요즘 텔레비전 예능 프로그램을 보고 이름 붙여본, 내 나름의 씁쓸한 위로에 지나지 않는다.

그렇다고 중학교 은사님들을 비난하는 것은 결코 아니다. 우리 학교 선생님들은 매우 정이 많은 분들이었고, 학생을 사랑하셨으며 학교생활에 충실한 분들이었다. 내가 이야기하고자 하는 것은 '내 마음조차 사회가 형성한다'는 비고츠키의 말처럼, 사회와 학교의 문화가 교사의 생각과 행동을 결정한다는 것이다. 수업시간에도 총을 들어야 했던 그

시절, 반장이 교사에게 위임받은 권력으로 자율학습 시간에 떠드는 아이들을 때릴 수 있을 정도로 폭력이 일상화했던 학교 현장에서, 교사들은 과연 무엇을 할 수 있었을까.

그나마 중·고등학교 시절을 떠올리며 유일하게 위안을 삼는 것은, 교복을 한 번도 입지 않았다는 사실이다. 물론 전국의 모든 학교에서 교복을 없애는 것이 그때에나 가능했던 또 하나의 폭력일 수 있겠으나, 어쨌든 나는 대한민국에서 교복을 한 번도 입지 않는 혜택을 누린 세대다. 고등학교 졸업 즈음, 교복 부활 움직임이 있을 때도 나는 끝까지 반대했다. 나는 지금도 학생들이 교복 입는 것을 좋아하지 않는다. 나보다 나이가 많은 분들에게는 학창시절을 추억하는 대표성을 띠고 있고, 지금 학생들에게는 상급학교 진학을 결정하는 중요한 아이템이며, 학부모들에게는 자녀에게 경제적 차별을 느끼지 않게 해주는 효자 목록임을 모르는 바 아니지만, 그래도 나는 교복이 싫다. 그 통일성도, 그로 인해 발생하는 무수한 학교 내 소모적인 논쟁도.

30년 전 학교의 일상은, 아련한 추억 또는 드라마나 영화의 소재로 남기기에는 너무 폭력적이었고 무식했다. 폭력이 일상화한 학교에서 배운 아이들이 사회로 진출하는 것은 두려운 일이다. 공공질서나 규범을 넘어 개인의 개성과 사생활 규제를 담보로 행해지는 전체주의가, 교육이라는 이름으로 당연시되는 것도 무서운 일이다. 중학교를 졸업하고 몇 년 뒤에 신문에서 본 조직폭력배의 무자비한 복수극 주인공 가운데 하나가 동창생임을 발견했을 때, 학교의 폭력적이고 전체주의적인 문화가 주범이라는 생각을 했다. 나는 지금도 그 생각이 결코 비약이 아니라고 믿는다.

하지만 그럼에도, 내가 교사가 될 미래에는 아침 7시에 등교해서 밤 10시가 넘도록 자율학습이라는 이름으로 콘크리트 교실에 갇혀 있는, 모의고사가 끝나면 복도에 1등부터 100등까지 이름이 내걸리고 나머지 아이들은 존재조차 기억되지 않는, 단체 기합과 처벌로 하루에도 몇 번씩 책상 위에 무릎을 꿇고 허벅지를 맞아야 하는, 그런 학교는 없을 거라고, 순진하게 꿈꿔왔다. 교사가 되어 똑같이 아이들을 체벌하고 있는 내 모습을 발견하기 전까지는 말이다.

··· 세 번째 단상, 2016년

세월은 많이 흘렀고, 우리는 이제 타임머신을 타지 않아도 영화 속 미래 도시를 볼 수 있게 되었다. 달라진 사회의 모습은 차치하고, 학교의 모습만 보자. 내가 학생부에서 근무한 10년 전까지만 해도 쉽게 이루어졌던 체벌이, 대다수 학교에서 사라졌다. 여전히 본인의 경험에 기대어 아이들은 맞아야 한다거나, 때리지 않으면 교사의 권위가 사라진다고 주장하는 사람들은 있어도, 전체적인 분위기는 확연히 달라졌다.

경기도에서 시작한 혁신학교의 제도화는 이런 분위기에 불을 붙였다. 학교에 인권이라는 개념이 들어왔고, 과정이 순탄치만은 않았지만 학생인권조례가 제정되었으며, 일부 학교에서 실천하고 있는 '회복적 생활교육'에서는 학교폭력에 대한 대응과 처리에서도 처벌이라는 '응보적 정의'보다 화해와 치유를 통한 '회복적 정의' 개념을 도입하고 있다. 이는 최근에 학교를 졸업한 사람들조차 상상하지 못한 혁신적인 변화다. 내가 생각해도 지난 몇 년간 경기도 혁신학교에서 벌어지고 있는 변화는 놀라울 정도다.

어쩌면 그래서 도취되어 있었는지도 모르겠다. 점점 기억력이 나빠지는 것을 넘어서 내 상황을 일반화해버리는 흐린 판단력으로 세상을 보고 있었던 것 같다. 그런데 환상은 늘 가까운 곳에서 깨지기 마련이다.

나는 경기도에 있는 혁신학교에서 근무하고 있지만, 우리 딸아이는 집 근처에 있는 서울의 일반 중학교에 다니고 있다. 전통 있는 학교로서, 학부모들의 평판도 좋은 편이다. 물론 그런 점이 항상 나를 불안하게 했던 것도 사실이다.

딸아이가 중학교에 입학한 지 얼마 안 되어 학교에서 벌점을 받았다고 투덜거렸다. 이유를 물어보니, 운동화 끈이 형광색이어서란다. 규율을 중시하는 학교임을 알고 있었기에 조심하라고 일러두었지만, '운동화 끈까지 생각 못한 잘못'이라고 말하는 내가 교사로서 부끄러웠다. 아이가 초등학교 다닐 때부터 교사와 학부모라는 두 가지 역할 수행에서 오는 지독한 갈등을 경험한 터라, 웬만하면 아이의 불만에 학교를 비판하지 않는 비겁함에 익숙해져 있음에도 말이다.

비겁함에 대한 시험은 여기서 끝나지 않았다. 1학년 말에 또 벌점을 받아온 딸아이의 위반 항목은 머리핀 색깔이었다. 강당에 집합해서 점검을 받던 중 검은색 머리핀이 오래되어 은색으로 변한 것이 벌점의 원인이었다. 나를 더 힘들게 한 것은 오기가 생긴 딸아이가 2학년 때 선도부에 지원한 것이다. 다른 친구들을 단속하려고 아침 7시 반에 등교하는 아이를 가끔 차로 태워다주며 내가 할 수 있는 일은 없었다. 벌점도 선도부도 없어진 내가 근무하는 학교에서, 아이들이 남아 있는 용의복장 규정에 이런저런 불만을 내놓을 때마다 딸아이 학교를 예로 들며 '너희는 행복한 거'라고 달래는 내 비겁한 모습만 보태질 뿐이었다.

두 학교의 모습은 정말 다른가? 무엇이 다른가? 체벌과 벌점이 없어지고 선도부가 없어지면 아이들은 행복해지는가? 그동안 숱한 노력을 거듭해서 여기까지 왔지만, 근본적으로 학교의 모습이 달라졌는가에 대한 질문에는 자신 있게 대답할 수 없었다. 하나의 학교를 바꾸는 것도 물론 쉽지 않지만, 작은 성취에 안주해서 더 나아가지 못하고 있는 스스로에 대한 자책으로 괴로웠다.

이 책을 쓰고자 한 이유도 여기에 있다. 나와 동료 교사들의 실천과 노력이 이 지점에서 멈추지 않았으면 좋겠다는 반성에서 말이다. 그리고 누군가 내 이야기를, 우리 이야기를 듣고 함께 고민하고 실천해주었으면 하는 바람에서 말이다. 물론 내 딸에게도 아빠의 고민을 들려주고 싶었다.

최근에 대학교에서 교직 강좌 하나를 맡아서 진행하고 있는데, 예비

교사인 수강생들에게 학창시절 가장 기억에 남는 일이 무엇인지를 물어본 적이 있다. 모든 학생의 답변을 들은 것은 아니지만, 대부분이 그다지 긍정적인 대답을 내놓지 못했다. 수업에 대한 기억은 바라지도 않았지만, 교사에 대한 추억이나 동아리 활동, 학급 활동에 대한 대답 정도는 나올 거라고 예상했다가 여지없이 무너졌다. 그저 친구들과 수다를 떤 것, 자율학습 시간에 빠지고 논 것이 전부였다. 그나마 몇몇은 여전히 체벌과 단속에 대한 부정적인 기억을 가지고 있었다.

그들이 졸업한 학교의 모습이 몇 년 사이에 확 달라졌으리라고 보기는 힘들다. 지극히 일부만이 경기도 혁신학교 정도의 수준으로 변했을 뿐, 일반적인 학교의 모습은 30년 전 또는 13년 전과 비슷할 것이다. 학교가 산업자본주의의 공장 역할을 한 것이 정점에 이른 시기가 1980년대라면, 30년이 지난 지금 학교는 과도기적 몸살을 앓고 있는지도 모르겠다. 조금 앞서 나가는 학교가 있는가 하면, 여전히 폭력적인 전통을 미덕으로 여기며 변화에 저항하는 학교도 있을 것이다. 앞서 나가는 학교의 힘이 깨어 있는 교사들로부터 나왔다 하더라도, 이 전반적인 상황을 교사 개개인의 책임으로 돌릴 수는 없다.

30년 전 은사님들에게 그렇듯이, 나는 현재의 교사들에게 무한 책임을 요구할 수 없다. 다만, 내가 할 수 있는 일은 최선을 다해 노력하는 것뿐이다. 그리고 자꾸 이야기하려고 한다. 함께 고민해보지 않겠느냐고, 그러면 혹시 아이들이 조금은 행복해지지 않겠느냐고.

여전히 교육의 희망을 이야기하는 내게 동료들은 묻는다. 교육으로 세상을 바꿀 수 있을까? 혹은 그렇게 세상이 변하려면 얼마나 걸릴까? 농담처럼 대답한다. 200년쯤 걸리지 않을까요. 농담이 아니란 것을 나는 알고 있다. 프랑스 혁명 이후 200여 년이 지났지만, 여전히 우리는 자유와 평등의 실현을 위해 크고 작은 실천과 투쟁을 계속하고 있다. 사람의 사회적, 문화적 심성이 쉽게 바뀌지 않듯이, 역사 또한 쉽게 바뀌지 않는다. 아니, 나와 가장 가까이에 있는 한 사람도 잘 바뀌지 않는다. 사람들이 모여 있는 세상은 더 그렇다. 역설적으로, 그래서 우리는 희망을 가져야 한다. 단테가 〈신곡〉에서 표현한 것처럼 희망조차 없는 삶은, 지옥문 앞에 서 있는 절망만 남아 있는 인간의 마지막 모습이기 때문이다.

이민영

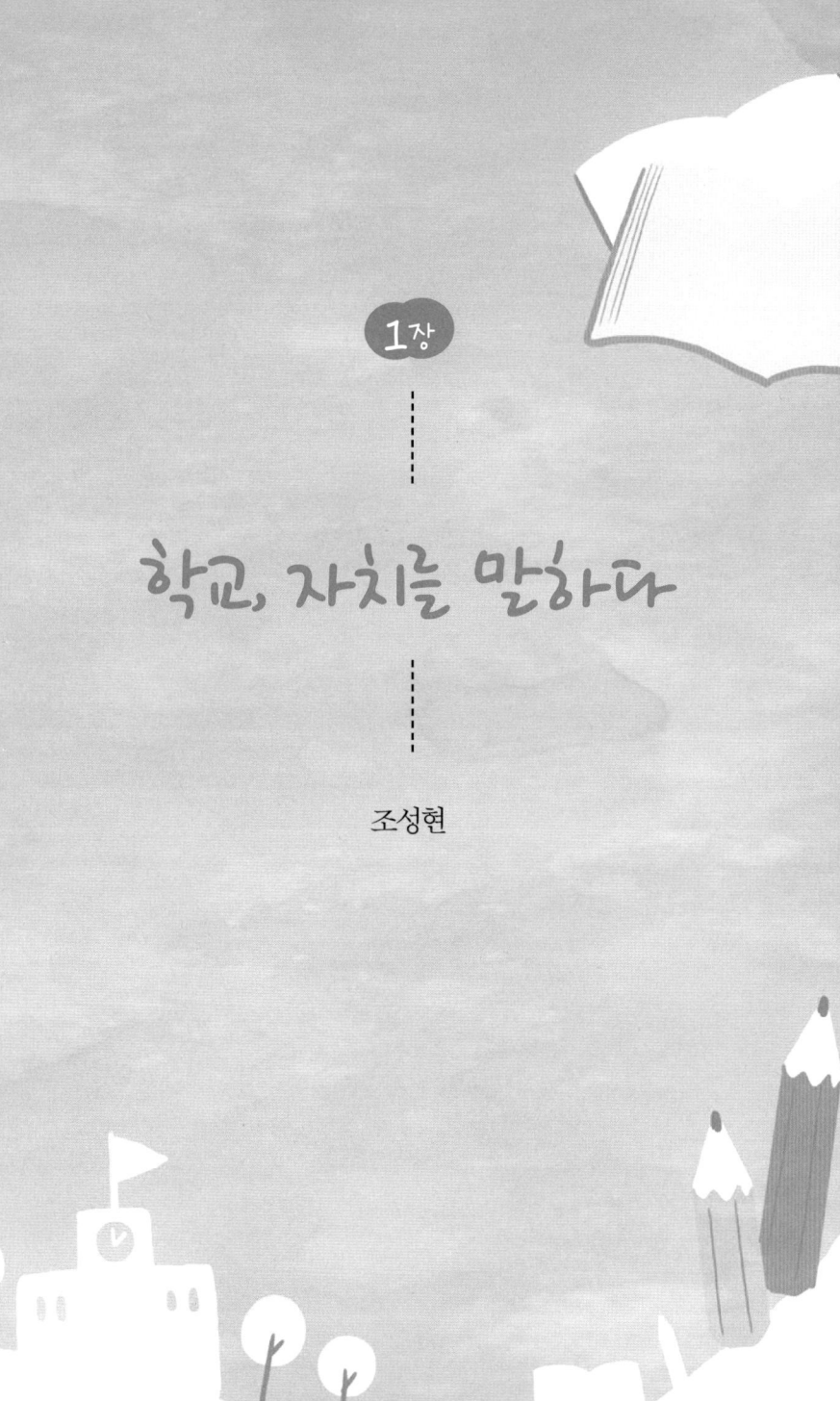

1장

학교, 자치를 말하다

조성현

학생자치에 관하여

[초·중등 교육법 제17조]
학생의 자치 활동은 권장·보호되며, 그 조직과 운영에 관한 기본적인 사항은 학칙으로 정한다.

[경기도 학생인권조례 제17조(자치 활동의 권리)]
① 동아리 등 학생의 자치적인 활동은 보장된다.
② 학교는 학생자치 기구의 구성과 소집 및 운영 등 활동에서 자율과 독립을 보장하고 성적 등을 이유로 구성원 자격을 제한해서는 안 된다.

2014년 10월 어느 멋진 토요일! 나는 그날을 아직도 잊을 수 없다. 짧지 않은 교직 생활에서 가장 큰 보람을 느낀 하루였다라고 감히 말할 수 있으므로. 그날 나는 **중학교 리더십 캠프에 초대받아 우리 장

곡중학교 학생자치회 임원들을 데리고 아침 일찍 학교를 나섰다.

"선생님 저희가 거기 가서 어떻게 해야 하는 건가요?"

다른 학교 리더십 캠프에 가자고 하니, 아이들은 왠지 설레기도 하지만, 막상 남의 학교 캠프에 가서 뭘 해야 하는지 불안함을 느끼는 것 같았다.

나는 그동안 부족하나마 여러 학교의 리더십 캠프에 강사로 참여한 경험이 있다. 대개 일방적으로 우리 학교의 자치 활동 사례와 리더로서 역량에 관한 강의를 아이들과 담당 교사들 앞에서 한 것이지만, '정작 이렇게 해서 얼마나 도움이 될까?' 하는 의구심을 가졌던 것도 사실이다. 이런 의구심을 품고 있을 때, 전화 한 통을 받았다.

"저, **중학교 학생부장입니다. *월 *일 토요일 오전에 우리 학교 학생회 리더십 캠프가 있는데, 학생 대상으로 강의를 부탁드려도 될까요?"

우리 학교의 축제 준비로 여념이 없는 시기였기에, 토요일 오전에는 늦잠을 자면서 쉬고 싶던 터여서 우물쭈물 답변을 미뤘다.

"저희 학교 축제가 얼마 안 남아서요. 장곡중학교 학생회 활동이 잘 이루어진다고 들어서 그러는데, 시간 좀 내주시면 안 될까요? 자치 활동을 어떻게 하면 좋을지, 우리 아이들에게도 들려주고 싶습니다."

거의 반강제적으로 강의 요청을 받아들이고 나서, 늘 목에 가시처럼 걸려 있던 의구심으로 마음이 답답했다. 그러다 문득 '마침 토요일이니 우리 학교 학생들과 그 학교 학생들이 만나 서로 궁금한 것을 묻고 답변하는 시간을 가지면 어떨까?' 하는 생각이 들었다.

방과 후에 학생자치 회의실로 학생회 임원들을 소집했다. 그리고 자세한 상황을 이야기하고, 할 수 있겠느냐는 질문을 던지니, 아이들이 의외로 흔쾌히 동의해주었다. 바로 **중학교로 전화를 걸었다.

"선생님! 혹시 우리 학교 아이들 몇 명을 데려가서, 아이들끼리 서로 궁금한 것을 이야기하고 정보도 공유하게 하면 어떨까요?"

"너무 좋지요. 아이들도 재미있어할 것 같아요."

받아들이기 어려운 제안일 수도 있었는데, 상대 학교에서 열린 마음으로 찬성해주신 덕분에 토요일 이른 아침부터 각각의 주제별로 역할을 맡은 학생회장, 부회장, 축제준비위원장 셋과 참여하게 된 것이다.

1시간 정도 차를 달려 **중학교에 도착했다.

"으~ 선생님, 너무 떨려요."

"걱정 마. 너희가 해온 그대로 이 학교 아이들에게 이야기해주고, 너희도 배울 게 있으면 배워가서 우리 학교 자치 활동에 적용하면 되잖아!"

아이들에게 자신감을 불어넣어주고, 캠프 장소인 도서관으로 갔다.

드디어 리더십 캠프가 시작되고, 내가 먼저 리더에 대한 강의를 한 뒤에, 우리 학교 학생회장과 부회장, 축제준비위원장이 차례로 자치 활동 사례, 학급회의 사례, 축제 사례에 대하여 강의를 했다. 강의가 끝난 뒤에는 모둠을 세 개 만들어 **중학교 임원들과 우리 학교 임원들이 편안하게 질의응답 하는 시간을 가졌다.

"학생회 임원들이 그렇게 많은 일을 하면, 시간이 없어서 공부에 소홀해지지 않니?"

"그렇게 활동하면서 예산은 어떻게 사용했어?"

"학교에서 다 뒷받침해준다고? 와, 부럽다!"

모둠 활동으로 또래끼리 재잘거리며 이야기를 나누다 보니 1시간이 훌쩍 지나갔다. 40명이 넘는 아이들의 궁금증을 단 세 명이 입에서 단내가 날 정도로 설명해주고 풀어주니, 아이들 대부분이 우리 학교를 부러워하며 자기들도 한번 해볼 수 있을 것 같다고 했다. 말 그대로 '학생자치의 꽃'을 피우는 시간이었다. 교사인 내가 강의를 할 때는 조금은 못 믿겠다는 의심의 눈초리를 받아야 했는데, 이날만큼은 아이들의 눈빛이 반짝거리는 걸 보면서 정말 같이 오길 잘했다. 우리 학교의 자치 사례를 아이들 눈높이에서 쉽고 재미있게 잘 전파했다는 뿌듯함을 느꼈다.

강의를 마치고 아이들과 밥을 먹으며 소감을 물어보았다. 학생회장인 **이가 이렇게 말했다.

"제가 장곡중학교 학생이라는 것이 너무 자랑스럽고 벅찼어요."

그러면서 눈물을 또르르 흘리는 것이 아닌가! 순간 나도 목이 메었다. 가슴 깊숙한 곳에서 밀려오는 감동의 물결로 코끝이 찡해지고 먹먹해져서 감정을 감추느라 힘들었을 정도다. 그래서 나도 마음속으로 다음과 같이 이야기해주었다.

"너희와 함께한 학교생활은 선생님한테도 축복이었고, 아름다웠고, 즐거웠어. 그리고 너희가 만들어가는 소중한 자치 문화 또한 선생님이 보기에 예쁘고 사랑스러워. 언제나 너희는 내게 행복을 주는 사람들이야. 그래서 선생님도 너희에게 행복을 주는 사람이고 싶단다. 소중하고 자랑스러운 제자들아, 내가 장곡중학교 교사라는 것이 너무 감사하고 자랑스럽단다. 사랑한다."

● **학생자치의 힘**

> 장곡중학교 학생회장 ***입니다.
>
> 안녕하세요. 저의 중학교 시절, 가장 행복했던 학생회 이야기를 들려드리려고 합니다. 중학교 1학년 때, 부회장 선거가 있었습니다. 후보자 팀을 선정하는 기준은 1학년 지원자들을 2학년 지원자들이 선택해서 뽑는 방식이었습니다. 그런데 저는 2학년에 아는 선배가 없었고, 학생회장과 부회장 선거에 출마할 기회조차 누군가에 의해 정해지는 것에 부당함을 느꼈습니다. 그래서 선생님께 2학년 때 준비된 모습으로 회장 선거에 다시 출마하겠다고 말씀드리고, 그 자리를 나왔습니다. 그리고 1년 동안 '장곡중학교 학생회장

이 된다면 어떤 학생회장이 되어야 할까'를 고민했습니다. 누구나 말하는 것처럼, 정말로 학생이 중심이 되고 학생을 위해 존재하는 학생회를 만들어야겠다고 생각했습니다. 1년 뒤, 저는 학생회장 선거에 출마했고, 장곡중학교의 미래를 바꾸겠다는 큰 포부를 가지고 학생회장 자리에 섰습니다.

학생회 활동을 하면서 '학생이 정말 학교를 변화시킬 수 있구나' 하는 것을 깨닫게 해준 몇 가지 일화를 소개하겠습니다. 새 학기를 맞이하는 3월, 저희는 교칙에 변화가 필요하다고 생각하여 공청회를 개최했습니다. 교칙 개정을 위해 학부모 대표, 교사 대표, 학생 대표가 모여 저희가 제안한 의제에 대해 의견을 나눴습니다. 첫 번째 의제는 '염색을 N6까지 허용하자', '색조 화장을 제외한 피부 화장을 허용하자', '학생 흡연은 1차 적발부터 강력히 교육하자'는 것이었습니다. 공청회를 열어 학부모님들, 선생님들의 의견과 전교생을 대상으로 한 설문 결과를 바탕으로 각 입장의 합의를 통해 교칙을 개정할 수 있었습니다. 교칙에 변화를 갖고자 한 것은 보다 행복한 학교생활을 보내기 위해서였습니다. 학생들이 규칙을 어기면서 선생님들의 훈계와 지도로 갈등이 커지는 것보다 우리가 직접 교칙을 만들면 그 책임이 우리에게 있으니 오히려 잘 지킬 수 있다고 판단했기 때문입니다. 또한 공청회를 통해서 우리가 원하는 것을 요구할 때는 먼저 주어진 의무를 다하고, 대화로 요구해야 한다는 것과 함께 학생에게 주어진 신뢰와 자율권을 지켜내야 한다는 메시지를 학생들과 함께 나누고 싶었습니다.

장곡중학교 학생회 활동 중에 가장 기억에 남는 것은 축제입니다. 다른 학교도 학생회가 직접 축제를 준비한다고 하는데, 모든 과정에서 학생이 주도하는 학교는 우리 학교가 최고일 거라고 생각합니다. 2014년도 축제의 주제는 '동화'였습니다. 그래서 장소가 중요했는데, 강당과 운동장 그리고 로비와 복도만으로는 동화라는 콘셉트를 살리기가 힘들다고 생각해서 마을의 갯골생태공원에서 하면 어떨까 생각했지요. 또 모든 과정마다 학생들이 직접 장소를 섭외하고, 공연과 전시 활동을 기획하고 준비했습니다. 진행 또한 학생회 멤버들이 맡았고요.

축제를 준비하면서 빚어진 갈등을 해결하는 과정에서 저는 부드러운 카리스마가 무엇인지를 배웠습니다. 학생회 멤버들이 편안하고 자유로운 분위기에서 학생회 활동을 할 수 있도록 끊임없이 대화하고 소통하려고 노력했습니다. 또 학생회장이기에 목표와 목적지를 향해 나아가도록 리더십을 발휘해야 했습니다. 장곡중학교 학생회 활동을 통해 추진력과 리더십, 그 소중한 능력들을 배울 수 있었습니다.

또 하나, 학생회 활동을 하면서 즐거웠던 시간은 바로 대의원회의였습니다. 예전에는 각 반의 대의원들만 회의를 하고, 다른 학생들은 교실에서 텔레비전으로 시청을 했습니다. 그러다 보니 직접 참여하지 않는 학생들은 관심을 갖지 않게 되었고, 대의원회의를 시청하는 데 의문을 제기하는 친구도 많았습니다. 그래서 재미있고 창의적인 회의로 바꿨습니다. '아프리카 TV' 같은 인터넷 방송은 BJ가 진행하면서 시청자들과 실시간 채팅방을 통해 소통을 합니다. 우리도 다음 카페를 이용해서 각반의 부대의원이 채팅방에 접속하고, 회의 의제에 대한 의견을 전달하도록 했습니다. 진행도 일방적으로 따분하게 하는 것이 아니라 대의원들, 전교생들과 소통하며 즐겁게 했습니다. 대의원회의는 저에게 진행 능력과 위기 대처 능력을 선물해주었습니다. 가끔씩 말실수를 해서 당황하면 재미있는 유머로 넘어가는 여유도 생겼습니다.

저는 지금 고등학교 2학년인데, 장곡중학교 학생회가 너무 그립습니다. 학년이 달라도 편안하고 정이 많았던 학생회 친구들, 학생회 활동을 전폭적으로 지원해주셨던 선생님들 그리고 전교생과 함께한 아침 교문 행사, 스승의 날 행사, 축제, 체육대회 모두 그립습니다. 그 이유는 모든 과정에 우리의 노력과 눈물과 행복이 있었기 때문입니다. 스펙을 쌓기 위해서, 생활기록부를 잘 쓰기 위해서가 아니라 학생회 활동 그 자체가 좋아서 했으니까요. 점심시간에 빨리 급식을 먹고 달려가 학생회 멤버들이랑 행사를 기획하던 일, 아침 등굣길 전교생에게 꿈 인터뷰를 한 여름날의 추억, 졸린 눈을 비비며 아침 일찍 나가서 플래카드를 걸고 코코아를 만들었던 그 겨울이 생생하게 기억에 남습니다. 학생회 활동을 하면서 배운 여러 가지 경험과 능력은 지금 고등학교 생활에 큰 도움이 되고 있습니다.

제가 장곡중학교 학생회장이었다는 것이 너무 행복합니다. 중학교 시절을 행복하게 만들어주었고, 고등학교, 대학교, 앞으로의 인생에서도 큰 경험이 되고 소중한 추억이 될 것입니다. 교장선생님을 비롯한 학생회 선생님들께서 전적으로 우리에게 신뢰와 자율권을 주시고, 따뜻한 말로 응원해주셨기에 장곡중학교 학생회가 빛을 발할 수 있었다고 생각합니다. 학생이 중심이 된 장곡중학교 학생회, 앞으로도 응원하고 사랑합니다.

학생들이 너무 바빠요

여러 학교 선생님들로부터 학생자치를 어떻게 꾸려나가야 하느냐는 질문을 자주 받는다.

"학생들이 시간이 없어요."

"학교가 끝나면 방과 후 학교나 학원에 가야 해서 아이들을 모이게 하는 게 쉽지 않아요."

"초등학교나 중학교 아이들은 아직 미성숙해서 잘 안 돼요."

"학교에서 예산 지원을 해주지 않아요."

"20시간이 넘는 수업시수에 행정 업무, 담임하기에도 벅차요."

"제가 원하는 업무도 아니고, 선생님들이 학생부를 기피해서 신규인데도 전입한 첫해에 떠맡게 되었어요."

"생활지도, 학교폭력 업무만으로도 학생부 업무가 넘쳐서 자치 활동은 꿈도 못 꿔요."

"수업시수를 맞추다 보니 학급회의도 형식적으로만 잡아놓았어요."

교사 연수나 경기도 중점 과제로서, 또는 공문을 통해서 학생자치의 중요성을 알리고 있지만, 저마다의 이유로 학생자치에 대한 막연한 두려움과 고충을 호소하거나 어디서부터 어떻게 시작해야 할지 난감해하는 선생님이 많다.

이 시점에서 우리가 중·고등학교에 다니던 때를 되돌아보자. 짧게는 10년, 길게는 20~30년 전에는 공동체 생활에 꼭 필요한 '민주 시민 교육'이라는 말이 존재하지 않았다. 그저 말 잘 듣고 획일적인 정답만 강요하는 주입식 교육에 치우쳐 있었다. 콩나물시루 같은 교실에서 예스맨으로 성장한 것이 우리의 모습이다. 그래서 누구 하나 '자치'라는 이름으로 중·고등학교 생활을 지내본 기억이 없다. 이런 상황에서 대학에 진학하고, 임용시험을 치르고, 별 다른 사회생활 경험 없이 발령을 받았으니, 어디서부터 어떻게 시작해야 할지 난감한 것이 당연하다. 대학에 다닐 때 날마다 붙잡고 씨름한 수많은 교육학 관련 서적에도, 임용시험을 준비할 때 들고 다닌 학원 교재에도 '자치'에 대한 말은 나오지 않으니까 말이다.

학생자치를 논하기에 앞서 학교의 현실을 이야기해보고 싶다. 과거의 학교 모습과 현재의 학교 모습은 어떻게 다른가. 나는 학창시절 교문 앞에 떡하니 버티고 서 있는 선도부 친구들을 바라보며 등굣길에서부터 숨이 막혔다. 친하다고 생각했던 선도부 친구에게 복장 불량으로 붙잡혀가 학생부 선생님한테 기합 받는 모습을 짝사랑하는 동급생 여학생한테 보이는 수치를 당하기도 했다. 이 일로 그 친구와는 주먹다짐 끝에 졸업할 때까지 말 한 마디 않는 사이가 되기도 했다.

내가 처음 발령을 받은 학교에도 선도부가 있었다. 그러나 나는 중학교 때 겪은 일을 완전히 잊고 있었다. 내 업무가 아니었기에 별 관심도 없었다. 부임하고 2년이 지나 업무 분장을 발표한 어느 날, 청천벽력 같은 상황이 벌어졌다. 나더러 학생부 생활지도계를 맡으라고 했기 때문이다. 여기에 24시간 수업에, 담임에, 합창반까지… 이 난국을 어떻게 해결해야 할지 난감했다.

개학과 동시에 교문에서 생활지도를 해야 했다. 그리고 중학교 시절 선도부 친구와 주먹다짐을 벌였던 그 일을 되살리는 경험을 했다. 그때와 똑같이 선도부 아이들이 친구들 이름을 적어서 제출하는 것을 목격한 것이다. 게다가 교무실에서는 그것을 수치화하는 작업까지 이어졌다. 이대로 1년을 지낼 수는 없었다. 나는 결심을 하고, 학생부장님께 의견을 제시했다. 말이 의견 제시지, 폭탄선언이나 다름없었다.

"학생부장님! 저 이 상태로는 생활지도계 못하겠습니다."

"아니, 왜요?"

"24시간 수업에 담임에 동아리까지 너무 벅찬 상황인데, 학생들이 교문 앞에서 친구들 이름을 적어내는 비인권적인 생활지도를 해야 하는 현실을 참을 수가 없습니다. 이런 교문 지도를 폐지하지 않으면 못할 것 같습니다."

2000년대 초반에 새파랗게 젊은 교사가 내뱉은 발언으로서는 어마어마한 것이었다. 하지만 내게는 하루하루가 괴로워서 정말 학교에 출근하기 싫었고, 수업시간에 아이들과 만나는 것도 두려웠다.

"교문 생활지도를 폐지하기는 힘들 것 같아요. 교장선생님이 허락을 안 하실 거예요."

"아침마다 선생님은 괜찮으세요? 저는 아이들과 신경전을 벌이며 모든 에너지를 쏟아 부어야 해서, 하루가 너무 피곤해요."

"그래도 어떻게 해요, 우리 일이잖아요."

나는 다시 한 번 머리를 써서, 한 발 양보한 의견을 학생부장께 제시했다.

"그럼 선도부를 없애는 건 어떨까요? 명칭을 '우애부'라고 바꿔서 생활지도에 대한 계도 활동을 하는 쪽으로 아이들 활동을 바꾸는 건. 저는 친구들끼리 서로 이름 적고 하는 것이 교육적으로 올바르지 않다고 생각해요."

"거기엔 저도 동의해요. 교장선생님께 한번 말씀드려볼게요."

이렇게 해서 우리 학교의 선도부는 '우애부'로, 단속 활동에서 계도 활동을 하는 단체로 바뀌었다. 불과 2, 3년 전까지만 해도 경기도에서 생활지도 관련으로 '선도부 지침에 대한 공문'이 내려왔는데, 그보다 10년은 빠른 획기적인 일이었다.

지금 경기도의 경우에는 교문에서 선도부 활동을 폐지하고, 생활지도를 하지 말라고 단위 학교로 지침이 내려와 있는 상태다. 하지만 아직도 일부 학교에서는 교문에서는 안 해도 현관에서 하는, '눈 가리고 아웅'식 생활지도가 이루어지고 있다고 한다. 안타까운 현실이다.

대부분의 아이들이 학교에서 경험하는 자치 활동은 선생님들이 주도하는 체육대회와 체험학습 정도일 것이다. 내가 경험해보지 않고 어떻게 학생들에게 자치와 관련한 명쾌한 이야기를 할 수 있을까? 이것이 또한 선생님들이 난감해하는 점일 것이다. 하지만 언제까지 우리의 경험치가 없다고, 시간이 없다고, 수업에 쫓긴다고 학생자치 활동을 방치할 것인가? 억눌린 심정으로 종일 교실에서 수업을 받고, 학교가 끝나면 이번에는 학원에 가서 또다시 교재와 씨름해야 하는 아이들이 외치고 싶어 하는 말이 있다. '학교에 왜 수업만 있어야 하는가?' 물론 수업이 가장 중요한 것은 사실이지만 말이다.

학생부장을 처음 맡은 해였다. 경기도 교육청에서 실시하는 '혁신학교 아카데미 직무 연수'에서 자치 사례에 대한 강의를 한 적이 있다. 강의가 끝난 후 질의응답 시간에 어떤 선생님이 이런 질문을 던졌다.

"선생님은 그렇게 학생자치 활동이 필요하고 중요하다고 느껴서 열심히 하시는데, 선생님이 다른 학교로 가버리면, 그때도 다른 선생님이 똑같이 할 수 있을까요?"

당시에는 처음 해보는 강의라 너무 떨려서 안타깝게도 대답을 잘 못하고 얼버무린 기억이 난다. 하지만 지금은 자신 있게 말할 수 있다.

"네, 누구라도 다 할 수 있습니다. 아이들에게 시간이 없어서, 교사가 자치에 대해 잘 몰라서, 예산이 없어서, 경험해본 적이 없어서, 이런 거 다 변명입니다. 그냥 아이들에게 마음껏 놀 수 있는 판만 깔아주시면 됩니다. 그리고 믿고 기다려주십시오. 어떤 시행착오를 하더라도 아이들에게 서로 신뢰하고 소통하며 스스로 민주적 공동체를 이룰 수 있다는 희망과 꿈만 심어주십시오. 학생에, 학생에 의한, 학생을 위한, 스스로 깨달을 수 있는 시간을 주십시오."

자치 활동의 시작은 아침 교문에서 이루어진다고 생각한다. 즐거운 등굣길 행사에서부터 말이다. 이제는 교문에서 생활지도는 그만하고, 학생들과 즐겁게 등교하는 게 어떨까? 생텍쥐페리는 이렇게 말했다.

"만일 당신이 배를 만들고 싶다면 사람들을 불러 모아 목재를 가져오게 하고, 일을 지시하고, 일감을 나눠주는 등의 일을 하지 말라. 대신 그들에게 저 넓고 끝없는 바다에 대한 동경심을 키워줘라."

자치의 시작은 교문에서부터

즐겁고 신나는 윤리적 생활공동체를 꿈꾸는 장곡중학교는 2010년부터 매일 아침 생활인권부장(학생부장)이 교문에서 인사를 하며 학생들을 맞이하고 있다. 교육청 공문에서도 권고하고 있다시피 아침부터 인상을 쓰고 험악한 상황을 연출하지 말고, 서로 웃으며 인사하는 아름다운 시간을 갖기 위해서다. 이렇게 아침을 시작하면 하루 종일 행복하다.

"안녕! 재형이, 오늘 무슨 좋은 일 있나 보네?"

"아니에요. 선생님이 웃으며 저희한테 인사하는 모습을 보니, 저도 그냥 웃음이 나오는 거예요."

교사와 학생이 서로 웃으며 인사하는 행복한 아침 시간을 나누면서, 사제지간에 돈독한 정도 쌓을 수 있다. 이런 시간을 더 확대한 사례들을 소개해보자.

··· 교문에서 맞이하는 입학식

2013년 2월, 신학기 준비에 한창 바쁠 때였다. 행정실무사가 입학식 현수막을 주문한다고 하기에, "혹시 현수막에 또 '입학을 축하드립니다' 아니면 '축 입학'이라고 쓰실 건가요?" 하고 물어보았다. "네, 뭐 다른 말이라도 첨부할 거 있나요?" 하기에, "아직 주문하지 말고 기다려 보세요" 하고 부탁한 뒤 고민을 좀 했다.

졸업식이나 입학식 철이면 학교마다 교문 위에 천편일률적인 문장을 쓴 현수막이 나부끼는 것을 보며, 다른 표현도 많은데 왜 맨날 똑같은 문장으로 도배를 하는지 의구심을 가졌다. 그래서 우리 학교 입학식의 서막을 다음과 같이 열어보자고 제안했다.

"선생님들, 입학식 축하 현수막 문구를 바꿔보면 어떨까요?"

"좋아요, 저도 바꾸고 싶다고 생각했어요."

"신임 1학년 담임들이 교문에서 학생들을 맞이하는 행사를 해도 좋을 것 같은데요."

"그것도 좋은 생각이네요. 초등학교를 졸업하고 중학교에 첫 등교하는 날이니 불안할 수도 있을 거예요. 편하게 맞이해주면 긴장이 풀릴 것 같네요."

그래서 나온 현수막 문구는 다음과 같다.

"하늘을 나는 새처럼 여러분의 삶이 아름다운 나날이 되시길."

　입학식 날 아침에는 신임 담임교사들이 교문으로 나가 신입생들을 맞이했다. 교문을 들어서던 학생들은 처음 보는 선생님이 입학을 축하한다며 자신들을 안아주는 모습에 당황하기도 했지만, 나중에 교실에서 다시 만나니 친근함을 느끼는 것 같았다.

··· 매주 금요일은 프리허그데이

신입생을 맞이하는 교문 행사가 발전해서 나중에는 매주 금요일마다 학년 담임교사들이 주축이 되어 프리허그 행사를 진행했다. 오전 8시 30분부터 30분 동안 제자들을 따뜻하게 안아주며 아침을 포근하고 즐겁게 맞이하는 것이다. 학생들도 교사들도 이 시간을 기다린다는 폭

발적인 호응을 얻었다.

"어머 혁아, 많이 컸네!"

"샘, 저도 보고 싶었어요. 1학년 담임이라 2층에만 계시니까, 그동안 제가 이렇게 컸는지 모르셨죠?"

해가 바뀌면 전년도 담임교사의 얼굴을 보기가 쉽지 않은데, 금요일마다 반가운 선생님들을 다시 만나니 학생들의 만족도가 높았다. 또 담임교사들이 시험 기간에 긴장한 아이들에게 교문에서 사탕이나 초콜릿을 건네줌으로써 기운을 북돋우는 행사도 진행했다. 이런 작은 이벤트가 과거에는 생활지도라는 이름으로 험악한 장면을 연출했던 시간을, 서로 밝게 웃을 수 있는 시간으로 바꿔놓음으로써 행복한 하루를 만드는 자양분이 된다.

● 이벤트를 할 때는

> 절대 모든 교사에게 강요해서는 안 된다. 선생님에 따라서는 출근 전에 이미 집에서 육아 등 개인 사정으로 아침 이벤트에 참여하는 것이 부담으로 작용할 수 있기 때문이다. 우리 학교에서는 매월 첫 주에는 1학년 담임교사, 둘째 주에는 2학년 담임교사, 셋째 주에는 3학년 담임교사 중에서 시간적 여유가 있는 교사들이 나오고 있다. 시험 기간에 건네는 사탕이나 초콜릿은 껍질이 있는 것보다 깡통에 들어 있는 제과점 것이 유용했으며, 손에 녹는 초콜릿보다 사탕이 적합했다.

··· 추석맞이 교문 행사

"이번 추석 연휴 전날, 교문에서 한복을 입고 아이들에게 인사를 해볼까 하는데요."

"저도 한복 입고 올게요, 같이 해요."

"그럼, 우리 부장교사들이 다 같이 할까요?"

"업무추진비로 떡을 맞출게요. 얼마나 해야 할까요?"

"모두 고맙습니다. 교장선생님, 송편은 좀 비쌀 테니 아이들이 좋아하는 꿀떡으로 하는 게 어떨까요?"

"좋아요, 추진해봅시다."

추석 연휴 며칠 전, 교사 회식 자리에서 부장교사들과 교장선생님이 나눈 대화다. 교문에서 매일 인사하는 내가 지나가는 말로 한 것을 의욕적인 부장교사들이 함께하자고 호응해준 덕분에 즉흥적으로 이루어졌다.

이렇게 해서 시작한 추석 연휴 전날의 교문 행사는, 벌써 세 해째 진행되고 있다. 추석이라고 해도 쉴 수 없는 기혼 교사들에게는 마냥 반갑지만은 않은 제안일 텐데, 신선한 이벤트로 학생들뿐만 아니라 교사들에게도 들뜨고 즐거운 추석 연휴 아침 시간을 선물하게 되었다.

"저는 시장 한복집에 가서 거금 10만 원을 주고 빌렸어요."

"저는 교회 장로님한테 과일 한 박스 드리고 빌렸지요."

"저는 이번 기회에 아예 생활 한복을 장만했어요."

다양한 방법으로 한복을 마련해 입고 온 부장교사들이 연휴 전날 교문 앞에서 학생들에게 떡을 하나씩 먹여주며 맞이하였다. 수석교사는 예쁜 족두리까지 하고 나타났다.

"어머 선생님, 너무 예뻐요."

"다시 시집 가셔도 되겠는데요."

"이 녀석들이…. 그래도 예쁘게 봐줘서 고마워. 떡 두 개씩 준다."

아이들을 차로 데려다주는 학부모님들이 너도나도 휴대폰으로 사진을 찍었다. 학교 앞을 지나던 주민들도 잠시 멈춰 서서 신기하다는 얼굴로 구경했다. 아이들도 선생님과 사진을 찍겠다고 아우성이었다.

떡 나누어주랴 모델 노릇 하랴 정신없는 등굣길이었지만, 행복해하는 학생과 교사들의 모습에 그날도 아름다운 하루가 되었다. 이 사연은 지역신문에 소개되기도 했다.

● 한복을 대여할 때는

> 한복 대여는 시장 한복집에서 5~10만 원에 빌릴 수 있는데, 가급적 주변의 지인을 활용하는 것이 좋다. 배보다 배꼽이 커질 수 있으므로. 추석 연휴에는 떡을 맞추는 지역 주민이 많아서 일찍 주문해야 하며, 송편보다 꿀떡이 한 말에 1~2만 원쯤 저렴하다. 우리 학교는 800명 기준으로 세 말 정도를 했더니 알맞은 수량이 나왔다.

회의는
지루해요

⋯ 학급 구성원 모두가 참여하는 학급회의

학교마다 학생회가 조직되어 있으나 구성원들의 무관심, 지도력 부재, 민주적인 절차 부재로 학급회의가 유명무실해지는 경우를 많이 보았다. 다음은 경기도의 한 중학교 리더십 캠프에 가서 강의했을 때의 대화 장면이다.

"우리 학교에서는 정규 시간표에 반영하여 학급회의 월 1회, 대의원회의 월 1회, 그래서 매월 2회 이상 합니다."

"우와, 정말 학급회의가 시간표에 들어 있고, 실제로 그렇게 해요?"

"그럼요. 여러분 학교에서는 학급회의를 하지 않나요?"

"학급회의는 물론이고, 선생님께서 말씀하신 자치 활동도 거의 없어요."

"그럼 여러분 임원들은 무엇을 하나요?"

"저희도 잘 모르겠어요. 하는 일이 거의 없어요."

"그럼 반장들은 무얼 하나요?"

"거의 선생님 심부름이요."

"그럼 리더십 캠프에는 왜 오셨어요?"

"…."

비단 이 학교만의 문제는 아닐 것이다. 대다수 학생들은 그냥 어른들 말씀 잘 듣고, 하라면 하라는 대로 하는 수동적인 모습을 보이며 본인들의 책임과 의무, 권리에 대한 자각을 하지 못한 채 학교생활을 할 수밖에 없는 것이 현실이다. 또 공동체 의식이 붕괴하고, 만연한 개인주의 문화로 인해 학교는 그저 상급학교를 진학하기 위해 거치는 기관으로 전락했다. 학교 수업이 끝나면 줄줄이 학원으로 이동하는 모습, 이것이 지금 우리 학생들의 현주소이니까.

그렇다 하더라도 학생자치가 정착하기 힘든 가장 큰 이유는, 학생과 교사들의 의지 부족이라고 생각한다. 토요 휴무제가 생기고 난 뒤 단위 학교들은 수업일수에 비해 줄지 않은 수업시수를 채우기 위하여 갖은 방법을 동원해서 교육과정을 구성하고 있다. 여기에 학교폭력을 예방하고 학생들의 체력 향상을 위하여 스포츠클럽과 동아리 활동까지 의무적으로 담아내야 하는 현실이고 보면, 그래도 만만한 자치(학급회의) 시간을 교육과정에서 제외하려는 유혹에 빠지기 십상이다. 학교 구성원들 상당수가 그렇게 요구하고 있는 실정이기도 하다. 우리 학교도 다른 학교와 마찬가지 상황이었지만, 그래도 매월 두 번의 회의를 정착한 원동력이 무엇인지, 교육과정 담당 교사의 이야기를 인용해서 소개해본다.

> 중학교에서 1년간 이수해야 하는 총 수업시수가 1,122시간이에요. 이 시간을 초과해서 수업하는 건 괜찮지만, 부족하면 안 되는 거죠. 법적 이수 시간이거든요. 그래서 대부분의 학교가 여기서 60~70시간쯤 초과하게 계획을 세워요. 여러 가지 변수가 생기면 상황에 따라 부족해질 수 있으니까요. 가령, 작년에 메르스 사태로 휴업한 사례를 들 수 있겠죠. 앞으로 무슨 일이 일어날지 모르니까 좀 넉넉하게 시수 계획을 세우는 거고, 우리 학교도 예외는 아니에요.
> 대부분 일반 학교에서는 초과되는 그 시간을 모두 교과 수업으로 채워요. 그런데 우리 학교는 초과되는 시간 중 10시간 정도만 교과수업에 할당하고, 나머지는 오롯이 창의적 체험활동으로 진행해요. 창의적 체험활동 시간에 의미 있는 교육을 펼쳐냈을 때 느낀 감동과 보람 그리고 교육적 파급 효과를 한번 맛본 교사는 이걸 포기할 수 없거든요. 더구나 우리 학교 교사들은 다양한 교과통합 수업과 연계하여 창의적 체험활동을 운영할 수 있는 역량을 갖추고 있어요. 개방적인 협의 체제 및 서로 배려하는 교사 문화가 만

들어준 상상력이죠.

여기까지만 이야기하면 매우 쉬운 일인 것처럼 들릴지 모르지만, 사실 이런 시스템을 유지하는 것이 쉽지는 않아요. 의미 있는 창의적 체험활동과 교과통합 수업을 위해 블록 수업도 심심치 않게 했고, 다른 학교로부터 끊임없이 들어오는 지원 요청으로 교사들의 출장이 매우 잦은 상황이라 사실 수업계 교사의 업무가 무척 많거든요. 우리 학교 수업계는 계원이지만, 부장교사 못지않은 기획력과 융통성을 갖추고 있어요. 지시하는 일만 해서는 그 많은 상황과 변수들을 보완해나갈 수 없으니까요. 또 이게 가능하려면 이런 시스템을 이해하는 문화가 필요해요. 수업 교환을 위해 기본 시간표를 자꾸 바꾸는 일이 전체 교사에게 주는 피로감을 무시할 수 없으니까, 이를 양해하고 배려하는 문화가 저변에 깔려 있어야 하죠. 이러한 피로를 감수하고서라도 아이들과 함께하는 의미 있는 교육 활동을 펼쳐내는 것이 중요하다는 점을 암묵적으로 합의하고 있는 겁니다.

여기서 끝이 아니에요. 우리는 교육과정부에서 학교 수업시수 계획을 작성할 때 자동 계산을 해주는 엑셀 프로그램을 사용하지 않습니다. 기계적으로 자동 계산하는 시스템으로는 절대 실현할 수 없는 구조니까요. 1년 동안의 교육 활동을 총체적으로 고려해서 일정을 짜고, 계획한 시수를 하나하나 수작업으로 계산합니다. 이렇게 1년 치 계획을 세워도 그때그때 변수가 생길 수 있기 때문에 한 달에 한 번씩 교과별 수업시수에 지나치게 부족한 과목이 없는지, 점검하는 작업이 필요합니다. 하지만 1년 계획을 치밀하게 세워두면, 이 작업은 그다지 어렵지 않습니다.

우리 교사들이 진정 해야 할 일은 '미래를 상상'하는 일이라고 생각해요. 눈앞에 해야 할 일들이 산적해 있고, 또 이런 현실에 발목 잡혀서 정작 중요한 일은 못하는 대한민국 교사들이 많잖아요. 그러나 시간적인 여유를 주고 상상할 기회를 제공했을 때, 교사들은 그야말로 무한한 상상력을 발휘할 줄 아는 사람들입니다. 이러한 과정에서 우리 학교 선생님들이 발휘한 집단 지성의 힘은 그 무엇과도 바꿀 수 없을 만큼 소중합니다.

(장곡중학교 교육과정 부장교사 백윤애)

교육기본법 제2조에는 '자주적 생활 능력과 민주 시민으로서 자질을 갖추게 함으로써 인간다운 삶을 영위하고 민주 국가의 발전과…'라고 되어 있다. 우리는 이런 교육기본법을 생각하며 학교 교육과정을 논의하고 있는지 반성해야 한다.

그렇다면 학교 민주주의의 꽃이라고 하는 학급회의는 무엇일까? 진정 회의 문화를 통해서 학교 민주주의를 이룰 수 있을까? 우리 학교 학생자치의 시발점은 바로 학급회의에서 시작되었다고 자신한다. 그런 의미에서 학급회의를 어떤 형태로 진행하고 있는지, 이야기를 나누어 보려고 한다. 물론 이 방식만이 옳다고 할 수는 없지만, 여러 차례 시행착오를 거친 끝에 진화한 방식이기에 소개해본다.

먼저 매월 실시하는 학급회의를 진행하기에 앞서, 학생자치회 임원들이 모여 학급회의의 안건을 정하는 회의를 진행한다. 물론 개별적인 학급 문제에 대한 사항은 따로 담임교사와 학생들이 논의하는 시간을 갖고 있으며, 학생자치회에서는 큰 주제나 지난 회의에서 나온 안건, 학생들이 요청한 사안에 대해 논의하고, 앞으로 있을 행사와 관련한 사항을 활동지로 만든다. 다음은 학급회의에서 나온 안건들이다.

1. 행복한 학교생활을 위한 우리 학급의 약속 5가지를 작성해보세요. 학생회에서 예쁘게 코팅해서 드릴게요.
2. 5월 8일은 어버이날입니다. 어버이날에 우리가 부모님을 위해 할 수 있는 행동과 어버이날뿐만 아니라 평소에 고생하시는 부모님을 위해 할 수 있는 효도는 구체적으로 무엇이 있을까요?
3. 축제를 진행하면서 우리 학급이 참여할 수 있는 프로그램은 어떠한 것이 있을까요?(예를 들면 학급 카페, 먹거리 부스, 체험 부스 등)
4. 우리 학교의 '학교생활인권규정'에서 개정하고 싶은 내용의 항목을 구체적으로 의논해봅시다.
5. 용의 규정 자율화에 대하여 우리가 지켜야 할 기본적인 자세에 대해서 의논해보아요.
6. 기타 건의 사항

　이렇게 정리한 안건들에 대한 활동지를 각 학급의 모둠 수만큼(한 학급에 7모둠 정도) 인쇄해서 배부하고, 각 학급의 대의원(우리 학교는 반장 제도를 폐지하고 대의원 제도를 두고 있다)들은 활동지를 토대로 모둠 활동 위주의 회의를 진행한다. 이런 제도를 만든 이유는, 학급 대표가 안건을 제시하고 아무나 손을 들어 발표하라고 하면 성격이 활발하거나 말 잘하는 학생 등 소수만 이야기하는 상황이 벌어지기 때문이다. 그래서 지루하고 재미없는 학급회의를 없애고, 모두가 참여하는 회의를 만들고자 고민한 끝에 나온 방식이다.

　학급 대의원이 각 안건에 대하여 설명하고 바로 모둠 활동에 참여해달라고 하면, 학생들은 모둠별로 활발한 대화를 나누며 각자의 의견을 내놓는다. 어느 정도 이야기가 정리되면 각 모둠에서 나온 의견들을 대표 한 명이 발표하고, 그것을 부대의원이 기록한다. 대의원이 의견을 조율하여 하나씩 풀어가는 형식을 취하다 보니, 학생 모두가 회의에 적극적으로 참여하는 구조가 완성된다. 45분 동안 학급 안에서는 다양한 의견들이 제시되고, 실질적인 의사 진행이 이루어진다.

⋯ 진화하는 대의원회의

학급회의 일주일 뒤에 대의원회의를 진행한다. 각 학급에서 정리한 자료를 학급 대의원들이 모여서 함께 이야기를 나누는 형식이다. 여기서 잠깐 우리 학교 학생회 조직에 대한 이야기를 해야 대의원회의 구조를 이해하기 쉬울 것 같다.

● 학생회 조직도

> 학생회 임원은 회장, 3학년 부회장, 2학년 부회장, 서기로 구성하며 대의원회의에는 다음과 같은 상임위원회를 둔다.
>
> 1. 각 상임위원회는 기획재정위원회, 학생활동위원회, 환경개선위원회, 예술체육위원회, 축제준비위원회, 선거관리위원회로 하며, 각 상임위원회에는 위원장과 부위원장 각 1명을 둔다. 위원장은 3학년, 부위원장은 2학년 중에서 회장단의 면접을 통해 선출한다.

2. 위원장·부위원장은 학생자치회의에서 추천하여 확정하고, 이를 학교장이 임명한다. 각 부서의 조직 구성과 역할은 다음과 같다.

(1) 기획재정위원회 : 학생회 행사 및 예산의 기획과 진행을 위한 사항

(2) 학생활동위원회 : 학예, 문예, 동아리, 교문 행사 활동과 관련된 사항

(3) 환경개선위원회 : 환경 게시물의 배치, 관리 및 교내 미화, 분실물 활동에 관한 사항

(4) 예술체육위원회 : 학생의 건강을 위한 체육, 문화·예술 행사에 관한 사항

(5) 축제준비위원회 : 축제 전반에 관한 사항

(6) 선거관리위원회 : 올바른 선거 문화 정착 및 공정한 선거 관리에 관한 사항

이와 같이 구성한 상임위원회에 각 학급 대의원들이 원하는 위원회별로 참여해서 논의하고, 그걸 발표하는 형식으로 진행한다. 회의를 진행하는 모습은 각 학급의 텔레비전 화면으로 방영하여 전체 학생들이 교실에서 참관하는 식으로 진행했으나, 2014학년도 대의원회의가 끝난 며칠 뒤에 학생회장과 부회장이 찾아와서 이런 의견을 제시했다.

"선생님! 교실에 있는 친구들이 대의원회의를 진행하는 모습을 1시간 동안 지켜보고 있으려니 너무 지루하고 재미없대요."

"그래? 사실 선생님들도 그런 말씀을 하시더구나. 너희가 방법을 한번 연구해보면 어떨까?"
"그럼 학생회에서 의논해보고 다시 말씀드릴게요."
"그래, 좋은 방법을 찾아보렴."

논의 끝에 대의원회의 중간에 새로운 형식의 이벤트를 끼워 넣기로 했다. 다름 아닌 '전교생이 함께하는 토크쇼'. 유쾌하고 발랄한 학생회장과 부회장, 임원들이 며칠 동안 '어떻게 하면 교실에 있는 학생들을 화면에 집중하게 할까' 고민하고 예행연습까지 한 끝에 고안해낸 방법이었다. 위원회별로 안건을 진행한 회의 중간쯤에, 교실에 있는 학생들이 참여할 수 있도록 주제를 정하여 의견을 수렴하자는 것이었다.

"선생님, 회의 중간에 토크쇼를 활용해볼까 해요."
"토크쇼? 교실에 있는 학생들이 어떻게 참여하지?"
"각 학급에 있는 부대의원들이 담임선생님의 협조를 받아 노트북을 설치해서요."
"그래서 어떻게?"
"인터넷에 대화방을 개설하는 거예요. 학급마다 대화방에 입장해서 각 학급에서 나온 의견들을 부대의원이 받아서 올리면, 누구나 참여할 수 있는 상황이 되는 거죠."
"그래?"
"그러면 그 의견을 부회장인 제가 읽어주고, 상황에 맞춰서 진행하는 거예요. 다 질문하면 각 학급에서 많은 댓글이 올라올 거예요."

약간은 미심쩍었지만 그래도 참신한 생각인 것 같아서 한번 진행해 보라고 했다. 그렇게 시작한 이벤트가 학생들의 폭발적인 호응을 얻어서, 3년째 대의원회의의 가장 인기 있는 순서로 자리 잡았다.

학생들은 수많은 시행착오를 겪으며 다양한 방식으로 민주 시민 사회의 일원으로 한 발, 한 발 나아가고 있다. 우리 아이들은 멍석을 깔아주면 얼마든지 멋지고 훌륭하게 성장할 수 있는데, 우리가 그들을 믿지 못해서 스스로 성장할 길을 막는 경우가 많다. 어른들이 반성해야 할 대목이다.

● 학교마다 실정에 맞춰서

'전교생이 함께하는 토크쇼'는 2014학년도부터 현재까지 진행하고 있으나, 진행하는 학생의 역량과 주제에 따라 호응이 다를 수 있다. 학급에서 회의를 진행할 때는 담임교사가 회의를 함께 지켜보며 적당한 선에서 개입하거나 학생들의 역량 강화를 위한 조언을 해주는 것이 필요하다. 또 회의 문화의 진화를 위하여 더 나은 방법을 학생회에서 논의하도록 하는 것이 바람직하다.

평화로운 학교 만들기 캠프
(리더십 캠프)

대부분의 학교에서 '리더십 캠프', '임원 수련회'라는 이름으로 학기 초에 시행하는 행사가 있다. 교육청에서 꼭 해야 할 과정으로 단위 학교에 하달하며, 예산을 책정하도록 유도하고 있는데, 예전에 학교 예산에 여유가 있을 때는 대개 외부 수련원에 위탁하는 방식으로 캠프를 진행했다. 한데, 예산이 많이 줄어든 최근에는 수업이 끝난 오후부터 저녁 시간까지 학교에서 자체적으로 외부 강사를 초빙하여 진행하는 일이 많아졌다. 그런데 이렇게 할 경우, 지속적으로 학생회 임원들의 역량 강화를 기대하기에는 조금 어려운 측면이 있다. 물론 각 학교마다 특색이 있고, 매년 투표로 선출하는 임원들의 역량에도 개인차가 있으니, 모든 학교가 똑같은 방식으로 진행할 필요는 없지만 말이다.

그렇다면 어떤 방식으로 진행하는 게 좋을까? 먼저 냉철하게 각 학교의 자치 역량의 수준을 평가하는 것이 이루어져야 한다. 학급회의 및 대의원회의 등 회의 문화가 부족하다면, 이 부분에 초점을 맞춰서 각 학급 대의원(반장)의 역량을 강화하는 데 중점을 두어야 하고, 학생회 임원 및 부서별 자치 행사에 비중을 두고 싶다면, 여기에 중점을 두어야 한다. 각 학교의 특성과 철학에 부합할 수 있도록 계획을 세워서 진행하는 것이 관건이라는 측면을 염두에 두고, 매년 세 번의 리더십 캠프를 개최하는 우리 학교의 사례를 소개해보겠다.

… 신·구 임원단의 인수인계를 위한 제1차 평화로운 학교 만들기 캠프

1년에 두 번, 3월과 여름방학에 진행하던 캠프를, 신·구 학생회 임원들의 인수인계 차원에서 2013학년도를 마무리하는 겨울방학에 한 번 더 실시했다. 그동안 신학기가 시작되면 새로운 학생회 임원진의 자치 교육과 오리엔테이션에 시간을 많이 할애해야 하는 어려움이 있었고, 전년도 학생회와 인수인계가 제대로 이루어지지 않아서 효율적으로 학생회 활동을 이어가는 데 어려움을 겪었다(고등학교는 2학기부터 신임 임원들의 임기가 시작되니, 여름방학에 시행하면 좋을 것이다). 보통 3월 중순 이후에 진행하는 캠프도 그렇고, 학생회 자치 행사들은 4월 이후에나 제대로 진행할 수 있다. 지도교사들도 3월에 담당 학급 및 부서 업무로 인하여 학생회 아이들과 무언가를 논의하고 만들어갈 시간이 부족하다. 우리 학교 역시 3월 한 달은 학생회 임원들 스스로 자치 행사

를 진행할 역량을 기대하기 힘들었다. 이에 학생들과 12월에 고민을 함께 나누는 자리를 마련했다.

"얘들아, 3월에 할 수 있는 자치 행사가 있지 않을까?"

"글쎄요, 뭐가 있을까요?"

"잘 생각해봐. 신입생을 맞이하는 교문 행사를 1학년 신임 담임선생님들이 하시잖아. 그걸 선배인 너희가 함께하면 더 의미 있지 않을까?"

"그렇겠네요. 중학교에 오면 선배들이 무섭다고 생각하는 아이들이 많거든요."

"그렇지. 이런 행사 말고도 학기 초에 너희가 진행할 수 있는 행사가 있을 것 같은데, 아직은 학생회를 어떻게 운영해야 할지 감이 잡히지 않겠지만, 해결할 방법이 있지 않을까?"

"그럼, 저희 3학년 임원들이 신임 임원들에게 인수인계할 수 있는 시간을 가지는 건 어떨까요?"

이렇게 시작한 논의가 결국 학교에 남은 예산을 끌어 모아 강원도 평창수련원에서 자체 프로그램으로 기획하고 진행한 인수인계 캠프의 첫 발판이 되었다. 신학기 계획을 선후배가 모여 경험담을 나누면서 각 위원회별로 진행하고, 여러 행사를 소개하고 잘된 점과 부족한 부분에 대하여 허심탄회하게 이야기를 나누면서 실질적인 자치 행사에 대한 체험을 함께할 수 있었다. 선배들은 지나온 학생회 활동을 되돌아보며 자연스럽게 성찰하는 시간을 가질 수 있었고, 신임 임원들은 선배들의 경험담을 들으며 내실 있는 행사를 기획할 수 있는 값진 시간을 보낼 수 있었다. 이렇게 해서 새 학기 첫날부터 행사를 진행할 수 있었고, 3월이 바쁜 지도교사들에게 시간적 여유를 줄 만큼 학생들 스스로 자치 활동에 대한 역량을 키웠다.

… 2차 신학기 평화로운 학교 만들기 캠프

학생회 임원들의 자치 역량 강화를 위한 캠프는, 앞에서 언급한 인수인계 캠프를 시행하기 이전까지는 학급 대의원 및 학생회장단과 임원 약 46명이 6~7명씩 6개 위원회로 나누어 참여했다. 각 조별로 1박 2일 동안 먹을 메뉴를 정하고, 금액에 맞춰 장을 보았다. 이렇게 준비한 식재료로 직접 음식을 만들었으며, 이를 교사들이 평가하여 간단한 부상을 주었다. 또 아이들이 친밀해질 수 있도록 조별 게임을 진행하고, 생활인권부 교사들이 각 조에 들어가 모든 과정에 학생들과 함께했다. 서로 친밀해진 관계 위에서 각 위원회별로 1년 동안의 자치 행사를 기획하는 시간을 가졌고, 리더로서 지녀야 할 마음가짐과 소양에 초점을 맞춰 캠프를 진행했다.

인수인계 캠프가 생긴 이후에는 학급 대의원들의 역량을 강화하는 데 중점을 두었다. 학생회 임원들은 겨울방학 인수인계 캠프를 통하여 위원회별로 신학기 계획을 수립했다. 대의원들에게 각 위원회별 계획을 설명하고, 대의원들이 각 위원회별로 본인이 몸담을 위원회를 신청하여 다시 한 번 신학기 계획에 대한 논의를 거쳤는데, 한층 탄탄해진 자치 행사가 탄생하는 배경이 되었다. 또한 대의원들이 학급회의를 진행하는 방식이나 학급 자치를 실질적으로 만들어나가는 역량 강화에 초점을 맞춤으로써, 진정한 학급 자치를 실현하는 발판을 마련할 수 있었다.

학교 자치도 중요하지만, 이제는 그동안 담임교사의 역량에만 맡기던 학급 자치를 어떻게 만들어갈 것인가를 구체적으로 고민하고 공유함으로써, 학생들 스스로 기획하여 실행할 수 있도록 학급 문화를 조성해나가는 것이 중요하다.

··· 3차 2학기 자치 활동(축제를 중심으로)을 위한 평화로운 학교 만들기 캠프

3차 캠프에서는 2학기 학생자치 행사에 대한 계획과 논의가 이루어졌다. 세 번의 행사를 진행하기 때문에 예산상의 문제로 외부로 나가지 않고 교내에서 진행했고(세 번의 캠프 중 한 번 정도만 외부 수련원에서 진행했다. 위탁 교육을 하지 않고 숙소만 빌릴 경우, 외부로 나가는 예산을 최소화할 수 있다), 캠프파이어를 비롯해서 친목 도모를 위한 레크리에이션 시간을 함께 진행하였다. 2학기 축제를 중심으로 축제준비위원회에서 현재까지의 진행 상황과 앞으로 협조해야 할 안건에 대한 의견을 나누는 시간을 중점적으로 가졌다. 그동안 축제준비위원(약 20명으로 구성) 위주로 축제를 준비해왔는데, 축제가 임박하면 많은 일손이 필요하여 학생회 임원들을 모으다 보니, 그동안 공유한 내용이 부족해서 손발이 맞지 않는 일이 있었다. 이런 부분을 해결하여 공감하고 소통하는 축제를 준비하게 되었고, 아울러 1학기 동안 해온 자치 활동을 성찰하는 시간을 가짐으로써, 2학기에 시행착오를 반복하지 않도록 애썼다.

··· 선생님들 앞에서 축제를 브리핑하다

학기 초부터 매주 모여 준비해온 축제 관련 계획을 3차 평화로운 학교 만들기 캠프에서 최종 정리하여, 2학기 초 교사 연수 시간에 축제 준비위원회 위원장이 브리핑을 했다. 아이들이 축제를 이렇게 하겠다고 설명했을 때, 선생님들의 반응은 놀라움과 대견함 그 자체였다. 아이들은 물론 잔뜩 긴장한 모습이었지만, 그런 경험 자체가 자존감을 키워주는 계기가 되고, 아이들이 성장하는 모습을 지켜보는 교사로서도 뿌듯함을 느끼는 순간일 것이다. 대체로 초등학교나 중학교의 축제는 교사들이 몇 달 전부터 준비하지만, 아이들에게 시간을 충분히 주면 조금 서툴더라도 아이들만의 시선과 삶이 담긴, 아이들 중심의 멋진 축제를 계획하고 진행할 수 있다. 물론 지도교사가 그 과정을 지켜보며 조언을 해주어야 하는 것은 당연하다. 우리 학교에서 진행한 평화로운 학교 만들기 캠프의 일정표는 다음과 같다.

	1월 29일(금)	
	시간	일정
1차 캠프 1월(인수인계) 장소 : 학교	14:00~15:30	서로 알아가기(선후배 친교의 시간)
	16:00~18:00	위원회별 인수인계
	18:00~19:00	저녁식사
	19:00~21:00	신임 임원 계획 세우기(선배 임원들의 협조) 및 발표
	21:00 ~	정리 및 귀가

	3월 20일(금)		3월 21일(토)	
	시간	일정	시간	일정
2차 캠프 3월(학기 초) 장소 : 학교	17:00~17:30	캠프 일정 및 유의사항 안내	09:00~10:30	자치 함양 교육(학급 회의를 중심으로)
	17:30~18:30	요리경연대회(저녁 식사 준비, 가사실)	10:30~12:00	자치회 연간 계획 세우기
	18:30~19:30	저녁식사 및 뒷정리	12:00~13:00	자치회 연간 계획 발표
	19:30~21:00	친교의 시간 (다목적실)	13:00~13:30	뒷정리 및 귀가
	21:00~21:30	뒷정리 및 귀가		

	8월 27일(목)		8월 28일(금)	
	시간	일정	시간	일정
3차 캠프 8월(2학기 준비) 장소 : 수련원	12:30~14:00	안전 교육 및 출발, 방 배정	07:30~08:30	아침식사
	14:30~17:30	몸 풀기, 친교 게임1	09:00~11:00	2학기 위원회별 수정 계획 세우기
	17:30~19:00	저녁식사 및 휴식	11:30~12:30	위원회별 계획 발표
	19:00~21:00	1학기 반성 및 2학기 계획 논의 (축제를 중심으로)	13:00~15:30	몸 풀기, 친교 게임2 (수영장)
	21:00~22:00	뒷정리 및 개인 정비		
	22:00~	취침		

교육 3주체가 함께하는
생활인권규정 개정 & 학생과 교사의
자율적 생활규범 만들기

··· **생활인권규정 개정**

2013학년도에 들어서면서 학생들은 대의원회의 시간마다 생활인권규정을 개정해줄 것을 끊임없이 요구했고, 이에 따라 학생회에서 설문조사를 실시하여 개정에 대한 논의를 진행했다. 첫 번째는 두발 문제였다. 모든 염색이 금지되어 있었으나, 학생들은 미용실에서 직접 빌려온 염색 색상표의 N6(자연스런 갈색)까지 개정을 요청한다며, 의견을 제안하는 깜찍한 모습을 보였다. 그리고 귀걸이, 반지, 목걸이 등 장신구도 금지하였으나, 투명 귀걸이와 기본적인 반지, 목걸이도 허용해달라고 요청했다. 화장 또한 비비크림까지는 허용하는 규정을 제시하였다. 이 내용을 놓고 학생, 학부모와 교사들에게 설문조사를 실시하였으며,

그 결과를 토대로 공청회를 열었다. 또한 학생, 학부모, 교사 각 3인으로 구성한 규정개정심의위원회에서 학생들의 의견을 청취하고 토론을 통하여 전폭적으로 수용했다. 또 어른의 시각에서 우려했던 문제점들이 발생하지 않자, 자신감을 가지고 2016학년도에는 용의 규정에 대한 전면적인 자율화를 시도하는 초석을 다졌다.

2016학년도 2월 교사 연수 때 학생들이 요청한 것도 있었지만, 교사들 사이에서 이제는 용의 규정에 얽매이지 말고 학생들을 믿고 자율화해보자는 의견이 나왔다. 이미 한 차례 용의 규정을 완화해주었으나 우려하던 문제가 생기지 않았고, 오히려 학생과 교사의 관계가 좋아져 수업에 집중할 수 있는 긍정적인 효과를 본 바, 학생들을 믿어보자는 의견이 대부분이었기 때문이다. 학부모님들의 의견까지 듣고 나서 3월 한 달 동안 시범적으로 자율화를 시행한 뒤에 설문조사와 공청회를 개최했다. 그 결과, 규정개정심의위원회에서 설문조사와 공청회의 의견을 바탕으로 1년 동안 시행하기로 합의했다. 물론 12월에 설문조사를 해서 문제점이 나오면, 다시 절차를 밟기로 한다는 전제 조건을 내세워 반대하는 학부모님들을 설득하였다.

현재 시점에서 노랑 염색 머리와 빨강 입술 틴트가 거슬린다는 분들도 계시지만, 큰 문제는 없다. 대부분의 중학교에서 학생들 용의복장과 관련해서 고민을 하고 있다.

아이들이 초등학교 때는 자유롭게 머리를 염색하고 사복을 입고 다니다가 중학교에 올라와서는 교복을 입어야 하고, 규정에 얽매여 자율권을 박탈당하고 있는 것이 현실인 시점에서, 경기도 학생인권조례안 제11조와 제18조를 살펴보자.

- 제11조(개성을 실현할 권리)
  ① 학생은 복장, 두발 등 용모에 있어서 자신의 개성을 실현할 권리를 가진다.
  ② 학교는 두발의 길이를 규제하여서는 안 된다.
  ③ 학교는 정당한 사유와 제18조의 절차를 따르지 아니하고는 학교의 규정으로서 제11조 제1항의 권리를 제한할 수 없다.

- 제18조(학칙 등 학교 규정의 제·개정에 참여할 권리)
  ① 학생은 학칙 등 학교 규정의 제·개정에 참여할 권리를 가진다.
  ② 학교는 학생의 인권을 존중하여 학칙 등 학교 규정을 제·개정하고, 이를 학교 홈페이지에 게시하여야 한다.
  ③ 학교는 학칙 등 학교 규정의 제·개정 과정에서 학생들의 의견을 수렴하여야 하며, 학생회 등 학생자치 기구의 의견 제출권을 보장해야 한다.

아직도 예전 교사들이 만들어놓은 학교생활규정을 기준으로 학생들이 개성을 실현할 권리를 박탈하는 학교들이 꽤 많다. 물론 공부하는 데 방해가 되며 탈선의 위험이 있지 않을까 걱정하는 학부모님들도 이해하고, 교사들도 '선생들은 학교에서 대체 뭐하는 거냐?'는 소리를 듣기 싫어한다는 것도 안다. 그래도 일단 학생들을 믿어보자. 그리고 이제는 교육의 3주체가 서로 협의하는 등, 최소한 학생들의 의견에 귀를 기울여주어야 한다. 이것이 성숙한 민주 시민으로 나아가는 커다란 밑거름이 될 것이다. 다음은 2014년도 이전과 개정 이후에 변화한 장곡중학교의 용의 규정 내용이다.

2014학년도 이전의 용의 규정	2014학년도에 개정한 용의 규정
제1조(두발 및 화장) 1. 두발 길이에 제한을 두지 않는다. 단, 파마나 염색 등의 변형을 허용하지 않는다. 2. 학생의 색조 화장은 허용하지 않는다. 3. 특별한 경우의 학생은 학교장의 허락을 받아 예외로 적용할 수 있다. **제2조(교복)** 1. 색상 1) 남학생 가) 상의 • 흰색 셔츠(단, 하복은 칼라가 있는 민무늬 티, 동복은 폴라티 착용 가능) • 검정색 또는 감색 니트 조끼(단, 2011학년도 입학생에 한하여 니트와 모직 중 선택 가능) • 감청색 재킷(추후 카디건 형태로 재논의) 나) 하의 • 회색 바지 2) 여학생 가) 상의 • 흰색 블라우스(단, 하복은 칼라가 있는 민무늬 티, 동복은 폴라티 착용 가능)	**제1조(두발 및 화장)** 1. 두발의 길이에 제한을 두지 않는다. 단, 파마는 금지하나 염색은 색상 N6까지 허용한다. 2. 학생의 모든 색조 화장은 허용하지 않으나 피부색과 비슷한 선크림과 비비크림은 허용한다. 3. 특별한 경우의 학생은 학교장의 허락을 받아 예외로 적용할 수 있다. **제2조(교복)** 1. 색상 1) 남학생 가) 상의 • 규정 셔츠(단, 하복은 학교 규정 생활복, 동복은 흰색, 검정색 폴라티 착용 가능) • 규정 조끼 • 규정 카디건 나) 하의 • 규정 베이지색 바지(단 하복은 생활복, 남색 반바지와 긴 바지 허용)

- 검정색 또는 감색 니트 조끼(단, 2011학년도 입학생에 한하여 니트와 모직 중 선택)
- 감청색 재킷(추후 카디건 형태로 재논의)

나) 하의
- 회색 치마(단, 원하는 학생은 바지 허용)

2. 디자인
교복은 학교 규정에 의거, 정해진 모양을 제작하여 착용한다.

3. 참고사항
1) 교표는 상의 주머니에 재봉으로 꿰매고, 명찰은 필요에 따라 상의 주머니 안에 넣을 수 있는 형태로 착용한다(교표는 동복 재킷 상의, 조끼, 하복 상의 등에 부착한다).

제3조(액세서리)
1. 목걸이, 귀걸이, 반지, 팔찌 등은 허용하지 않는다.
2. 의복의 장식은 허용하지 않는다.
3. 시력 보호용 렌즈를 제외한 미용 목적의 렌즈 착용은 허용하지 않는다.

2) 여학생
가) 상의
- 규정 셔츠(단, 하복은 학교 규정 생활복, 동복은 흰색, 검정색 폴라티 착용 가능)
- 규정 조끼
- 규정 카디건

나) 하의
- 규정 치마(단, 원하는 학생은 바지 허용, 단 하복은 생활복, 남색 반바지와 긴 바지 허용)

2. 디자인
교복은 학교 규정에 의거, 정해진 모양을 제작하여 착용한다.

3. 참고사항
1) 교표는 상의 주머니에 재봉으로 꿰매고, 명찰은 착용하지 않는다(교표는 동복 카디건 상의에 부착한다).
2) 동복 위의 외투는 모든 교복을 갖추어 입은 후에 착용을 허락한다.

제3조(액세서리)
1. 몸에 밀착한 목걸이, 반지, 팔찌 등은 허용하며 귀걸이는 한 세트의 투명 귀걸이만 허용한다.
2. 의복의 장식은 허용하지 않는다.
3. 시력 보호용 렌즈를 제외한 미용 목적의 렌즈 착용은 허용하지 않는다.

2016학년도에 개정한 용의 규정(아래 규정 외의 규정은 없음. 자율적)

제1조(교복)
1. 교복은 학교 규정에 의거, 정해진 모양을 착용한다. 온도에 따라 조끼나 카디건은 선택하여 착용할 수 있다.
2. 생활복 위에는 사복 외투, 맨투맨 티, 모자 티 등을 허용하지 않는다. 단, 동복 카디건이나 조끼를 함께 입을 수 있다.

제2조(실내화)
1. 실내와 실외를 구분할 수 있는 신발을 착용하여 깨끗한 실내 환경을 조성하는 데 협조한다. 실내화 모양은 특별히 규정을 두지 않는다.
2. 안전을 위하여 슬리퍼 등하교를 금지한다.

··· 생활규범 만들기

2014년부터 장곡중학교는 2월에 신규 및 전입 교사 발령이 끝나면, 일주일 동안 모든 교사가 정상 출근을 한다. 3월에 있을 많은 일을 준비하기 위해서다. 이때 전입 교사들과 함께 혁신학교 운영 철학을 다시 살피고, 교육과정과 교과통합 수업, 배움 중심의 수업 등 새 학기 교육과정 전반에 대한 이야기를 나눈다. 그리고 가장 중요한, 생활규범 만들기에 대한 의견을 나누는 시간을 갖는다. 이 과정을 거쳐서 신학기 담임을 맡은 선생님들은 교실에서 '학생의 약속'을 학급 아이들과 만들어내며, 이를 토대로 교사들도 학생들과 함께하는 '교사의 약속'이라는 멋진 자율 규정을 만든다. 이것이 생활 규정 자율화를 앞당기게 한 힘이 되었다고 생각한다. 학생들이 만든 약속, 2월에 전입한 교사들의 자체 연수 프로그램 '새 학기 교육과정 만들기'에서 만든 약속을 소개한다.

장곡중학교 '학생의 약속'

1. 혁신학교 학생으로서 자부심을 갖고 즐겁고 행복한 학교생활을 하겠습니다.(학교 철학)
2. 배움의 공동체 철학을 바탕으로 수업시간에 친구들과 열심히 배우겠습니다.(수업 철학)
3. 더불어 행복한 학교를 위해 서로를 존중하고 서로의 말을 경청하겠습니다.(경애)
4. 우리가 스스로 만들어가는 학교 문화 속에서 학교생활에 적극적으로 참여하겠습니다.(자존)
5. 내가 먼저 바른 말, 고운 말을 사용하며 따뜻한 협력과 소통을 실천하겠습니다.(협력적 삶)
6. 학생으로서 갖추어야 할 예의와 질서를 지키고 학교 물건을 소중히 다루겠습니다.(배려)
7. 땀 흘려 일하는 노동의 기쁨을 공유하며, 청소 시간에는 항상 함께하겠습니다.(노동)
8. 상생과 공존의 희망을 담아 쌀 한 톨의 소중함도 함께 나누겠습니다.(공동체)
9. 우리가 살아갈 미래를 꿈꾸며 이 시대의 삶을 고민하는 학생이 되겠습니다.(사회적 실천)

장곡중학교 '교사의 약속'

1. 혁신학교 교사로서 아이들과 더불어 즐겁고 행복한 학교를 만들겠습니다.(학교 철학)
2. 배움의 공동체 철학을 바탕으로 수업에서 소외되는 아이를 먼저 돌보겠습니다.(수업 철학)
3. 사랑과 이해, 존중과 긍정의 자세로 학생의 마음을 항상 경청하겠습니다.(경애)
4. 미래를 상상하는 교사로서의 삶에 열정과 자부심을 갖고 노력하겠습니다.(자존)
5. 차가운 경쟁을 넘어서 따뜻한 협력과 소통을 지향하는 동료가 되겠습니다.(협력적 삶)
6. 학습 공동체로서 자발적인 배움과 참여로 전문성을 높이겠습니다.(전문성)
7. 땀 흘려 일하는 노동의 기쁨을 공유하며, 청소 시간에는 항상 아이들과 함께 하겠습니다.(노동)
8. 상생과 공존의 희망을 담아 쌀 한 톨의 소중함도 함께 나누겠습니다.(공동체)
9. 시대와 역사를 함께 고민하고 실천하는 교사가 되겠습니다.(사회적 실천)

● 2월 신학기 교육과정 나누기 계획서

날짜	주제	시간	연수 내용	강사	비고
2.23 (월)	교육 과정	08:40~	업무 조직의 방향, 교사 소개	학교장	업무 분장 연수 출석부
		09:00~11:00	혁신학교 운영 방향과 흐름	외부 강사	
		11:00~12:00	혁신학교의 미래에 대한 질의응답		
		12:00~13:00	점심식사		
		13:00~14:00	교육과정 들여다보기	교육과정 부장	자유학기제
		14:00~17:00	(분임 토의 1) 각 교과별 교육과정 재구성 내용 : 교과별 교육과정 운영 계획 공유, 수행평가 및 평가 방법의 정교화	교육과정 부장	교과협의회
2.24 (화)	배움 중심 수업	09:00~11:00	배움의 공동체 수업 철학과 운영 원리, 교과서 재구성 방법과 다양한 평가 사례	수석교사	
		11:00~12:00	일본 배움의 공동체 학교 탐방 경험 나누기	교감	
		12:00~13:00	점심식사		
		13:00~14:00	배움의 공동체 수업 방법의 실제 : 수업 활동지 제작, 수업 공개 등	수석교사	
		14:00~17:00	(분임 토의 2 / 전체 토론) 교육과정 세우기 (학년별, 교과별) 내용 : 교과통합 수업 자료 및 교과별 교육과정 재구성 공유	학년부장	교과별 교과서 준비, 마인드 맵, 템플릿 자료

날짜	주제	시간	연수 내용	강사	비고
2.25 (수)	마을 공동체	09:00~11:00	시흥 마을 공동체의 방향과 혁신 교육	외부 강사	
		11:00~12:00	마을 공동체 사례 나눔과 자유 토의		
		12:00~13:00	점심식사		
		13:00~14:00	장곡동 마을 공동체 활동 이야기	수석교사	
		14:00~17:00	(분임 토의 3) 마을 공동체와 학교를 엮다 내용 : 창의적 체험활동 운영, 교과 통합의 날, 체험활동, 축제 등 협의와 공유	학년부장	학년협의회
2.26 (목)	생활 지도	09:00~10:00	생활인권부 사업 스크린과 생활교육의 나아갈 방향 점검	생활인권 부장	
		10:00~12:00	'회복적 생활교육'에 대하여	외부 강사	
		12:00~13:00	점심식사		
		13:00~16:00	(전체 체험 실습) 회복적 서클 실습 회복적 생활교육과 학급 운영	외부 강사	
		16:00~17:00	학생 생활교육의 방향 찾기 장곡중학교 교사로서의 마음가짐 나누기	생활인권 부장	
2.27 (금)	신학기 준비	09:00~10:00	(전체 토론) 새 학기 준비 프로젝트 장곡중학교 교사 강령 만들기	수석교사	연수 평가 설문 작성
		10:00~12:00	신입생 오리엔테이션 프로그램	학년부장	
		12:00~13:00	점심식사		
		14:00~17:00	(분임 토의 4) 부서별 업무 협의 내용 : 혁신학교 사업 방향 및 학년 중심 체제에 따른 업무 협의 및 인수인계	교무기획 부장	부서협의회

학생들이 기획하는 학교 축제 & 축제를 통해 마을교육공동체 만들기

"선생님 짱짱짱! 너무 재미있어요."
"부모님이랑 놀러가서 본 축제보다 훨씬 좋았어요."
"이런 규모의 축제를 학교에서 할 수 있다니, 놀랍네요."(학부모)
"평일에 해서 아빠들이 보지 못한 게 너무 아쉬워요. 내년에는 우리도 많이 참여할 수 있도록 토요일에 하면 어떨까요?"(학부모)

우리 학교는 2010년부터 학생들이 직접 기획하고 만드는 학생 중심의 축제를 펼치고 있다. 학생회 산하에 축제준비위원회를 두고, 20여 명의 학생이 직접 준비한다. 학생들과 학부모님들의 적극적인 지지와 성원으로 2014년에는 처음으로 학교 근처의 갯골생태공원에서 축제를 펼쳤는데, 걸어서 15분 거리에 있는 공원에는 넓은 잔디밭과 메인 무대가 있어서 따로 비용이 들지 않았다. 물론 시청에 미리 협조를 요청해서 무상으로 사용했다. 다만, 매우 넓은 야외무대라서 '공연 마당'을 진행할 때는, 효과를 살리기 위해 경험이 많은 음향 업체를 선정해서 도움을 받았다. 또 메인 무대 주변에는 천막 텐트를 세워서 '참여 마당', '전시 마당', '먹거리 마당'을 꾸며 다양한 축제의 장을 선보였다.

우리 학교에는 안타깝게도 대강당이 없어서 한여름에는 뙤약볕 아래서 체육 수업을 해야 하고, 모든 행사를 한 학년 정도만 들어가는 다목적실에서 따로따로 진행해야 했다. 이렇다 보니 축제를 할 때마다 항상 운동장에 무대를 꾸미고 천막을 쳐야 했는데, 예산 소모가 크고 옆 고등학교의 강당까지 빌려 써야 해서 눈치가 보였다. 그런데 이런 악조건이 외부로 나가볼까, 하는 발상을 하게 만든 것 같다.

2014년에는 학교 축제를 드넓은 공원에서 진행함으로써 아이들은 마음껏 꿈과 끼를 발휘할 수 있었다. 축제에 대한 평가가 좋게 나오자, 학부모님들 사이에서는 맞벌이 부모도 참여할 수 있도록 주말에 진행해달라는 건의까지 들어왔다.

학교 축제를 마을에 있는 생태공원에서 진행하다 보니, 지역 어르신들과 산책이나 운동을 나온 마을 주민들도 아이들의 공연과 전시, 참여 부스를 보면서 즐길 수 있었다. 이 모습을 본 교사와 학부모들 사이에서 마을 축제로 확대해보는 게 어떨까 하는 의견이 나왔고, 축제 평가회를 진행하면서 심도 있게 논의했다.

"이번 축제가 성황리에 끝났습니다. 그런데 부모님들께서 내년부터 토요일에 하는 게 어떻겠느냐고 건의하셨는데, 어떻게 생각하시나요?"

"토요일에 진행하면 교사들이 휴일을 반납해야 하는데, 희생을 강요하는 게 아닐까요?"

"취지에는 공감하지만, 역시 휴일을 반납하고 하는 것은 무리일 것 같아요."

"학부모 총회도 토요일에 진행하고 나서 참석하는 부모님이 두 배 가까이 늘었는데, 의미 있는 일 아닐까요?"

"장기적으로 보아 소통하고 공감하는 학교 문화를 만들기 위해서는 학부모님들께 우리의 교육과정을 가까이서 보고 체험하는 기회를 드리는 게 좋을 것 같습니다."

다양한 의견이 오가며 열띤 논쟁을 벌였지만, 교사들로서는 부담을 느낄 수밖에 없었기에 다른 방안을 모색해야 했다.

"토요일이라도 전교생이 등교하고 모든 교사가 출근하는 거라면, 학사 일정으로 잡을 수 있지 않을까요?"

"교육청에 문의해서 가능하다고 하면 토요일을 학사 일정으로 잡고, 그다음 주 월요일을 재량 휴업일로 하면 어떨까요?"

"그렇다면 반대하는 분은 없을 것 같네요."

이렇게 해서 2015년 축제는 토요일로 확정했다. 게다가 토요일에 마을 공원에서 진행하는 축제를 우리 학교만의 행사로 한정하기에는 아쉬움이 남는다는 의견에, 수석교사가 다음과 같은 제안을 내놓았다.

"우리 마을에 있는 다른 초·중·고에 함께하자고 제안해볼까요? 마을에 요청해서 마을 축제준비위원회를 만들어보는 것도 좋을 것 같아요. 주관은 마을에 있는 '꿈의 학교'에서 하고요."

마을 축제준비위원회는 우선 마을 어르신과 5개 학교 중 한 곳의 교장선생님을 공동위원장으로 하여 지역주민센터 담당자와 학부모 대표 그리고 마을의 각종 협의체 대표단, 학교의 자치 담당 교사들로 구성했다. 1년 동안의 준비 기간을 거쳐 드디어 2015년 제1회 노루마루(지역에 있는 오래된 우물의 이름) 축제를 거행하게 되었다. 이 축제를 통해 마을 주민들과 5개 학교의 학생들은 서로가 하나 되는 순간, 관이 아니라 순수하게 마을 공동체에서 준비하여 희로애락을 나누는 소중한 경험을 할 수 있었다. 비록 진행하는 과정에서 숱한 어려움을 겪었고, 몇몇 분들의 희생을 감수해야 했지만, 우리 아이들이 성장하면서 결코 잊지 못할 추억의 한 페이지를 장식했다는 점에서 뜻깊은 행사였다.

2016년에는 어른들이 아니라 마을 아이들이 직접 기획하고 주관할 수 있도록, 제2기 마을 축제준비위원회에 5개 학교가 연합학생기획단을 만들어 활발히 활동하고 있다. 작년보다 성숙하고 발전한 또 하나의 마을 축제가 될 거라고 믿어 의심치 않는다.

● 마을 축제를 기획할 때는

> 마을 축제를 진행하며 즐거움만 있었던 것은 아니다. 첫 시행이니만큼 여러 가지 어려움이 뒤따랐다. 실무를 담당하며 어려웠던 부분들에 대하여 솔직한 경험을 이야기하고 싶다. 여기에는 개인적

인 의견이 많이 들어갔음을 먼저 알려드린다.

첫 번째, 우리 학교는 토요일을 학사 일정에 넣어 축제일을 결정했지만, 다른 학교는 미처 그렇게 못해서 축제 담당 교사들만 참여했다. 학생들도 전원이 참여하지 않고 공연, 전시, 참여 마당에 들어가는 학생들만 참여하는 아쉬움이 있었다. 다른 학교 교사들의 희생도 불가피했다.

두 번째, 토요일에 진행하여 많은 학부모님들과 마을 사람들이 참여했지만, 학교 실무사들이나 그 밖의 종사자들은 휴일 수당 지급 문제가 걸렸다. 또 주민센터 공무원들도 쉬는 날이라서 협조를 구하기에 어려움이 있었다. 이로써 올해는 다시 평일에 진행하는 안타까운 현상이 발생했다.

세 번째, 여러 학교 학생들의 참여로 장소가 협소해서 문제가 발생하기도 했다. 마을에서 15분 거리에 있는 갯골공원은 수용이 가능했지만, 마을 어르신들이 이동하는 데 불편하다고 하여 마을 안에서 진행하자는 의견이 많았다. 도로를 막아서 무대를 설치하자는 의견은 주민센터 및 경찰서의 반대와 대중교통 업체의 협조가 어려워 불가능했다. 마을 안에 있는 작은 공원과 두 개 학교 운동장에서 진행하다 보니, 학생들 관리 문제와 장소가 분산됨으로써 집중이 안 되는 현상이 발생했다. 그리고 각 학교의 학생들, 특히 축제일로 잡아두었던 우리 학교 학생들의 공연 시간이 줄어들어서 불만이 나왔다. 이에 올해는 오전에는 각 학교에서 축제를 진행하고, 오후에 한데 모여서 진행하는 방식으로 이원화하였다.

네 번째, 예산 사용에 어려움이 있었다. 교육청 지원액이 '꿈의 학교'로 내려갈 수 없어서 우리 학교로 내려와 실무사님들의 업무가 많아졌고, 그러다 보니 다른 학교에서는 불만이 생겼다. 올해는 예산 지원이 어려워지는 부분이 있어서, 어느 정도는 각 학교에서 충당하기로 했다. 물론 후에 추경에서 지원받을 수 있는 예산을 어떻게 배정하게 될지는 논의 중에 있다. 또 외부 상권에서 후원을 해주겠다는 달콤한 유혹도 있었지만, 외부 상권의 이권 개입은 철저히 허용하지 않기로 1회 축제 때부터 정해놓았다. 마을 축제의 의미가 퇴색하지 않으려면 꼭 지켜야 할 일이기도 하다.

다섯 번째, 학교와 마을의 역할 분담이 잘 이루어져야 한다. 1회 축제 때 공연, 전시, 참여 마당을 학교별로 나눠서 준비했다. 학교 간 업무 분담은 비교적 효율적으로 이루어졌으나, 마을 사람들의 인식 부족으로 주민 참여가 저녁 행사에 집중된 점이 아쉬웠다. 마을 주민들도 학교와 손잡고 함께 준비하고 실행하지 않으면, 교사들의 업무 가중과 소통의 문제가 생겨서 어려움을 겪을 수 있다. 기획 단계에서 보다 세밀한 업무 조정이 필요하다.

아빠, 어디가?

학생자치를 이야기하다 갑자기 "아빠, 어디가?"라는 말이 나와서 뜬금없을 수도 있지만, 학교에서는 학부모 자치 활동도 중요한 한 축을 차지한다. 우리 학교는 2012년에 처음으로 지역사회부를 만들었다. 아마 2015년부터 본격화한 '마을교육공동체'의 효시가 되지 않았을까 싶다.

그때까지 학부모회와 봉사단, 학부모 폴리스, 녹색어머니회 등이 구성되어 있었지만, 자발적이라기보다 학교 교육 활동에 협조를 받기 위한 단체였고, 아이들과 함께할 수 있는 부분이 미미했다. 이마저도 어머니들로만 구성되어 있어서 아버지들이 참여할 기회가 없었다. 이에 자발적이고 함께 성장할 수 있는 마을 교육의 필요성에 따라 지역사회부를 신설했다. 그리고 첫해, 지역사회부에서 가장 역량을 강화한 부분이 바로 아버지들의 학교 참여다. 이미 남양주 호평중학교에서 '아버지 학교'를 운영한 좋은 사례를 접하고, 그쪽에 도움을 청하여 우리도 아버지 학교의 첫발을 내디뎠다.

학기 초 학부모 총회에서 아버지 학교에 대한 설명을 한 뒤 예상보다 큰 호응을 얻었는데, 재미있는 것은 어머니들이 대신 신청을 많이 하고 가셨다는 점이다. 아버지와 협의 없이 제출해서 공수표가 된 신청서도 많았지만 말이다.

아버지 학교의 첫 모임에 참석한 분은 10명 남짓이었지만, 열정만큼은 100명이 모인 것처럼 뜨거웠다. 월 2회 정도 모임을 갖고, 1년에 두 번 정도 학부모 강좌를 개설하여 교육하는 시간을 가졌다. 아버지들은 그동안 자녀교육에 소홀했던 점을 반성하며 아이들과 등산을 하거나 운동장에서 함께 뛰거나 고기를 구워 먹으며 친밀한 시간을 보내기도 했다. 또 학교 텃밭을 꾸리는 가족 동아리 활동에도 참여하여 땀 흘리며 농작물을 수확하는 기쁨을 누렸다. 그리고 아버지들과 아이들이 의미 있는 시간을 보내는 과정에서 교장선생님이 이런 제안을 해주셨다.

"학생들 중에 학교생활에 어려움을 겪는 아이들의 아버지를 불러서 함께하면 어떨까요?"

나는 지금, 당시에 학교를 무척 힘들게 한 학생과 아버지에 대한 이야기를 하려고 한다. 아버지 학교를 처음 만들었고, 지금도 운영하는 담당자로서 교직 생활에서 가장 보람을 느낀 일이었기 때문이기도 하다. 그해 1학년 중에 3월부터 학교폭력을 일으킨 학생이 있었다. 수업

시간에는 무기력하게 있기 일쑤였고, 심지어 교실에서 소변을 보는 이상 행동까지 한 학생이었다. 담임교사가 그 아이와 면담을 하다가 부모님이 이혼해서 어머니와 둘이 살고 있다는 것을 알았다. 아이는 아마 사람들의 관심을 받고 싶어서 그런 행동들을 했을 것이며, 아이가 받는 스트레스가 엄청날 거라는 짐작을 할 수 있었다. 아이에게 물어보니, 아버지는 재혼해서 지방에서 살며 아이와는 1년에 두 번 정도 방학 때만 만난다고 했다. 나는 아버지께 전화를 드려서 아버지 학교에 한 달에 한 번만 참여해달라고 부탁드렸다. 선뜻 대답을 해주지 않으시기에 다음과 같이 말씀드렸다.

"이번에 아버님께서 아버지 캠프에 참여하고, 한 달에 한 번 모임에 참석해주신다면, 선도위원회에 회부되어 징계를 받아야 하는 아드님

을 제가 책임지고 징계를 안 받도록 하겠습니다. 그 대신 꼭 참여해주십시오."

거의 반 협박하다시피 학부모 강좌와 행사에 참여하도록 한 셈이다. 그런데 처음에는 조금 힘들어하시더니 모임에서 다른 아버지들을 보며 서서히 변화하는 모습을 보여주셨다. 게다가 1년에 두 번밖에 못 보던 아들을 매달 만나면서 신뢰와 정이 돈독해지자, 아이도 차츰 학교생활에 적응을 해나갔다. 캠프에서 아버지가 다음과 같은 이야기를 들려주셨다.

"선생님, 제게 이렇게 깨달을 기회를 주시고, 아버지 노릇을 할 수 있게 해주셔서 정말 감사드립니다."

재혼한 부인과의 사이에서 낳은 자식을 키우며 항상 마음에 걸리던 아들에게, 아버지 학교는 만남의 장을 제공하는 큰 역할을 한 것이다. 아버지의 학교 참여로 촉발한 아이의 변화 역시 3학년 때 학생회장에 출마할 정도로 좋아졌다. 그리고 졸업식 날, 부자는 다정히 손을 잡고 사진을 찍었다.

아이들의 교육은 어머니만 감당하는 것이 아니다. 설령 아버지만 일을 하는 가정일지라도 자녀교육에서 아버지의 역할은 아주 중요하다. 아버지가 아버지로서 제대로 역할을 할 수 있도록 학교에서 돕는 것도 의미 있는 일이다. 아버지들을 학교에 오도록 해야 한다. 그리고 아버지들이 자녀와 마음껏 뛰어놀고 마음을 나눌 수 있는 아버지 자치를 실현해야 한다.

"아빠, 어디가? 학교 가자."

주제가 있는
학급별 체험학습

… 학생과 교사가 함께 준비하는 자율적인 체험학습

2014년 4월 16일을 우리는 잊을 수 없을 것이다. 꽃다운 우리 아이들과 동료 교사 그리고 일반 시민 295명이 우리 곁을 떠났으며, 아홉 명은 아직도 가족의 품으로 돌아오지 못하는 안타까운 세월호 참사가 일어난 날이기에. 그날 이후, 학교에는 근본적인 대책이 아니라 업무적으로 부담감만 안겨주는 안전 대책들이 시달되었다. 그나마 100명이 넘는 학생의 단체 이동을 금지하고, 소규모 체험학습을 시행하라는 지침의 공문을 내린 것은 바람직하다고 생각한다. 물론 교사 개개인의 과중한 업무 부담과 책임감이 늘어나서 단위 학교들이 선뜻 시행하지 못하는 어려움이 있지만. 다음의 사례가, 두려움에서 벗어나 의미 있고 즐거운 학급별 체험학습을 시행하는 데 도움이 되길 바란다.

우리 학교는 2012년부터 학급별 체험학습을 시행하고 있다. 그전까지는 다른 학교와 마찬가지로 1학년은 수련회, 2학년은 수학여행, 3학년은 일일 현장학습이라는 틀을 지키고 있었다. 위탁 형식의 수련회, 박물관이나 유적지 관람과 단체 레크리에이션 등 똑같은 프로그램과 줄줄이 이어가는 관광버스를 타고 이동하는 수학여행, 썰렁한 학교에서 이틀 동안 수업을 하고 3일차에 놀이동산이나 고궁으로 소풍을 가는 그렇고 그런 현장학습이었다. 우리의 고민은 여기에서 시작되었다.

"선생님! 3학년도 2학년 수학여행 기간에 졸업여행을 가면 안 돼요?"

"1학년은 수련회 가고, 2학년은 수학여행 가는데, 3학년만 그 기간에 학교에서 수업하고 있으려니 기운이 빠져요. 학교가 너무 조용하고, 작년 수학여행 생각에 그립기도 하고요."

"그럼 정식으로 회의 안건으로 올려서 한번 논의해봐."

이렇게 시작한 전 학년 체험학습 프로그램에 대한 논의가 학생과 교사들 사이에서 나옴으로써 정식으로 학생회와 기획 회의에서 논의되었다.

"교장선생님, 이제 체험학습을 바꿔보면 어떨까요?"

"3학년 학생들이 텅 빈 학교에서 수업을 하려니 제대로 안 되는 것 같아요. 2박 3일 일정으로 같이 가는 게 어떨까요?"

교사들도 수긍을 해주어 3학년도 함께 가는 것으로 결론이 내려질 즈음, 교장선생님이 다음과 같이 말씀하셨다.

"그런데 1학년도 수련회라는 틀을 유지할 필요가 있을까요? 외부에 위탁해서 극기훈련이니 하는 프로그램을 진행하는 것이, 요즘 시대에 맞지 않는 것 같아요."

"맞습니다. 그럼 모든 학년이 같은 날짜에 학급별 체험학습을 진행하면 어떨까요?"

"네. 아이들과 함께 체험학습에 대한 계획을 세우고, 장소를 정하는 게 좋겠습니다."

2012년도와 2013년도에는 담임교사와 학생들이 함께 프로그램을 짜서 30개 학급이 정선, 태백, 양양, 문경, 양평, 강릉, 단양, 서울 등 전국 방방곡곡으로 학급별 현장학습을 다녀왔다. 학생들이 인터넷을 통해 알아본 정보를 바탕으로 교사들이 현장을 답사해서 2박 3일 동안 의미 있는 공동체 활동을 통해 멋지고 아름다운 추억을 쌓을 수 있도록 애썼다. 밥을 짓고, 고기를 구워 먹고, 딸기를 수확하고, 밤하늘에 뜬 별을 보고, 리프팅을 하고, 집라인을 타고… 2박 3일 동안 함께하면서 친구 간에 우정을 쌓고, 담임교사와도 좋은 관계를 만드는 계기를 마련했다.

하지만 양지가 있으면 음지도 있는 법, 2년 동안 학급별 체험학습을 진행하면서 여러 난관에 봉착한 부분도 적지 않았다. 우선 4, 5월에 진행하다 보니 학기 초 가장 바쁜 시기에 준비를 해야 해서 담임교사들의 부담이 컸다. 특히 처음 진행하는 교사들은 큰 어려움을 느꼈으므로 진행 경험이 있는 교사들이 조언을 해주고, 부담임 교사가 돕도록 했다. 또 학급별로 담임교사가 답사를 진행하니 출장비 지출로 학교 예산에도 부담이 컸다. 2014년도에는 세월호 참사로 체험학습이 취소되면서, 이 부분에 대한 심도 있는 논의를 거쳐 2015년부터는 방향을 조금 바꾸어서 시행하고 있다.

··· 학년 주제에 따른 학급별 체험학습

우리 학교는 학년별로 교과융합 수업(여러 교과를 하나의 주제로 묶어서 하는 수업)을 활발히 진행하고 있다. 각 학년마다 주제를 정해서 1학년은 '마을 속으로 들어간 학교', 2학년은 '새로운 세상을 향한 발걸음', 3학년은 '공존, 더불어 살아가는 우리'라는 이름으로 체험학습을 진행하고 있다. 또 안전을 우선시하고 답사 비용을 절약하기 위해서 두 학급이나 세 학급을 묶어서 숙소를 배정하고, 주변 체험은 학급별로 진행하는 등 요령을 발휘하고 있다.

 1학년은 주제에 따라 전라도 완주의 경천애인마을, 지리산의 산내마을, 공주의 한옥마을을 방문해서 마을에서 다양하게 공동체를 이루며 살아가는 모습을 경험했고, 2학년은 역사적으로 새로운 세상을 만들려고 시도한 동학농민운동과 5·18민주화운동의 발상지인 전라도 지역과 광주 5·18민주화묘지 등을 방문하여 우리 조상들이 새로운 세상을 향하여 어떻게 걸어갔는지를 보고 듣는 뜻깊은 시간을 가졌다.

물론 아이들이 원하는 주변 체험 코스도 함께 계획하여 즐기는 시간을 마련했다. 3학년은 비교적 자유로운 분위기 속에서 이 세상을 살아가는 다양한 사람들의 모습을 둘러보고, 각종 체험활동을 하며 학급 친구들과 추억을 나누는 시간을 가졌다.

다양한 체험활동을 통해 아이들에게 좋은 경험을 공유하도록 했지만, 역시 답사 예산 부족과 30학급의 숙소를 구하고 버스를 대여하는 부분에서 어려움을 겪기도 했다.

… 다시 돌아간 것 같지만 그래도 다른 체험학습

2012년부터 2015년까지 진행해오던 학급별 체험학습을, 2016년에는 아까 언급한 어려움을 해소하기 위하여 다시 고민하기로 했다. 가장 부담이 되는 답사 비용을 절감하기 위하여 1학년 수련회를 부활하자는 의견이 나왔지만, 과거처럼 일방적으로 위탁하는 것은 바람직하지 않다는 측면에서 공동체를 강조하는 프로그램과, 학교생활에 도움을 줄 수 있는 프로그램을 접목하여 3월 둘째 주에 오리엔테이션 형태로 진행하기로 했다. 그래서 학기 초, 1학년 학생들의 학교생활 적응을 독려하기 위하여 일주일 동안 하던 오리엔테이션을 2박 3일 동안 자연 속에서 나누는 것으로 계획했다. 인권 교육, 학교폭력 예방 프로그램, 친구 알기, 생활 규범 정하기 등 수련회 기간 동안 담임교사들은 아이들, 수련원의 청소년지도사들과 함께 학교생활에 꼭 필요한 덕목을 하나 하나 짚어나갔다. 그 결과, 학년 분위기가 전반적으로 좋아지고, 잘 모르는 친구끼리 다툼이나 어려움이 해소되었다는 좋은 평가를 받았다. 2학년은 전년도의 학급별 체험학습을 그대로 진행하고, 3학년은 학급별 졸업식 준비와 중학교 생활을 정리하는 의미의 졸업여행을 진행하기로 합의했다. 그동안 여러 시행착오를 겪으면서 체험학습을 진행해왔지만, 해마다 그 안에서 참된 삶의 의미를 찾고, 아름다운 추억을 만드는, 뜻깊은 시간이었다고 자부한다.

실패는 두렵지 않다

매주 월요일 점심시간이면 급식을 마친 학생회 임원들이 자치회실로 모여든다. 학교의 모든 자치 활동에 대한 아이디어를 내기 위해서다. 아이들은 자신의 의견을 마음껏 내놓으면서 조금씩 성숙해가는 모습을 보여준다. 수많은 아이디어 중에는 학생들의 호응을 이끌어내지 못하는 것도 있지만, 지도교사들은 일절 관여하지 않으려고 애쓴다. 학생회 담당을 맡은 초기에는 아이들이 하는 것이 너무 답답해서 개입한 적도 많았다. 그렇게 하다 보니 교사가 모든 행사에 처음부터 끝까지 관여해야 하는 상황이 발생했다. 교실에서 소모하는 에너지도 엄청난데, 학생자치 활동에까지 시달리니 너무 힘이 들어서 생각과 방식을 싹 바꾸었다.

"얘들아, 올해 자치 활동을 하면서 기억에 남는 게 있니?"

"아뇨. 잘 생각이 안 나요."

"너희가 진행했잖아?"

"저희가 한 게 별로 없는 것 같은데요."

그해에 우리 학교는 자치 활동 우수 학교로 선정되었다. 정말 큰 반성을 할 수밖에 없었다. 그동안 아이들과 함께한 자치 활동이 고작 외부에 보여주기 위해서였던 것만 같아서 쥐구멍에라도 숨고 싶었다. 그 다음 해부터 담당 선생님께 학생자치회 회의에 절대 관여하지 말자고 말씀드렸다. 그냥 아이들을 지켜보고, 기획이 나오면 지원만 해주자고 했다. 나 또한 회의실 근처에 얼씬도 하지 않았다. 아이들은 수도 없이 망가지고 실패했지만, 행사가 끝난 뒤에 철저히 반성하고 성찰하는 시간을 갖도록 했더니, 1학기 말부터는 신이 나서 갖가지 아이디어를 내놓았다. 점심시간에 한 모델워킹선발대회와 신청자를 받아서 진행한 댄스부와 밴드부의 반짝 게릴라 공연은 아이들 스스로 계획해서 즐긴, 신선한 행사였다.

● **자치 활동으로 신나는 학교 만들기**

1. 목적	2. 방침
- 신뢰와 소통이 있는 자발적인 자치 활동 참여를 통해 신나고 행복한 학교 문화 조성 - 학생자치 조직의 합리화와 내실화 확보 노력을 통해 민주적인 학생자치 문화 실현 - 올바른 인권 의식을 통해 자율과 책임을 동반할 수 있는 건강한 학교 만들기	- 학생인권조례안 제17조 자치 활동의 권리 보장 - 학생회 구성과 소집 및 운영에서 자율성과 독립성 보장 - 학생이 주체가 되어 활동함으로써 신나고 행복한 학교 만들기 - 학생 중심의 신뢰와 소통을 바탕으로 민주적이고 윤리적인 생활공동체 형성

● 월별 자치 사례

월	활동 내용	월	활동 내용
3월	신입생 환영식 신입생 수련회(오리엔테이션) 학급 대의원 선발 학생회 위원회별 구성 1차 평화로운 학교 만들기 캠프	9월	아침 등교 시간 핑거 페인팅 행사(축제 알리기), 동아리 게릴라 공연 천사의 날 행사(착한 미션 종이 뽑아 행동 후 확인받고 제출 후 추첨)
4월	친구 사랑의 날 행사 식목일 기념행사 세월호 추모 행사 학생회와 경찰관이 함께하는 학교폭력 예방 캠페인 스포츠클럽 리그전(축구, 피구)	10월	할로윈 행사 마을과 함께 우리가 만드는 5개 학교 연합 제2회 마을 축제 스포츠클럽 리그전(농구, 탁구)
5월	어버이날 감사 편지 쓰기 스승의 날 역할 바꾸기 2학년 학급별 체험학습 우리가 만드는 체육대회 스포츠클럽 리그전(축구, 피구)	11월	학생의 날(학생 독립기념일) 행사 스포츠클럽 리그전(농구, 탁구) 친구 사랑의 날 행사
6월	모델워킹대회 동아리 게릴라 공연	12월	학기말 학년별 학급 자치 행사 (1학년 영화제, 2학년 합창제, 3학년 연극제) 크리스마스이브 행사
7월	동아리 게릴라 공연 친구 사랑의 날 행사 학급별 뒤뜰 야영	1월	학급별 뒤뜰 야영(연중 상시)
8월	2차 평화로운 학교 만들기 캠프	2월	3차 평화로운 학교 만들기 캠프

학교, 자치와 만날 수 있을까?

'교육의 질은 교사의 질을 넘지 못한다'는 말이 있듯이, 교사가 경험하지 못한 것을 학생들에게 전하기는 어렵다. 50~60명의 학생이 한 교실에서 생활하는 콩나물시루 같은 학교, 형식적인 H.R.(학급회의)을 경험한 교사들에게 학생자치란 이상적이기는 해도 왠지 불편한 웃음에 분명하다. 따라서 진정한 학생자치를 도모하기 위해서는 의미 있는 자치 프로그램의 개발과 학생자치 문화를 형성하는 것도 중요하지만, 이 과정에서 교사들의 끊임없는 성찰과 노력이 동반되어야 한다. 학창시절의 경험을 아련한 추억으로 남기지 말고, 학생인권조례 시대의 학생자치 문화와 혁신학교가 바라는 더 근본적인 변화를 인식할 수 있어야 한다.

> "학생회의 기를 살려야 합니다. 학생회가 학교 측에서 요구하는 내용만 학생들에게 요구해서는 안 되며, 학생회가 요구하는 내용도 학교 측에서 적극 반영해주어야 합니다. 그래야 힘 있는 학생회가 되겠지요…. 학생회가 학교 행사를 적극적으로 기획할 수 있어야 하며, 학교운영위원회에 학생회 임원의 참관 및 발언권을 보장하는 방안도 필요합니다."
>
> (김성천, 〈혁신학교란 무엇인가〉 173쪽에서)

학생자치를 실현하는 과정에서 생각해야 할 점도 있다. 학교가 학생(회)을 수단으로 이용해서는 안 된다는 것이다. 교사의 교문 지도를 없앤다는 명목으로 학생회 간부들이 교문에서 학생들을 강압적으로 지도한다든지, 전시성 행사에 동원하는 일에도 주의해야 한다.

조금 불편하고 더디더라도 학생들을 믿고 끊임없이 격려하며 자치 문화를 만들어나가는 것이 중요하다. 또 하나, '더불어 하는' 동료 의식이 필요하다. 어른과 마찬가지로 학생들도 결국 자치를 이루어내기 위한 과정에서 서로 부딪히고, 화해하고, 협력하고, 소통하는 것을 배워 나갈 수밖에 없다. 그러니 일등 만능주의와 경쟁 위주의 교육에서 학생자치를 이야기할 수 없었던 것은 당연하다. 2006년에 법을 만들어서 '청소년 의회' 활동을 보장한 핀란드의 사례(한국교육연구네트워크 총서기획팀, 〈핀란드 교육혁명〉, 94~104쪽)는 먼 나라의 이야기라 치더라도, 학교마다 작지만 의미 있는 학생자치 활동을 실현하고 확대한다면 더

불어 하는 민주주의 교육 공동체는 이미 시작된 것이 아닐까, 하는 생각이 든다. 끝으로 개인적으로 좋아하는 문장 하나를 소개하며 글을 맺을까 한다.

"독일 사람들은 1등으로 수영하는 것보다 함께 수영하는 것을 더 가치 있게 생각하고, 그러한 삶을 살기 위해 노력한다."(박성숙, 〈꼴찌도 행복한 교실〉 71쪽에서)

2장

학교, 인권을 말하다

백원석

학생부와의 첫 인연

"그런 학생부장이 우리의 최대 적이에요."

같이 근무하는 한 선생님이 "우리 학교 학생부장은 교문에서 아이들한테 90도로 배꼽인사 해요"라고 말하자, 다른 학교 학생부장이 했다는 말이다.

2009년, 교문에서 배꼽인사를 시작했을 때 다른 사람들의 반응은 이보다 더하면 더했지 덜하지 않았다.

"학생부장이라면 예전의 포도대장인데, 어떻게 학생들한테 90도로 인사를 할 수 있느냐? 처음에 미친 거 아닌가라는 생각을 했다."

당시 교장선생님은 신문사와의 인터뷰에서 이렇게 말했다.

아이들도 뒤에서 수군거렸다.

"저거 살짝 어떻게 된 거 아냐? 지난번에 아팠다더니 정신이 어떻게 됐나 봐!"

　이런 비아냥거림을 들어 넘길 수 있었던 것은 '이렇게 6개월만 버티면 학생부장을 그만둘 수 있다'는 확신 때문이었다. 2009년, 참 힘든 한 해이기도 했지만 나의 교직 인생이 바뀐, 아주 의미 있는 한 해이기도 했다.

응답하라, 1999

1999년 9월 1일, 내가 그토록 그리던 교직에 공식적으로 발을 내디딘 날이다. 그런데 사실 나는 이날보다 3일 먼저 학교에 출근했다. 지금은 이런 일이 가능할지 모르지만, 당시에는 나도 학교도 전혀 이상하게 생각하지 않고 '조기 출근'을 했다. 임용고시 합격 후 6개월 만에 발령이 났기에 기쁜 마음으로 한걸음에 달려간 안양의 S중학교, 발령장을 가지고 교장·교감선생님께 인사를 드리고 나니 학생부장님이 나를 불렀다.

"전임자가 학생부라 선생님이 우리 부서로 오시게 됐어요. 전임 선생님이 건강 문제로 학교를 그만둔 상태여서 지금 자리가 비어 있거든요. 혹시 별일 없으면 내일부터 나와서 같이 근무하실 수 있겠어요? 그러면 학교에 적응도 빨리 하실 수 있을 텐데. 물론 점심은 제가 사드릴게요, 하하하."

 딱히 거절할 이유가 없었고, 오히려 학생부장님의 제안이 고마웠다. 하루라도 빨리 학교에 나와 적응하면 내 입장에서는 나쁠 것도 없었기 때문이다. 그렇게 공식적인 근무일보다 3일 먼저 학교에 출근했다. 물론 3일 동안 수업은 하지 않았지만, 학생부의 이런저런 일을 배우며 학교 분위기와 업무를 대충 파악했다.

 그것이 교직에서 학생부와 인연을 맺게 된 계기다. 그런데 이 악연(?) 때문에 나는 1년 반 만에 S중학교를 떠나야 했다.

 3일 뒤, 정식으로 출근해서 등교 지도에 나섰다. 사전 출근을 했기에 익숙한 곳이었다. 정년을 2년 앞둔 학생부장님은 신출내기인 내가 공식적으로 출근한 지 일주일 만에 등교 지도에 대한 모든 인수인계를 끝내고 나오지 않으셨다. 부임 1주일 만에 학생부의 등교 지도는 온전히 나의 몫이 되어버린 것이다.

 교문에서 등교 지도를 하고 있는 곳까지는 100미터 정도 경사진 길이 이어진다. 그 길을 걸어 올라와야만 교실로 들어갈 수 있는 것이다. 등교 지도는 그 경사진 길을 올라오는 아이들을 찬찬히 살피며 속으로 선별 작업(?)을 하는 것으로 시작된다.

 '저 녀석은 치마 길이가 규정보다 짧은데.'
 '어라, 얼굴에 화장을 했네. 머리카락 사이로 보이는 귀걸이 봐.'
 '이놈은 바지통을 줄였군, 앞머리도 눈썹을 가리는데….'
 속으로 이렇게 중얼거리며 아이들이 내 곁으로 올 때까지 기다렸다가 재빠르게 한마디 던진다. 마치 아가리를 벌리고 있는 큰 물고기가, 입 속으로 작은 물고기가 들어오기를 기다리는 것처럼 ….

"너하고 너, 이쪽으로 서."

갑작스런 지적에 당황한 아이들은 눈을 동그랗게 뜨고 대들 듯이 반문한다.

"저요?"

"왜요?"

하지만 굳이 대답을 하지 않아도 내 눈빛에 놀란 아이들은 입을 삐쭉거리며 내가 가리키는 곳으로 가서 서게 된다. 이런 선별 작업에 따라 따로 빠진 아이들은 등교 지도가 끝나는 시간까지 한쪽에 서 있다가 위반 정도에 따라 엉덩이를 맞거나 앉았다 일어나기 50번, 운동장 세 바퀴 돌기 등을 하고 나서야 교실로 들어갈 수 있었다.

"내일부터 혼자 해도 되겠지? 신규가 어디서 이런 것을 배웠을까, 대단해."

정년을 2년 앞둔 학생부장님이 일주일 동안 나를 지켜보고 하신 말씀이다.

그랬다. 이런 등교 지도라면 교사가 굳이 둘씩이나 필요하지 않았다. 그런데 대학교 커리큘럼에도 없는 '생활지도', 어디서 난 이런 것을 자연스럽게 터득하게 되었을까? 곰곰이 생각해보니 두 가지 경험이 떠올랐다.

하나는 중·고등학교에 다니는 6년 동안 보아온 학창시절 선생님들이 우리에게 했던 생활지도 방식이었고, 또 하나는 신병교육대에서 조교로 보낸 2년간의 군 생활에서 훈련병을 교육한 경험이었다.

  사실 이 두 가지 경험이 내가 등교 지도를 하는 방식의 전부였다. 게다가 고등학교를 졸업한 지 10년이 되었지만, 여전히 변하지 않은 학교의 모습이, 내가 등교 지도를 더 확신에 차서 할 수 있도록 해주었다.

저 새× 또 나왔네

아이들은 매일 아침 레이저가 튀어나올 것 같은 내 눈빛 검열을 통과해야만 교실로 들어갈 수 있었다. 이런 아침을 맞이하는 게 나는 무척 행복했다. 왜냐하면, 이런 모습을 어른들(교장, 교감, 학생부장)이 좋아했기 때문이다.

신출내기 교사에게 교문을 맡기고 교무실에 계시던 학생부장은 내심 불안했던 모양이다. 한 달 정도 지나자 "걱정 많이 했는데 혼자서도 잘하는 것 같아 안심이 되네" 하고 말씀해주셨으니까 말이다.

학생부장님의 인정이 나를 더욱 힘차게 교문으로 이끌었다. 어려서부터 부모님 말씀 크게 거역하지 않고 자란 탓인지도 모르지만, '어른 말을 잘 들으면 자다가도 떡이 생긴다'는 속담처럼, 나는 그렇게 학교생활을 시작했다.

그런데 사달은 그다음 해에 일어났다.

발령 첫해가 끝나가는 12월에 업무 분장 희망원을 작성하는데, 나는 희망원이 전혀 의미가 없었다. 다음 해에 담임을 맡은 학급도 교문에서 가장 가까운 1학년 1반으로 정해져 있었으니까. 당연히 학생부는 내 업무가 되었고, 교문은 나의 생활지도 전용공간이 되었다.

다시 새 학기가 시작되어 신나게(?) 등교 지도를 하던 날이었다. 교직 경력 10년쯤 되는 한 여선생님이 출근길에 내 옆으로 다가왔다. 선생님들은 대개 가벼운 목례만 하고 지나가는데, 그 선생님이 다가온 것은 뭔가 할 말이 있어서였다.

"무슨 일 있으세요?"

바로 대답이 나올 줄 알았는데, 선생님은 쉽게 말을 꺼내지 못했다. 한참 뜸을 들이다가 이렇게 말했다.

"사실 이런 말을 해도 될지 모르겠는데, 선생님 보면 제 신규였을 때 생각이 나서 말이죠."

"무슨 말씀이세요?"

"제가 지금 이 얘기를 안 하면 나중에 선생님한테 정말 미안할 거 같아서 해주는 거니까, 오해하지 말고 들어주세요."

"네, 괜찮습니다. 말씀해보세요."

사실 이때까지만 해도 선생님의 말씀이 나를 그렇게 아프게 만들지 몰랐다.

"내가 아침마다 아이들하고 버스를 같이 타고 오는데, 그때마다 무슨 소릴 듣는지 아세요?"

"뭔데요?"

"아침마다 저기 교문 밖에서 아이들이 고개만 내밀고 여기에 선생님이 서 있는지, 그것부터 확인하는 거 아세요? 선생님이 서 있으면 애들이 하나같이 '저 새× 또 나왔네' 하더라고요. 그런데 아침에만 그러는 게 아니에요. 일과 중에도 선생님이 저 멀리 보이면 애들이 갑자기 소리 지르며 막 달아나요. 그러면서 '학교에 쟤만 없으면 살겠다'고 하더군요. 이렇게 맨날 일찍 나와서 고생하시는데, 애들한테 좋은 소리도 못 듣고. 그렇다고 다른 선생님들이 고마워하는 것 같지도 않아서 너무 애쓰지 말라고 드리는 말씀이에요."

미련 없이 떠나자

 그 순간, 무거운 걸로 머리를 강하게 맞은 것처럼 멍해졌다. 물론 교사가 아이들한테 좋은 소리만 들을 수 있는 직업이 아니라는 것은 처음부터 알고 있었다. 하지만 이 정도인 줄은 몰랐다. 그런데 더 화가 나는 것은 아이들 때문이 아니었다. 바로 선배 교사들에 대한 분노였다. 신규인 내가 아이들한테 이렇게 욕을 먹고 있는데, 어느 누구 하나 이런 말을 해주지 않았다는 것. '자기들이 꺼리는 싫은 일을 나한테 맡겨놓고, 뒤에서 얼마나 한심하게 보고 있었을까?' 하는 생각이 꼬리에 꼬리를 물면서 나를 계속 힘들게 했다. 상처가 되어 내 가슴을 마구 후벼 팠다. 그래도 여전히 아침에 출근하면 교문으로 나가는데, 아니 나가야 하는데, 마음에 받은 상처는 쉽게 아물지 않았다.
 '이런 사람들과 같은 학교에 더 있어야 하나?'

결국 고민 끝에 S중학교를 떠나기로 했다. 마침 인근 인문계 고등학교에 자리가 있어서 짧은 경력이지만 옮길 수 있었다. 발령받은 지 1년 반 만이었다.

마침내 학생부에서 벗어나다

그 뒤로 인문계 고등학교에서 4년, 특성화(당시는 실업계) 고등학교에서 3년 동안 근무하면서 단 한 번도 학생부 업무를 맡지 않았다. 일부러 학생부 업무를 맡지 않은 것도 있지만, 나 아니어도 생활지도의 달인들이 많았기에, 관리자들도 굳이 나를 학생부에 앉히려고 하지 않았다. 그렇게 고등학교에서 7년을 보내면서 아이들과의 관계도 교사들과의 관계도 무척 좋아서 행복했다. 그리고 이 행복함을 포기하고 싶지 않았다.

'그래, 나는 고등학교 체질이야. 그때 괜히 중학교에 발령을 받아서 고생한 거야. 앞으로는 무조건 고등학교에 있을 거야.'

이런 강한 신념이 굳건하게 자리를 잡은 2007년, 산후우울증과 육아에 대한 부담으로 힘들어하던 아내는 여기서 벗어나고자 다시 일을 시작했다. 그러다 보니 아이를 맡겨야 했고, 우리는 어쩔 수 없이 처갓집이 있는 시흥으로 이사를 해야만 했다. 그해 겨울, 나도 집이 있는 시흥 쪽으로 학교를 옮기기 위해 관외 내신서를 썼고, 운명처럼 장곡중학교로 발령을 받았다.

이건 분명 행정 착오였다. 당시 분위기와 나의 교직 경력으로 봤을 때, 중학교가 아닌 고등학교에 발령을 받는 것은 너무 당연한 일이었는데, 인사 발령 명단을 아무리 들여다봐도 내가 가야 할 곳은 장곡중학교였다.

너무 화가 나서 당장이라도 경기도 교육청으로 달려가 '뭔가 인사 착오가 있는 거 아니냐?'고 따지고 싶었지만, 이미 내린 인사 발표를 돌이킬 만한 힘이 내겐 없었다. 결국 발령이 난 뒤에도 한참 뜸을 들이다가 무거운 발걸음으로 발령 통지서를 들고 장곡중학교로 갔다. 무거운 발걸음보다 더 무거운 마음으로 학교를 찾아가면서도 한 가닥 희망을 품었던 것은, '나도 이젠 어리숙하게 학생부에 꽂히지 않을 것이다'라는 자신감이었다.

장곡중학교에 도착해서 교장·교감선생님께 인사를 드리고 나자, 교무부장님이 부르더니 업무 분장 희망원을 작성하라고 했다. 희망원에는 3지망까지 적게 되어 있었다. 중학교에 30대 남자 교사가 발령을 받아오면 대체로 '학생부'에 꽂힐 거라고 예상한다. 나는 이 당연한 진리에 반기를 들고 싶었다. 아니, 반드시 학생부를 벗어나야만 했다. 다시 신규 때의 악몽을 꾸고 싶지 않았으므로. 그래서 생각해낸 방법이 학생부만큼 교사들이 기피하는 업무가 무엇인지를 찾는 것이었다. 나는 고민 끝에 1지망 란에 큼직하게 '방송'이라고 적었다.

방송 업무도 대부분의 학교에서 젊은 교사에게 주어진다. 잘하면 본전, 못하면 욕을 바가지로 먹기 때문에 기피하는 업무에 속한다. 게다가 수능을 보는 학교로 지정되기라도 하면, 방송 담당 교사의 스트레스는 장난이 아니다. 그런 방송 업무를 나는 전임교인 특성화고등학교에서 2년 동안 맡아서 했다. 그것도 수능을 보는 학교에서 말이다. 하지만 내게는 학생부보다 방송부가 오히려 나았다. 그래서 1지망에 '방송'이라고 적은 것이다.

학생부를 피해야 한다는 일념에서 생각해낸 업무가 오직 방송 하나밖에 없었다. 그러다 보니 나머지 2지망, 3지망은 무엇을 적어야 할지 막막했다. 결국 공백으로 두고 교무부장께 제출하려고 일어나는데, 발이 떨어지지 않았다. 다시 주저앉아 빈칸인 2지망, 3지망 자리에 다음과 같이 써넣었다.

'2지망, 방송. 3지망, 방송.'

이것으로도 부족한 듯해서 더 확실하게 하려고 '비고' 란에 '학교 홍보 영상도 제작할 수 있음'이라고 적었다. 지금 돌이켜보면 '꼭 그렇게까지 할 필요가 있었을까?' 하는 생각이 들지만, 그 당시 내 마음은 더한 것이라도 해서 학생부를 피하고 싶은 마음뿐이었다. 그렇게 희망원을 제출하고 마침내 2008년 2월 26일 업무 분장 발표가 있던 날, 다시 장곡중학교를 찾았다.

옛말에 '지성이면 감천'이라고 했던가. 구차하게 굴기는 했지만, 의지를 강력하게 표현한 업무 분장 희망원을 보고 학교에서도 고려했는지, '방송' 업무에 내 이름이 붙어 있었다. 그런데, 그런데, 그런데 말이다.

다시 돌아온 학생부

방송 업무가 어느 부서인가 하고 업무 분장원의 표를 따라가 보니 '학생부' 소속이었다. 순간, 숨이 턱 막혀왔다. 눈을 비비며 다시 표를 따라 손가락을 움직여도 내 이름은 학생부 줄에 적혀 있었다. 결국 내 꾀에 내가 넘어간 꼴이었다. 더 세밀하게 살펴보고 업무 분장 희망원을 작성했어야 하는데…. 7년 동안 고등학교에 있으면서 단 한 번도 '방송 업무'가 학생부 소속이 아니었기에, 아예 생각도 못한 일이었다. 결국 7년 만에 중학교 학생부 교사로 다시 돌아오고 만 것이다.

하늘이 무너져도 솟아날 구멍은 있다고 했듯이, 그 와중에도 '나는 방송이라는 고유 업무가 있으니, 이걸 빌미로 생활지도와는 거리를 둘 수 있을 거야' 하는 생각을 했다. 그때, 신임 학생부장의 말이 내 가슴에 비수가 되어 꽂혔다.

"선생님, 학생부에서 방송 업무는 플러스알파인 거 아시죠? 개학하면 교문에서 다른 선생님들과 같이 생활지도를 하셔야 해요."

마치 내 속내를 훤히 들여다보고 있다는 말투였다. 어떻게든 빠져나가보려는 나를 옴짝달싹 못하게 만든 그 말 때문에, 난 어쩔 수 없이 개학날부터 다시 '저 ×끼'로 살아야 했다.

다시 돌아온 중학교 교문 지도는 7년 전에 했던 방식과 어쩌면 그렇게 똑같은지. 오히려 교장선생님의 확고한 교육철학 탓에 더 엄격해진 방식으로 아이들을 잡아대고 있었다. 그러니 다시 '저 새×'로 불리는 것은 너무 당연한 일이었다. 그렇게 시간이 지나면서 내 머릿속은 오직 한 가지 생각으로 채워졌다.

'내년엔 반드시 고등학교로 간다.'

그런데 1년은 결코 짧은 시간이 아니었다. 지금 생각해보면 그 긴 하루하루를 어떻게 버텼는지, 참으로 대견하다는 생각마저 든다. 아침마다 하늘에 대고 간절히 바라고 또 바랐던 것 같다.

'오늘은 비가 와서 교문 지도를 안 하게 해주세요!'

나는
중학교 부적응 교사

그해의 강수량과 상관없이, 내 기억 속에 남은 2008년은 땅이 쩍쩍 갈라지는 아주 극심한 가뭄이 아니었나 하는 생각이 들 정도였다. 하지만 국방부 시계는 거꾸로 걸어놔도 흘러간다는 말처럼, 학교의 시계도 어찌어찌해서 1년이 흘러갔다. 속으로 그토록 바라던 전보 내신서를 작성하는 12월이 되었다. 미리 수소문하여 근처에 빈자리가 있는 고등학교도 알아두었다. 그리고 혹시 몰라서 그 학교 관리자를 미리 찾아가 인사도 드렸다.

"(대학 진학률이 높아 유명한 안양의) A고등학교에서 고3 담임을 3년 동안 맡았습니다. 불러만 주시면 열심히 지도하겠습니다."

그 학교에서도 무척 반기는 분위기였다. 내가 내신서를 쓰기만 하면 무조건 데려오겠다는 교장선생님의 구두 약속도 받았다. 그런데 전입한 지 1년 만에 학교를 옮기기 위해서는 오직 한 가지 방법, 전보 내신서에 '중학교 부적응 교사'라는 꼬리표를 다는 수밖에 없었다.

하지만 난 그것이 전혀 두렵지 않았다. 교직 생활을 하는 동안 어떤 불이익이 있더라도 내게는 오직 중학교 학생부를 벗어나는 것이 당시 최대의 목표였으니까. 그렇게 내신서를 작성하고 나니 마음이 홀가분해졌고, 세상이 달라 보였다. 홀가분한 마음을 만끽하고 있을 즈음, 교장실로 오라는 연락을 받았다. 교장선생님은 중학교 때의 은사님이기도 했다.

"오늘 교육청에 내신서 제출하는 날인데 말이야, 고등학교로 간다고 했다며?"

"네."

"왜 가려는지 나도 대강 들었어. 그런데 교직 사회에서 1년 만에 학교 부적응으로 옮기는 건, 좋지 않아. 내가 중학교 은사만 아니었어도 이런 말 안 하는데, 내년에 우리 학교에 교육정보부장 자리가 비니까 남아서 그거 해보는 거 어때?"

"교육정보부장요?"

그때 교장선생님의 말씀에 "아니요, 저는 꼭 고등학교로 가겠습니다" 하고 왜 말하지 못했는지, 지금 생각해도 잘 모르겠다. 아마 마음속에 '학교 부적응 교사'라는 꼬리표에 대한 부담감이 있었던 모양이다. 결국 교장선생님의 제안을 마지못해 수용하는 척하며, 나는 전보 내신을 철회하고 말았다.

교육정보부장이라면 학생들과 크게 부딪힐 일도 없을 것이며, 아침마다 비가 오기를 기원하지 않아도 될 것이다. 이런 생각을 하며 겨울방학을 편하게 보내고 맞이한 2월, 교육정보부장 자리로 옮기기 위해 학생부에서 짐을 싸고 있는데, 교장실에서 호출이 왔다. 교장선생님의 분위기가 지난번과는 사뭇 달랐다.

"내가 웬만해선 안 부르려고 했는데, 도저히 사람이 없네."

"무슨 말씀이세요?"

"학생부장, 발령 난 거 알지?"

"발령이요?"

사실 내가 모시고 있던 학생부장님의 발령 소식을 정작 나는 모르고 있었다. 관심이 없었다. '이 학교에 오신 지 2년밖에 안 됐는데 특지로 전보 내신을 낸 것부터가, 교장선생님이 내년에도 학생부장 하라고 하시니까 반항하는 차원에서 낸 거지, 진짜 옮길 생각은 아닐 거야' 하고 학교에 소문이 파다했기에, 학생부장이 발령이 났을 거라고는 생각조차 못했다. 그런데 모두의 예상을 깨고 학생부장이 발령이 나버리자, 교장선생님은 발등에 불이라도 떨어진 양 다급하게 후임자를 찾았다고 한다.

"그래서 마지막으로 부탁하려고 부른 거야. 어차피 교직에 있으면서 언젠가는 학생부장 하지 않겠어? 그럴 거면 중학교 은사가 이렇게 부탁할 때 한번 해보는 게 어때? 올해 하면서 어떻게 하는지도 많이 배웠을 테니까 말이야."

이날 교장선생님은 내가 학생부를 해야 하는 여러 이유에 대해서 꽤 길게 말씀하셨지만, 내가 기억하는 것은 이것이 전부다. 왜냐하면 결국 내가 학생부장을 하겠다고 한 이유가 '언젠가는 학생부장을 하지 않겠느냐?'는 그 말이 목에 가시처럼 걸려서 도저히 넘길 수 없었기 때문이다.

학생부장, 그만두겠습니다

결국 고등학교로 가지 못하고, 원하던 교육정보부장 자리에도 앉아보지 못한 채, 차곡차곡 쌓아두었던 짐을 다시 학생부장 자리에 풀어놓아야 했다. 그래도 한 가닥 희망은 있었다. 교장선생님께서 문을 나서려는 내게 던진 한 마디 때문이었다.

"1년만 해. 내가 1년 후에는 원하는 대로 보내줄게. 이번처럼 고등학교로 간다면 고등학교로 보내주고, 교육정보부장 한다고 하면 꼭 하게 해줄 테니까. 그러니까 힘들어도 올 한 해만 고생해줘."

학생부장이 되고 나니 역시나 힘든 하루하루가 기다리고 있었다. 거의 매일 아침마다 교장실로 불려가 아이들의 생활지도가 제대로 되고 있지 않다는 질타를 받아야 했다. '이래서 전임 학생부장이 2년 만에 학교를 떠나려고 했구나!' 하는 생각이 절로 들었다. 교장선생님은 '용의복장을 제대로 갖추지 않은 학생은 절대 교문을 통과해서는 안 된다'는 아주 확고한 신념을 가지고 계셨다. 그러다 보니 아이들의 용의복장이 흐트러진 상태로 학교에 돌아다니는 것을 용납하지 않으셨고, 그런 아이들이 보일 때마다 나는 교장실로 불려가 혼나야만 했다.

그런데 그보다 더 나를 힘들게 한 것은 싸늘하게 변해버린 아이들이었다. 작년과는 아주 다른 눈으로 나를 바라보는 아이들, 그 눈빛은 7년 전 초임지인 중학교에서 본 그 아이들의 눈빛과 닮아 있었다. 삼삼오오 짝을 지어 놀다가도 내가 나타나면 아이들은 순식간에 연기처럼 사라졌다. 아침에 교문에서는 내가 뭐라고 할까 봐 조심조심 눈치를 살피며 걷다가 내 곁을 지나면서는 '휴' 한숨을 내쉬고 재빨리 현관으로 걸음을 옮기기도 했다. 이런 아이들의 모습을 한 학기 동안 지켜보다가 결국 난 병이 나고 말았다.

학생부장이 되고 나서 아침마다 천근만근 같은 짐을 지고 있는 듯 몸이 무거웠다. 하지만 두 아이와 아내를 생각하며 힘겹게 몸을 일으켜 세워야 했다. 그렇게 한 학기를 겨우겨우 버텼는데, 몸이 더는 말을 듣지 않았다. 아침에 도저히 자리에서 일어날 수 없어서 병원을 찾았더니, '과도한 스트레스로 인한 무기력증'이라고 했다. 그러면서 1주일 정도 입원을 하라고 권했다. 하지만 겉으로 드러난 병도 없는데 바쁜 학기 말에 나만 편하자고 입원하는 것이 마음에 걸리기도 했고, 여름방학이 1주일밖에 남지 않아서 그때까지 버티기로 했다. 이런 속사정을 몇몇 친한 부장님께 털어놓았다.

"부장님, 저 앞으로 어떻게 해요? 지금도 학생부장 노릇하기가 이렇게 힘든데, 나머지 한 학기를 어떻게 버티죠?"

"학생부장 자리가 그렇게 힘들면 내놔버려. 뭐하려고 그걸 가지고 있어, 바보같이."

"내놓는다고요? 그게 가능해요?"

이 얘기를 듣기 전까지 난 보직을 중간에 그만둘 수 있다는 것을 전혀 몰랐다. 보직 임명장에 적힌 임기는 그다음 해 2월 말까지였기 때문에, 그 전에 보직을 내놓으면 절대 안 되는 것인 줄 알았다. 그런데 그게 가능하다니, 당장이라도 교장선생님을 찾아가서 "학생부장, 그만두겠습니다" 하고 말하고 싶은 심정이었다.

어찌어찌하다 보니 여름방학이 되었고, 2학기 개학을 하면서 학생부장을 그만하겠다고 말하려고 했는데, 여름방학이 끝날 즈음 교장선생님이 다른 학교로 발령이 났다는 소식을 듣게 되었다. 그러면서 스멀스멀 내 마음속에서는 이런 생각이 꿈틀댔다.

'그래, 내가 여기서 학생부장직을 내놓는 것보다 새로 오신 교장선생님이 우리 학교 사정을 잘 모를 테니, 그동안 교문에서 애들 잡던 거 그만두고 이제부터는 오로지 인사만 하자. 그렇게 6개월을 버티다가 미련 없이 고등학교로 가는 거야.'

이런 생각 끝에 선택한 것이 '교문에서 배꼽인사 하기'였다. 가끔 가는 대형 마트의 직원이 손님들에게 "안녕하십니까? 고객님!" 하는 느낌으로, 아이들에게 아무런 등교 지도도 하지 않고 인사만 하기로 했다.

교문에서
배꼽인사 하는 학생부장

2학기가 시작되자마자 나는 학생부 소속 다른 선생님들에게 교문에 아예 나오지 말라고 했다. 그리고 오직 나 혼자서 교문을 들어오는 사람들(학생, 교사, 교직원)에게 일일이 허리를 숙여 90도로 배꼽인사를 했다.

"안녕하십니까?"

처음에는 당황해하는 모습이 역력했다. 특히 방학 전까지만 해도 자신들을 못 잡아먹어서 안달이 난 맹수처럼 날카로운 눈빛으로 바라보던 학생부장이, 갑자기 얼굴에 환한 미소를 띠고 배꼽인사를 하니, 아이들은 놀라지 않을 수 없었을 것이다. 그렇다고 인사하는 내 마음이 편한 것은 아니었다. 아이들의 화장한 얼굴이며 염색한 머리, 한껏 멋을 낸 복장이 자꾸만 눈에 들어와 '저 녀석 봐라. 너 거기서!'라는 말

이 목구멍까지 차올랐지만, 그 말을 입 밖에 내는 순간, 예전의 악몽 같은 생활을 반복해야 한다는 것을 알았기에 꾹꾹 눌러 참았다.

속으로 '나는 대형 마트의 직원이고, 너희는 고객이야'라는 생각을 하며 "안녕하십니까?" 하고 인사 건네기를 한 달이 지날 때까지, 아이들은 자기네들끼리 '저거 미쳤나 봐. 지난번에 아프다고 하더니 정신이 어떻게 된 거 아냐?' 하며 수군댔다. 동료 교사들도 인사를 받아주기는 했으나, 속으로는 '갑자기 왜 저러지?' 하는 표정이었다.

내가 그런 눈빛과 수군거림 속에서도 버틸 수 있었던 것은, 조금씩 변해가는 아이들의 눈빛과 표정 덕분이었다. 특히 나를 만난 지 얼마 안 된 1학년 학생들부터 한두 명씩 먼저 인사를 건네왔다. 아이들이 다가오는 것을 느끼자, 나도 교문으로 나가는 아침 시간이 크게 부담스럽지 않았다. 2학기가 끝나갈 즈음엔 학교에 출근하는 발걸음도 훨씬 가벼워졌다. 그런 어느 날, 새로 부임하신 교장선생님이 나를 불렀다.

"내가 교장이 되면서 다짐한 게 있어요. 한 학기 동안은 무조건 아무 말도 하지 않고 지켜보겠다고요. 이제 한 학기가 지났으니 한마디 해야 할 때가 된 것 같네요. 학생부장이면 옛날로 치면 포도대장이거든. 포도대장이면 말 한 마디 한 마디에 힘이 있어야 하고, 아이들도 이런 학생부장을 보면 무서워서 어쩔 줄 몰라해야 하는데, 이 학교는 그런 게 없어요. 맨날 아침마다 교문에서 아이들한테 90도로 인사하는데, 누가 학생부장을 무서워하겠어요."

딱히 틀린 말은 아니었기에 달리 말대꾸를 할 수 없었다. 그리고 어차피 내년이면 다른 학교로 갈 생각이었기에 굳이 교장선생님과 이런저런 말을 섞고 싶지 않아서 가만히 듣고 있었더니, 교장선생님이 종이 한 장을 꺼냈다.

"내가 선생님 하는 거 보니 진짜 답답하더라고요. 그래서 그 사이에 올해 학교폭력과 학생 선도 건수가 얼마나 되는지 실무사한테 뽑아다 달라고 했어요."

그러고는 잠시 말을 멈추더니 다시 고개를 갸웃거리며 덧붙였다.

"근데 말이야, 결과가 참 이상하게 나왔어요. 어떻게 된 게, 작년 이맘때보다 학교폭력 건수가 줄었어. 사고치는 애들도 줄고. 사실 내가 선생님을 부른 것은 이것 때문이에요. 교문에서 애들 생활지도는 안 하고 맨날 인사만 하는 꼴이 보기 싫어서 통계자료 가지고 뭐라고 하려 했는데, 막상 통계를 뽑아보니 학교폭력 건수랑 관련 학생 수가 줄어들었단 말이지, 그것도 절반 정도로. 왜 그렇게 줄어들었을까, 혹시 생각해봤어요?"

미친
학생부장이 되다

교장선생님의 말씀이 있기 전까지 전혀 생각도 못했던 일이다. 내가 학생부장을 하는 동안 학교폭력이 몇 건이나 있었고, 관련 학생 수가 몇 명이나 되는지, 별 관심이 없었다. 어차피 한 학기 교문에서 인사만 하다 떠날 학교였기에. 그런데 교장선생님이 받은 통계자료를 보니 학교폭력대책자치위원회 개최 건수가 작년보다 3분의 2 정도로 줄었고, 관련 학생 수도 절반 가까이 줄어 있었다.

"아니요. 저도 이 정도인지는 몰랐는데요."

"그래서 말인데, 나도 생각해볼 테니 작년보다 애들 사고가 줄어든 이유가 무엇인지 한번 생각해보라고."

이유? 진정 한 번도 생각해보지 않았다. 내가 등교하는 아이들에게 배꼽인사를 한다고 해서 아이들이 달라질 것이라는 사실을.

'사실 아이들을 위해서 인사를 한 게 아니라, 제가 스트레스 안 받으려고 인사를 시작한 것인데요.'

이 말이 입 밖에 나오려는 것을 꾹 참고 "네, 찾아보겠습니다" 하는 대답을 남기고 교장실을 나왔다.

학생부실에 와서 '교장선생님이 가지고 있던 통계자료가 분명히 잘못된 것'이라 단정하고, 관련 장부를 꺼내서 꼼꼼히 살펴보았다. 그런데 결과는 교장선생님이 보여준 통계와 다르지 않았다. 그렇다면 왜 이런 통계가 나왔을까? 무엇이 아이들을 변화시킨 것일까? 설마 인사 때문일까? 아니면 올해 입학한 아이들이 순해서? 아무리 생각해봐도 뾰족한 답을 찾을 수 없었다. 다른 선생님들에게 물어봐도 '정확하게 이거다' 하는 확답을 받지 못했다.

그런데 몇몇 선생님이 '교문에서 인사하는 학생부장 때문에 학생들이 인격적으로 존중받고 있다는 생각을 하게 된 것이 변화의 큰 요인이 되었을 것'이라는 말씀을 해주셨다. 하지만 이 말을 확신할 수 없어서, 더 정확한 답을 찾고 싶었다. 그러기 위해서라도 이대로 학교를 옮길 수는 없었다.

결국 12월의 망령은 학교를 벗어나려는 내 발목을 붙잡고, 1년을 더 학생부장 자리에 있도록 만들었다. 이번에는 작년, 재작년과 다르게 업무 분장 희망원 1지망에 아무 거리낌 없이 '학생부장' 네 글자를 적었다.

학생부,
참을 수 없는 존재의 이유

연말이 되면 교사들은 다음 학년도 '업무 분장 희망원'을 작성한다. 학교에 따라 12월에 일찌감치 부장들을 내정해서 발표하는 경우도 있지만, 아직까지 대부분의 학교는 12월에 신청을 받아서 다음 해 2월 중순쯤 도교육청의 인사 발표가 난 뒤에 업무 조직을 짜는 게 일반적이다. 12월, 업무 분장 희망원을 작성할 때부터 학교는 눈치작전의 도가니에 빠져든다. 부장을 하고 싶은데, 신청해도 될까? 한다면 어느 부서를 할까? 부장도 담임도 맡기 싫은데 비담임을 신청하면 욕먹는 것은 아닐까? 어차피 담임을 해야 한다면 몇 학년을 신청할까? 인기 있는 학년은 신청자가 많아서 밀려날지도 모르니, 처음부터 누구나 기피하는 학년만 피해서 차선으로 생각한 학년을 적어야 하는 것은 아닐까? 등등.

관리자의 성향과 동료 교사들의 눈치를 살피며 어렵게 업무 분장 희망원을 작성해서 제출했다 하더라도, 2월 인사 발령과 동시에 학교는 또 한 번 격렬한 소용돌이 속으로 빠져들게 된다. 이때부터는 치열한 싸움이 시작된다고 해도 과언이 아닐 것이다. 정확하게 말해서 '조금이라도 쉬운 업무를 맡기 위한 싸움'이 시작되는 것이다. 그동안 드러나지 않았던 교사들의 본성이 적나라하게 드러나는 시기이기도 하다. 이럴 때 상대적으로 발언권이 적은 경력 짧은 교사나 기간제 교사가 어렵고 힘든 업무를 맡는 현실이 되풀이되고 있으니, 안타깝기 이를 데 없지만 말이다.

그동안 학생부는 이런 안타까운 현실의 희생자들이 모여드는 집합소였다. 해가 갈수록 교사들 사이에서 학생부는 맡고 싶지 않은 3대 기피 업무 중 단연 최고에 속했다. 물론 학교에 따라 다르겠지만, 일반적으로 학생부를 원해서 맡는 교사를 만나기란 결코 쉽지 않다. 왜 이런 현실이 되어버렸을까?

2012년에 협성대학교 김성기 교수가 발표한 자료에 따르면, 초·중·고 교사들이 명예퇴직을 신청하는 첫 번째 이유가 '학생 생활지도의 어려움' 때문이라고 한다. 이 자료를 보면서 나는 '연세가 많은 교사들이 어린 학생들과 소통하는 데 어려움을 느껴서 그런 게 아닐까?' 하는 생각을 해보았다. 그런데 같은 해에 한국교육개발원이 발표한 자료에도 '일반 교사들이 뽑은 가장 어려운 업무'에 '학생 상담 및 생활지도'가 꼽힌 것을 보고, 나이나 경력에 상관없이 모든 교사가 '학생 생활지도'를 어렵게 여기고 있다는 것을 알았다.

이렇게 모든 교사가 어렵게 생각해서 피하고 싶은 업무인 생활지도를 학교에서는 학생부의 업무로 단정하고, 학생부 교사들이 도맡아서 해주기를 바란다.

초·중등 교원 명예퇴직 사유	
순위	사유
1	학생 생활지도
2	잡무 스트레스
3	학부모 민원

협성대학교 김성기 교수(2012년 12월)

초·중등 교사들이 뽑은 가장 어려운 업무	
순위	사유
1	학생 상담 및 생활지도
2	공문서 작성 등 학교 행정 지원
3	수업 관련 업무

한국교육개발원(2012년 12월)

어찌하다 보니 학생부장을 6년째 맡아 하면서 '학생부는 왜 필요한가?'라는 의문을 갖게 되었다. 여러 이유를 들어 학교에 학생부가 꼭 있어야 한다면, 학생부의 본래 역할은 도대체 무엇일까?

학교에 따라 학생부 업무가 조금씩 다르지만, 공통적으로 하는 업무를 분석해보니 크게 '생활지도'와 '학생자치'로 나눌 수 있었다. 경기도 교육청은 2014년부터 '생활지도'라는 말 대신 '생활교육'으로 바꿔서 부르라고 했다. 그동안 해온 '생활지도'가 교사나 어른들 중심의 일방적인 지도 방식이어서 학생들의 자발적인 책임이나 참여를 끌어내기 어려웠다면, 생활교육은 즐겁고 평화로운 학교생활을 위해 구성원들 간의 합의와 민주적인 절차에 의해 교육적인 차원에서 접근해보자는 새로운 시도'라고 밝혔다.

재킷 때문에 팔이 안 올라가요

앞에서 언급한 것처럼 업무 분장 희망원을 받아보면, '학생부'를 희망하는 교사는 거의 없다. 전에 근무한 학교에서 한 여교사가 업무 분장 희망원에 1, 2지망을 쓰고 나서 3지망에 마땅히 적을 게 없어 장난삼아 '학생부'라고 썼다가 바로 학생부에 배치된 적이 있다. 결국 그 교사는 동료들로부터 1년 내내 놀림을 받았는데, 그다음 해에는 1지망으로 '학생부'를 썼다. 무엇이 이 교사를 달라지게 만들었을까?

장곡중학교에 와서 원치 않는 학생부를 맡게 되었을 때, 나뿐만 아니라 다른 학생부 선생님들도 '내년에는 절대 학생부 맡지 않을 것'이라는 말을 가장 많이 했다. 송별식 때 그 이유를 물어보니, 업무가 너무 힘든데 전혀 도움을 받지 못하고 보람도 없다는 것이었다.

나는 스스로 업무 분장 희망원에 학생부장을 적고 학생부장이 되어 새롭게 시작한 2010년부터, 매주 월요일 1교시에 학생부 선생님들의 수업시간을 조정해서 티타임을 가졌다. 간단한 간식을 준비해 나누어 먹으면서 지난 일주일 동안 있었던 일과, 이번 주에 자신이 해야 할 일을 이야기하도록 했다. 그래야 자신만 힘든 게 아니라는 것을 자연스럽게 알 수 있고, 다른 사람이 이번 주에 하는 일을 알게 되어 함께 도울 수 있었다. '친구 사랑의 날'에 학생부 교사들이 학생처럼 교복을 입고 하루 동안 생활해보기로 한 것도 학생부 티타임 시간에 나온 제안이었다.

"부장님, 학생부에서 행사를 한다고 하면 애들이 좋아할까요?"
"그러게, 좋아하게 하는 방법이 없을까?"
"우리 다 같이 교복을 입어보는 건 어때요?"

한 선생님의 의견에 놀라면서도 교복 입은 자신의 모습을 떠올려서인지 재미있을 것 같다며 찬성하는 분위기였다. 그래서 우리는 1년에 네 번 있는, '친구 사랑의 날' 중에 우선 4월 2일 '1차 친구 사랑의 날'에 맞춰 교복을 입기로 했다. 또 기왕이면 자신이 맡은 담당 학년의 아이들과 같은 색깔의 명찰을 만들어

서 교복에 부착하기로 했다.

그런데 명목이 '친구 사랑의 날'인데 학생부 교사들이 교복만 입는다고 행사의 취지를 살릴 수 있는 것은 아니었다. 정작 주인공이 되어야 할 아이들에게 의미 있는 행사가 되기 위해서는 어떻게 할 것인가를 고민했다.

그 무렵, 대구와 경북 지역에서 아이들이 스스로 목숨을 끊는 안타까운 일이 차례로 일어났다. 그 기사를 접하면서 '이 아이들에게 단짝이 한 명이라도 있었다면, 이런 극단적인 결정을 내리지는 않았을 텐데' 하는 안타까운 마음이 들었다. 그래서 단짝의 소중함을 느끼게 하는 행사를 기획하기로 했다.

아이들이 학교로 오는 길을 따라 연분홍 벚꽃이 막 꽃망울을 터트리던 4월 어느 날 아침, 교문 앞에서 우리 학생부가 준비한 '친구 사랑의 날' 행사의 주제는 '친구의 소중함을 느낄 수 있도록 단짝과 손잡고 등교하기'였다. 그리고 친구와 손을 잡고 등교하는 아이들에게는 제과점에서 파는 크림빵을 한 개씩 나눠주었다. 빵을 받으면 반드시 친구에게 첫 입을 먹여주며 "고맙다, 친구야!"를 말하라는 조건을 걸어서.

학생부에서 처음으로 아이들을 위한 행사를 기획하고 운영해보니, 기존 학생부에 대해 아이들이 얼마나 높은 벽을 느끼고 있었는지 실감할 수 있었다. 준비한 빵 200개 중 그날 아침에 나간 것은 40여 개에 지나지 않았다. 그럼에도 이 행사를 계기로 아이들에게 '학생부 선생님들이 하는 행사도 재미가 있구나!' 하는 것을 느끼게 해주었다고 확신한다. 그래서인지 '2차 친구 사랑의 날'에는 '반 친구 다섯 명의 손을 잡고 등교하기'를 했는데, 준비한 빵 200개가 행사가 끝나기도 전에 동이 나고 말았다.

'친구 사랑의 날' 행사를 하는 동안, 학생부 교사들은 하루 종일 교복을 입었다. 나는 학창시절에도 교복을 안 입고 학교를 다닌 세대라서 처음 입어보는 교복이 무척 신기했다. 그런데 점심시간이 되어 학생부실에 모여든 선생님들은 모두 얼굴이 불편해 보였다.

"다들, 표정이 왜 그래요?"

"부장님, 우리 이거 진짜로 하루 종일 입어야 해요?"

"왜요?"

"너무 불편해요. 재킷 때문에 수업을 못 하겠어요. 팔이 안 올라가요."

그랬다. 평소에 입는 정장하고는 달랐다. 아이들이 입는 교복의 재킷은 겉으로 보기에만 좋았지, 활동성 측면에서는 꽝이었다. 이런 옷을 입고 오전 내내 수업을 한 학생부 선생님들은 불편함에 빨리 벗어버리고 싶었으나, 내가 그대로 입고 있으니 차마 말을 못 꺼내고 점심때까지 눈치만 보고 있었던 것이다.

그래서 웃으면서 "다 같이 벗자"고 했다. 재킷을 벗으니 나도 편해졌다. 우리는 정작 반나절밖에 안 입었는데도 이렇게 불편한데, 아이들은 1년에 190일 넘게 입고 생활하고 있다. 또 중·고등학교 꼬박 6년을 그렇게 보내야 한다는 것을 상기하고, 그때 처음으로 아이들을 위해 불편한 교복을 활동성이 좋은 재질로 바꿔야겠다고 마음먹었다.

일반적으로 교복을 바꾸기 위해서는 교복사가 재고 정리를 할 수 있도록, 1년 전에 예고를 해주어야 한다. 그러려면 또 학생, 교사, 학부모로 구성된 교복개정위원회를 열어 협의해야 하는데, 이로 인해 거쳐야 하는 행정적인 절차가 한두 가지가 아니었다. 그러다 보니 일선 학교에서는 교복을 바꾸고 싶어도 지레 겁을 먹고 아예 시도를 못하는 경우가 많았다. 나 역시 앞으로 일어날 엄청난 일거리를 상상만 해도 버거웠으나, 교복의 불편함을 몸소 느낀 상황에서 절대로 그냥 넘어갈 수가 없었다.

우선 학생, 교사, 학부모에게 교복을 개정하는 데 대한 찬반 조사를 실시했다. 대부분의 교사는 현재의 교복을 바꾸는 데 동의했는데, 학생과 학부모의 찬성률은 예상보다 높지 않았다. 특히 학생들은 오히려 반대가 많았다. 이상하다 싶었는데, 대의원회의에서 그 이유를 듣고는 '이래서 중학생이구나!' 하는 생각이 들었다. 반대하는 이유가 '자신들은 바뀐 교복을 입을 수 없어서'였기 때문이다. 교복을 개정한다고 해도 당장 바꿀 수 있는 게 아니라 1년의 유예 기간이 필요하다. 내후년 신입생부터 새 교복을 입게 된다는 말을 듣고는, 자신들은 혜택을 못 누리고 졸업한다는 데 불만을 가진 것이다. 나는 '후배들을 위해서 선배로서 큰일을 하고 졸업하는 거'라며 설득에 설득을 거듭해서 겨우 학생들로부터 찬성 의견을 받아냈다.

그다음은 디자인이었다. 아이들이 교복 가운데 가장 불편하게 느끼는 것이 재킷이었다. 그래서 날이 쌀쌀해지면 시중에서 파는 바람막이 점퍼를 입고, 재킷은 입으려 하지 않았다. 규정을 적용해야 하는 학생부 교사들과 늘 교복 착용 위반으로 부딪힐 수밖에 없는 지점이기도 했다. 우리는 재킷을 없애는 방안에 대해 심도 깊은 논의를 하였다. 학부모님들은 '재킷을 입어야 폼이 난다'며 겉으로 보이는 부분에 중점을 두었으나, 학생과 교사들이 '아무리 보기 좋은 옷이라도 불편하면 아이들이 공부하는 데 지장을 준다'고 설득하여 결국 교복에서 재킷을 없애고, 대신 셔츠 위에 카디건을 입기로 했다. 날이 추워지면 카디건 위에 외투를 자율적으로 입을 수 있도록 했다.

재킷 다음으로 아이들이 불편해하는 것은 무엇인지 알아보기 위해 학생들을 대상으로 '교복 디자인 공모전'을 실시했다. 아이들이 원하는 교복 디자인을 받아서 공통적인 부분을 반영하기로 한 것이다. 공모전에 참여한 아이들의 의견을 모아보니, 무늬 없이 단색인 치마는 유행에 맞게 체크무늬로, 활동성이 떨어지는 하복 블라우스와 셔츠는 남녀 누구나 간편하게 입을 수 있는 생활복으로 바꾸자는 제안이 다수를 차지했다. 그리고 여름철에는 바지나 치마 대신 반바지를 선택해서 입을 수 있도록 하자는 의견이 많았다. 마침내 이 모든 것을 반영한 새로운 교복 디자인이 나왔고, 공식적인 절차를 거쳐서 거의 1년 반 만에 새로운 교복을 신입생부터 입게 되었다.

교복을 바꾼 뒤에도 교복에 대한 불만이 아주 없어진 것은 아니었다. 다만 학생들의 의견을 반영하여 만든 교복이니만큼 예년에 비해 교복 규정 위반으로 적발당하는 학생은 눈에 띄게 줄어들었다.

교사가 교복을 직접 입어보고 불편을 느껴서 바꾸는 과정을 겪고 보니, '아이들에게 규정을 무조건 지키라'고 강요하기에 앞서 '왜 아이들이 규정을 어기는 것일까?'를 먼저 고민하게 되었다. 인식을 바꾸니 아이들이 학교생활에서 불편하게 느끼는 부분들이 눈에 들어왔고, 그래서 다음으로 휴대폰 관련 규정을 개정하게 되었다.

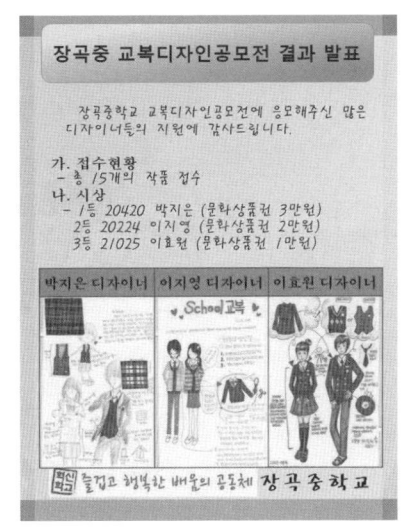

휴대폰을 어찌 하오리까?

최근에 나온 교권 침해 관련 기사를 보면, 그 원인의 대부분이 휴대폰에 있다.

> 어느 중학교 교사 B씨는 수업시간 중 휴대폰을 사용하는 학생을 훈계하다 "너, 내가 머리통을 쳐서 죽여버린다"는 말을 듣기도 했다.
>
> (시사저널, 2016년 2월 25일자)

이는 비단 우리나라만의 문제는 아닌 듯하다. 한때 SNS상에 미국의 한 고등학교 학생이 휴대폰을 빼앗은 교사를 마구잡이로 폭행하는 장면이 찍힌 영상이 돌면서, 엄청난 이슈가 된 적이 있으니까 말이다. 학교에서도 학생들 거의가 지니고 있는 휴대폰을 어찌해야 할지 몰라, 어려운 숙제로 여기고 있다. 일부 초등학교에서는 휴대폰을 아예 학교에 가져오지 못하도록 하고 있기도 하고, 학교에 오면 전부 전원을 껐다가 하교할 때 켜도록 하는 학교도 있다. '안심존'이라고 해서, 학부모와 학생의 동의를 얻어 학교에 오면 휴대폰 사용이 안 되게끔 하는 방법을 적용하는 학교도 있다.

그런데 대부분의 학교는 등교하면 휴대폰을 담임교사가 수거해서 보관 가방에 넣어 교무실에 가지고 갔다가, 종례 때 다시 돌려주는 형태를 취하고 있다. 장곡중학교도 2009년까지 휴대폰 관련 규정은 '등교 시에 담임교사에게 제출하고, 하교 시 돌려받는다. 이를 어길 시에 1차는 일주일, 2차는 한 달, 3차는 한 학기 동안 담임교사가 보관하고 있다가 2차시부터는 학부모가 내교하여 직접 찾아간다'고 되어 있었다. 그런데 학생자치회의에서 개정이 가장 시급한 독소(?) 조항으로 휴대폰 관련 규정을 꼽았다. 특히 다음 두 가지는 꼭 개정해야 한다고 목소리를 높였다.

첫째, 휴대폰을 안 냈다가 적발될 경우 담임선생님이 휴대폰을 가져가서 보관하는 것은 이해할 수 있으나, 그 기간이 너무 길다. 적발 횟수와 상관없이 보관 기간은 일주일로 하되, 2차 적발 시 교내 봉사 3일, 3차 적발 시 교내 봉사 5일을 추가로 실시하는 것으로 했으면 한다.

둘째, 2차 적발 시부터 학부모가 내교하여 직접 찾아가야 한다는 것은 학생들이 잘못한 것을 부모에게 전가하는 것이므로, 잘못에 대한 책임을 학생 본인이 직접 지도록 해야 한다.

이 내용을 교사, 학부모가 모두 동의하여 학교운영위원회에 안건으로 상정하자, 운영위원들이 '자신들의 잘못을 학부모에게 전가하지 않으려는 아이들의 기특한 생각'에 감탄하며 만장일치로 개정안에 찬성했다.

학생들은 자신들의 의견이 휴대폰 관련 규정 개정에 반영되는 과정을 겪으면서, 그동안 유명무실하게 진행해온 학급회의와 대의원회의에도 관심을 갖기 시작했다.

제대로 된 학급회의, 처음 해봐요

장곡중학교에서 처음부터 학급회의가 잘 이루어졌던 것은 아니다. 대부분의 학급회의 시간은 담임들이 그동안 못한 학급 행사를 진행하거나 그냥 자습 시간으로 운영하고 있었다. 그것은 학급회의에서 모아진 의견을 대의원회의에 가서 말해도 제대로 수렴이 안 되고, 설령 되었다 하더라도 학교에서 실현하는 것을 거의 경험해보지 못했기 때문이다.

우리는 먼저 학생 대의원회의를 기존처럼 방과 후에 하지 말고, 자치 시간을 활용해서 해보기로 했다. 아울러 회의를 진행하는 전 과정을 마치 국회방송에서 중계하듯이 전교생이 각 학급에서 시청할 수 있도록 방송부에서 직접 촬영해 생중계를 하기로 했다.

드디어 전교생이 방송으로 지켜보는 첫 학생 대의원회의가 열렸지만, 사공이 많으면 배가 산으로 간다는 말처럼 회의를 진행해본 경험

이 부족한 학생회장이, 언변이 좋은 몇몇 대의원들에게 휘둘려 엉뚱하게 결론을 맺으며 끝나버렸다.

　나는 회의가 중심을 못 잡고 엉뚱한 방향으로 흘러가는 것을 지켜보며 속이 터질 듯 답답했지만, 절대 개입하지 않았다. 다만 회의가 끝나고 학생회장에게 회의가 왜 그렇게 되었는지, 스스로 원인을 찾게 했다. 그런데 야심차게 방송중계까지 하며 준비한 대의원회의가 아무 소득도 없이 우스운 꼴만 보이고 끝난 것은 아닌가, 자책하고 있을 때 예상치 못한 희소식이 들려왔다.

　지난번 방송으로 대의원회의를 지켜보던 각반 담임선생님들이 학급

회의를 안 하거나 대충 했을 때 자기 반의 대표가 방송에서 꿀 먹은 벙어리로 비춰지거나 안건과 상관없는 말을 쏟아내는 모습에 충격을 받은 것이다. 그래서 두 번째 학생 대의원회의를 앞두고 열린 학급회의는 모든 반에서 진지하게 치러졌다. 학급 대의원들도 그동안 별 생각 없이 전체 대의원회의에 참석했는데, 지난번 회의에 대한 학생들의 반응을 접하고는 제대로 준비를 하지 않으면 전교생 앞에서 창피를 당할 수 있다는 사실을 깨달았을 것이다.

빨강머리, 파랑머리는 안 되나요?

우리 집 앞에는 초등학교가 있어서 가끔 등하교하는 아이들의 모습을 본다. 그 아이들을 보면서 늘 갖는 의문점이 있었다. '왜 초등학교 때는 귀걸이도 파마도 염색도 다 가능한데, 중학교에 들어오는 순간, 이 모든 것을 못하게 하는 걸까?'

그 이유가 공부 때문이라면, 초등학교 때는 공부를 하지 않는가? 방과 후에 혹시 모를 탈선의 위험 때문이라고 한다면, 그런 아이들을 과연 막는다고 해서 안 할까? 딱히 납득할 만한 이유가 없는 것 같은데, 중·고등학교 규정에 보면 용의복장을 제한하는 조항이 거의 대부분 들어가 있다. 우리 학교에도 이와 관련한 규정이 2013년까지 있었다. 개정 전의 규정을 잠시 들여다보자.

> **제54조 용모**
>
> ① 두발의 길이에 제한은 두지 않는다.
> ② 두발은 학생 신분에 어울리는 청결하고 단정한 머리 모양을 한다.
>   1. 머리는 파마를 해서는 안 된다.(염색은 자연갈색 8#만 허용한다.)
>   2. 헤어스타일을 만들기 위한 무스, 젤, 왁스 등 스타일링 제품의 사용을 금한다.
>   3. 체육 활동 등을 하는 경우, 긴 머리는 반드시 묶는다.

   경기도는 2010년에 학생인권조례를 공포한 이후, 모든 학교가 학교생활인권규정에서 두발 길이에 대한 제한을 없앴다. 하지만 대부분의 학교에서 염색이나 파마는 허용하지 않고 있다.

   왜 곱슬머리를 펴는 매직파마는 허용하면서 직모를 곱실거리게 만드는 파마는 허용하지 않을까? 새치가 많아서 검정색으로 물들이는 것은 허용하면서 왜 검정색 머리를 갈색이나 빨간색, 파란색으로 물들이는 것은 허용을 않는 걸까? 초등학교 때는 엄마가 앞장서서 귀도 뚫어주고 염색도 해주었는데, 왜 중학교에만 올라오면 못하게 할까? 종교적인 의미가 담긴 반지나 목걸이는 허용하면서 왜 이성 친구와 주고받은 액세서리는 착용하면 안 될까?

 이런 고민 끝에, 스스로 납득이 안 가는 부분에 대해서는 학생부장이 되면서 과감히 개정을 추진했다. 그런데 가장 가까이에 있는 동료 교사들이 먼저 내 의견에 반기를 들었다.

 "학생들에게 이렇게 자유를 준다면, 학교가 정신없어질 거예요. 지금도 학생인권조례 때문에 자기들 마음대로 하고 다니는데, 자유를 더 주면 학교가 어떻게 되겠어요?"

 학부모들의 반응도 별반 다르지 않았다. 물론 학생들 중에도 이와 비슷한 이유를 대며 두발 규정 개정에 반대하는 아이들이 꽤 있었다. 하지만 앞에서 언급한 것처럼 머리 모양 때문에 공부를 제대로 하지 못한다면, 용의복장이 자유로운 초등학생과 대학생들은 공부하고는 거리가 멀 수밖에 없다. 그리고 용의복장을 자유롭게 한다고 해서 학교의 질서가 무너지고 생활이 무분별해진다면, 유럽의 많은 나라가 그런 규정 없이도 더 높은 학습 능력을 보이는 것은 어떻게 설명할 것인가. 하지만 이런 논리로 사람들을 설득하기가 쉽지는 않았다.

 "걱정 마세요. 전임 학교에서도 같은 이유로 반대가 많았는데, 설득해서 용의복장에 관한 규정을 없앴어요. 그래도 문제가 전혀 발생하지 않았어요. 오히려 학생과 교사 사이에서 잦은 갈등을 빚던 문제들을 없앴더니, 관계가 좋아져서 학교 문화가 더 평화로워졌어요. 그리고 아이들의 마음이 편해지니 친구들과의 관계도 좋아져서 학교폭력도 줄었고, 학업 성취도도 훨씬 높아졌어요. 저를 믿고 1년만 지켜봐주세요.

그리고 1년 뒤에 우려하시는 일들이 조금이라도 생긴다면, 지금보다 더 강력하게 규정을 개정해서 지도하겠습니다."

나는 믿는 구석이 있었다. 일부 혁신학교에서 학교생활인권규정의 용의복장 부분을 학생들의 의견을 반영해서 자유롭게 고쳤더니, 오히려 교사들과의 관계가 좋아져서 학교 구성원들의 만족도가 높아졌다는 것을 알고 있었기 때문이다. 그래서 규정을 다음과 같이 개정했다.

제54조 용모

① 삭제
② 두발은 청결하고 단정한 머리 모양을 한다.
   1. 삭제
   2. 삭제
   3. 삭제

물론 청결하고 단정한 머리 모양에 대해서는 서로 생각하는 바가 다를 수 있으므로, 이 또한 제한하기 위한 것이라기보다 남에게 피해가 가지 않도록 권장한다는 의미가 강하다. 따라서 학교생활인권규정을 살펴볼 때, 다른 사람에게 피해를 줄 수 있는 것과 그렇지 않은 것

으로 구분해서 볼 필요가 있다. 자신이 한 행동으로 인해 다른 사람이 불편을 겪거나 힘들어진다면, 그것은 학교 차원에서 규정으로 정해 막아야 하지만, 그렇지 않은 경우라면 스스로 지킬 수 있도록 교육하는 것이 바람직하다고 생각한다.

화장도 마찬가지다. 여학생들이 화장을 시작하는 시기는 이미 초등학교 저학년으로 내려가고 있는 추세라서 초등학교 6학년만 되어도 색조 화장을 한다. 그런데 중학생이 되면 이를 못하게 막으니, 어떻게든 하려는 아이들과 규정을 지킬 것을 지도하려는 교사들 사이에서 갈등이 생길 수밖에 없다.

캐나다에서 성형외과 의사를 하고 있는 지인이 한국에 들어왔는데, 그 이유가 '우리나라 성형외과 의사에게 시술하는 방법을 배우기 위해서'였다. 그만큼 우리나라가 다른 나라에 비해 유독 성형을 많이 하고, 의료 기술도 상당히 높은 수준에 이르렀다는 것을 반증한다. 이런 외모지상주의적인 사회 분위기 탓에 학교에도 화장 열풍이 불고 있다. 대부분의 여학생은 초등학교 고학년 때부터 화장을 시작하는데, 립글로스를 바르는 것은 화장하는 축에도 들지 못하며, 여교사들이 놀랄 만큼 다양한 화장품을 파우치에 가득 넣어서 다닌다고 한다.

그런데 이런 아이들에게 '어렸을 때부터 화장을 하면 피부가 쉽게 상한다'거나 '화장을 하는 아이들은 노는 아이들로 낙인찍힌다'고 말한들 알아듣기나 하겠는가. 이미 텔레비전에서는 성형하지 않은 연예인을 찾아보기가 힘든데, '순수한 모습 그대로가 좋으니, 넌 제발 화장하지 마'라고 한들 통하지 않는 세상이 되었다.

　이제는 생활인권규정에서 화장이나 염색 등 외모를 꾸미는 데 민감하게 반응하여 엄하게 금지하기보다, '화장을 꼭 하고 싶다면 어떤 순서에 의해서 하고, 화장을 지울 때는 어떤 방법으로 지워야 피부가 상하지 않는지'를 가르쳐야 한다. 부모 몰래 질 나쁜 저가 화장품을 사서 바르지 말고, 부모와 상의하여 피부에 자극이 적은 화장품을 구입하도록 가정에서도 나서야 할 때가 된 것이다.

교내 봉사, 청소 벌에서
벗어나자

학교에서 학생들이 규정을 위반했거나 학교폭력을 일으켰을 때 가해지는 상대적으로 낮은 단계의 처벌(조치)로 '교내 봉사'가 있다. 대부분은 청소나 교사의 잡무를 대신하게 하는 것이다.

나도 처음 학생부장이 되었을 때, 조치를 받은 아이들에게 아침 일찍 등교하게 하거나 방과 후에 남겨서 청소를 하도록 했다. 그러다 혁신학교가 되어 포도밭을 임대해서 학생들과 농사를 지으면서는, 그 일을 시키기도 했다. 그런데 아이들에게 청소나 농사일은 하기 싫거나 고된 일이기는 할지언정, 자신의 행동을 성찰하는 일은 될 수 없었다. 교내 봉사를 마치고 얼마 지나지 않아 똑같은 잘못을 일으키거나 더 심하게 사고(?)를 쳐서 사회봉사 이상의 조치를 받는 아이가 허다했으니까 말이다.

왜 그럴까 곰곰이 생각해보니 우리는 아이들에게 벌로 청소나 공부를 하라고 하면, 아이들이 자신의 잘못을 뉘우치고 다시는 하지 않을 것이라는 기대를 했던 것이다. 하지만 아이들은 교내 봉사를 하면서 '빨리 끝났으면 좋겠다'는 오직 한 가지 생각만 하기 때문에, 아무리 훌륭한 벌을 만들어서 내린들 생각은 변하지 않는다. 그래서 나는 광수중학교로 옮긴 뒤, 여기에 대한 대안을 찾다가 선생님들과 협의하여 '교내 봉사 5일 프로그램'을 만들었다.

● **교내 봉사 5일 프로그램**

구분		활동	담당 교사
아침(1시간)	08:00~09:00	학교 정화 활동	학생부장
방과 후 (2시간)	1일차	나는 누구인가?	Wee-class 전문 상담사
	2일차	학교 안의 나	학교장
	3일차	함께 생각해보기	학생부장
	4일차	학년 안의 나	학년부장
	5일차	학급 안의 나	담임

이 프로그램을 보면 교내 봉사를 하는 5일 동안 아이는 매일 아침 다른 아이들보다 1시간 일찍 등교해야 한다. 그 이유는 내가 교내 봉사를 하는 아이와 온전히 대화하는 시간을 갖고 싶어서였다. 나는 교내 봉사가 아니더라도 매일 아침, 아이들이 등교하기 전에 학교 안을 돌아다니며 쓰레기를 줍는다.

광수중학교는 내가 부임한 첫해부터 교장선생님이 교문에서 아이들을 맞이했다. 그러니 학생부장인 내가 굳이 나가지 않아도 되었으므로, 그 시간에 무엇을 할까 고민했다. 그러던 어느 날 저녁 무렵, 졸업한 지 꽤 된 청년들이 찾아와서 "학교가 더러워서 졸업하고도 이 학교를 나왔다고 말하기 창피하다"며 청소하는 모습을 보고, 그들의 모교에서 교사를 하는 내가 부끄럽기 짝이 없었다. 그날 이후로 나는 매일 아침에 쓰레기를 줍기로 했다.

혼자 하다가 교내 봉사를 하는 학생들이 생기면 같이 쓰레기를 줍는다. 물론 주로 내가 쓰레기를 줍고, 아이들은 옆에서 쓰레기봉투를 들고 따라다닌다. 그러면서 이런저런 얘기를 나누는데, 대화를 통해 그 아이의 마음 상태를 알고 싶은 것은 나의 바람일 뿐, 아이들은 묻는 말에 전혀 대답을 하지 않는 경우가 많았다. 대개 이런 아이들은 자신이 잘못한 부분에 대해 인정하지 않고, 봉사가 자신에게는 과한 처벌이라고 생각한다. 그래서 5일 동안 방과 후에 2시간씩 남아서 진행하는 멘토와의 상담이 중요하다고 생각했다.

아이들이 가장 듣기 싫어하는 말이 "너, 이따 끝나고 남아"라는 선생님의 말이다. 다른 친구들은 다 가고 없는데, 혼자 남아서 잔소리를 듣거나 나머지 공부를 하는 것은 학생들에게 몹시 큰 벌이다.

그런데 그렇게 남겨놓고 청소까지 하라고 하면 얼마나 더 싫겠는가? 그러니 그런 아이에게 자발적으로 행동의 변화를 이끌어내기란 여간 어려운 일이 아니다. 그래서 5일 동안 방과 후에 2시간씩 다른 멘토를 만나게 했다. 멘토와의 상담을 통해 상처받은 마음을 달래주고, 자신의 행동이 다른 사람에게 어떤 영향을 미치는지 깨닫게 해줄 요량으로 진행한 것인데, 말이 상담이지 2시간 동안 의무적으로 멘토와 함께 시간을 보내는 것이다.

1일차는 위 클래스 전문 상담사 선생님과 함께하는데 대부분 심리검사를 하고, 그 결과를 바탕으로 이런저런 아이의 마음속 이야기를 듣는 시간을 갖는다.

2일차는 아이들이 가장 부담스럽게 생각하는 날이기도 한데, 교장선생님과 2시간을 보내야 한다. 교장선생님 또한 2시간 동안 아이와 상담하는 것이 부담스럽기는 마찬가지다. 그래서인지 주로 아이들을 데리고 밖으로 나가 맛있는 걸 사주며 이런저런 이야기를 주고받는다.

3일차는 학생부장인 나와 상담을 한다. 다른 멘토들이 방과 후 2시간을 이야기 주고받기로 보내기 때문에 나는 다른 방식을 택했는데, 그게 바로 '영화(영상물) 보기'다. 첫날 교내 봉사에 걸린 아이가 찾아와서 쓰레기를 주울 때, '요즘 가장 보고 싶은 영화'나 '보고 싶었는데 놓친 영화'가 있는지 물어본다. 그리고 아이가 대답한 영화 가운데서 볼 만한 영화를 골라 방과 후에 같이 본다. 왜 하필 영화냐면 나 역시 영화를 좋아하고, 아이들과 대화를 나눌 때 공통된 화제로 이보다 좋은 것이 없기 때문이다.

아이와 함께 영화를 보면, 그다음 날 아침에 자연스럽게 대화를 이어갈 수 있다. 그 영화를 왜 보고 싶었는지, 보고 나니 어떤 느낌인지

묻거나 영화 내용 중에서 하나를 꺼내 이야기를 나누기도 한다. 자연스럽게 대화의 물꼬를 트면, 그다음부터는 첫날의 어색한 분위기는 온데간데없어진다.

4일차는 학년부장과의 상담이 이어진다. 우리 학교는 작아서 학년부장도 담임을 겸하고 있어 하루가 정신없이 바쁜데, 방과 후에 상담까지 해야 하니 여간 힘든 게 아닐 것이다. 그런데 아이들은 이런 상황까지는 잘 모르고, 학년부장의 역할이 무엇인지도 모르니까, 내가 이런 이야기를 다 해주라고 말씀드렸다.

'회복적 대화' 모임을 해보면, 아이들은 자신이 한 행동이 누군가에게 어떤 영향을 미치는지에 대해 잘 생각하지 않는다는 걸 알 수 있다. 그래서 그 사람이 받은 영향이나 피해를 들려주면 깜짝 놀라며, "진짜요?" 하고 되묻는 경우가 많다. 30여 명의 담임을 맡는 것만도 힘이 드는데, 100명이 넘는 아이들을 책임지는 학년부장까지 하려면 얼마나 힘든지에 대해 아이들도 알아야 한다고 생각했다. 특히 아이들이 말썽을 부리면 몇 곱절 힘든 시간을 보내야 하는 게 학년부장의 일임을 알게 해주고, 학년부장 선생님도 다른 반의 사고뭉치로만 알려진 아이가 왜 그런 행동을 했는지에 대해서 대화를 통해 파악하는 시간을 갖도록 4일차 상담에 포함한 것이다.

이렇게 4일을 보내고 나면 마지막 5일째에는 담임선생님과 만나는 시간을 갖는다. 담임과의 상담에 앞서 아이에게 '회복적 성찰문'을 쓰게 하는데, 기존의 반성문 형식과는 크게 다르다. 기존의 반성문은 6

하 원칙을 근간으로 해서 자신이 잘못한 행동을 적고, 다시는 그러지 않겠다는 다짐을 하는 게 일반적이다. 이에 비해 회복적 성찰문은 '자신이 한 행동으로 인해 피해(영향)를 받은 사람은 누구이고, 그 피해를 받은 사람들과의 관계를 회복하기 위해서는 어떻게 해야 하는지'에 대해서 적게 한다. 또 자신이 끝까지 행동에 책임질 수 있도록 주변(부모, 교사, 친구들)에서 어떻게 도와주었으면 한다는 바람도 적게 한다. 그리고 끝으로 자신이 한 행동에 책임지기 위해서는 앞으로 어떻게 행동할 것인지를 덧붙이게 한다.

회복적 성찰문을 쓰고 나면 담임교사를 만나서 교내 봉사 기간 동안 무슨 일이 있었으며, 지금 심정은 어떤지에 대한 이야기를 나눈다. 담임교사들은 상담을 하고 싶어도 아이들이 방과 후에 남는 것을 좋아하지 않아서 자리 만들기가 쉽지 않은데, 공식적으로 2시간이 주어지니 모처럼 아이와 깊은 대화를 나눌 수 있게 된다. 게다가 성찰문에 쓴 내용을 중심으로 상담이 이루어지니까, 잘못을 지적하고 비난하며 강압적으로 반성하도록 만들던 기존의 상담과 사뭇 다른 분위기 속에서 이야기를 나눌 수 있다.

우리 학교에서는 교내 봉사 프로그램을 학교생활인권규정에도 집어넣었다. 기존의 교내 봉사가 담당 부서에 의해 주먹구구식으로 청소나 잡무 대행, 학습 벌 등 '응보적 관점'에서 이루어진 것이었다면, 지금은 스스로 잘못한 행동을 생각해보고, 그 행동으로 인해 피해와 영향을 받은 사람들을 위해 자신이 어떤 책임을 져야 하며, 어떻게 달라져야 하는지에 대해 생각하는 시간을 갖게 해준다.

　재작년 겨울에 여학생들 사이에서 집단 따돌림 사건이 일어났다. 이로 인해 가해 학생들에게 사회봉사와 교내 봉사 조치가 내려졌는데, 유독 교내 봉사 조치를 받은 아이의 부모가 이를 인정하지 않았다. 교육청에 민원을 넣고 학교에도 항의를 했지만, 결국 학교폭력대책자치위원회에서는 교내 봉사 5일 조치를 확정했다.

　아이는 교내 봉사 첫날부터 잔뜩 찡그린 얼굴로 와서는 묻는 말에 거의 대답도 하지 않았다. 그래서 나도 다른 것은 묻지 않고, "혹시 보고 싶은 영화 있니?" 하고 물으니, "최근 개봉작은 아닌데, 보고 싶다고 생각한 영화가 있다"고 대답했다. 그래서 3일차 학생부장과의 상담 시간에 학생부 선생님들과 함께 영화를 보았다.

　그런데 다음 날, 그 아이가 먼저 "학생부장 하는 거, 안 힘들어요?" 하고 내게 물었다. 나는 이때구나 싶어서 '이번 사안을 처리하면서 얼마나 마음이 힘들었는지'에 대해 1시간 내내 넋두리를 했다. 그리고 끝으로 '학생부장이 힘든 만큼 보람도 많은 자리'라는 말을 잊지 않았다. 1시간 동안 가슴속에 있는 이야기를 들려준 덕분인지, 그다음 날에는 아이도 처음으로 속 이야기를 꺼내놓았다.

　"저도 엄마 때문에 정말 힘들어요. 주말에도 서울까지 학원을 다녀야 하거든요. 이번 사건에 연루된 아이들과도 어떻게 보면 엄마 때문에 친해진 건지도 몰라요. 그 아이들과 함께 있으면 정말 재미있거든요. 그 순간만큼은 공부에 대한 스트레스가 싹 사라져요. 그런데 일이 이렇게 커질 줄 몰랐어요. 그 친구한테 미안해요."

영화 한편을 같이 본 것뿐인데, 아이는 그날 이후로 나를 대하는 표정이 확연히 달라졌다. 지금도 가끔 학교에서 마주치면 먼저 방긋 웃으며 인사를 건넨다. 교내 봉사가 끝나는 주말에는 그 아이의 어머니한테 다음과 같은 문자메시지가 왔다.

"여러모로 송구스럽습니다. **에게 부끄러운 모습을 보인 것 같아 괴로웠는데, 좋은 말씀 해주셔서 감사합니다."

입장 바꿔 생각해봐, 교사—학생 역할 바꾸기

어느 날 텔레비전을 켰더니 예능 프로그램에서 개그맨이 동갑내기 의사와 역할을 바꿔 하루 동안 지낸다는 내용의 예고편을 내보내고 있었다. 정작 본방송은 못 봤지만, 예고편을 보면서 떠오른 생각은 '이것을 학교에서 해보면 어떨까?' 하는 것이었다.

내가 교사가 된 이유 중에는 고등학교 3학년 때 담임선생님이 한몫을 차지한다. 교사가 되고 싶다는 생각이 들게 해주어서가 아니라, 정말 마음에 들지 않아서다. 그 선생님은 성적이 좋지 않은 아이들을 대하는 태도와 1등을 대하는 태도가 확연히 달랐고, 학급 경영을 성적 중심으로 해서, 성적이 그리 좋지 않았던 나는 언제나 학급의 중심에서 밀려난 느낌을 받았다. 그래서 '내가 만약 선생님이 된다면, 절대 담임선생님처럼 하지 않을 것'이라고 다짐했다.

그 다짐을 한 지 20년이 지났다. 그런데 내가 그 선생님보다 나은 교사가 되었다고 장담할 자신은 없다. 나를 보면서 '내가 학생부장 하면 당신보다 낫겠네' 하는 학생들이 있을 테니 말이다. 내가 그 입장이 되어보지 않으면 이해하기 어려운 것이 있을 것이기에, 1년에 단 하루만이라도 교사와 학생이 역지사지하는 날을 만들어보고 싶었다.

날짜는 4월 1일. 만우절마다 학교에서 벌어지는 일은 제각각이겠지만, 학창시절부터 교사가 된 지금까지 학급 패찰 바꾸기, 일부 학생들 반 바꿔 들어가기, 교실에서 뒤쪽 보고 앉아 있기 등 빤한 장난을 치며 그저 그런 날로 하루를 보내는 게 다반사라서, 어차피 감동도 없고 재미도 없이 하루를 보낼 거라면 '교사와 학생이 역할을 바꿔서 서로의 입장을 이해하는 날'로 만들어보자는 생각에 만우절을 택했다.

그런데 나름 신선하고 의미 있는 행사라고 생각한 것과 달리, 시작부터 순탄치 않았다. A4 용지 한 장에 행사 기획안을 작성해서 관리자와 부장들이 모이는 기획 회의에 들어가 보여드리자, 교감선생님이 심하게 반대를 했다.

"교사가 하는 수업에 대해서도 이런저런 말이 나오는 판국인데, 아이들이 수업을 한다고요? 학부모님들한테 민원이라도 들어오면 선생님이 책임질 거예요?"

결국 교감선생님의 반대로 '역할 바꾸기'는 제대로 논의조차 못 해보고 접어야 했다. 허무하게 회의를 끝내고 나오는데, 그럼에도 '어떻게 교감선생님의 마음을 돌릴 방법이 없을까?' 하는 생각이 머릿속을 떠나지 않았다. 관리자로서 '학부모의 민원'을 걱정하는 것은 이해가 되었지만, 너무 아쉬워서 그냥 넘어갈 수가 없었다. 그래서 다음 기획 회의 시간에 일주일 동안 고민을 거듭해서 작성한 기획안을 다시 가지고 들어갔다.

"제가 일주일 동안 교감선생님이 걱정하시는 부분에 대한 대안을 생각해봤는데요. 교사 역할을 할 학생을 선발하는 과정부터 개선하기로 했습니다. 반드시 교사로서의 자질을 갖춘 학생을 담임교사의 추천을 받아 1차로 선발하고, 선발한 학생들에게 교과 담당 선생님이 일주일 동안 수업할 부분에 대해 일대일로 확실하게 교육을 하는 겁니다. 그런 다음 교장·교감선생님을 모시고 수업을 시연하겠습니다. 이렇게 해서 최종 통과한 학생만 역할 바꾸기에 참여할 수 있도록 하겠습니다."

그러자 교감선생님도 더는 반대하지 않았다. 다만, "만약에 학부모들로부터 민원이 발생하면, 선생님이 책임지는 거예요!"라는 조건을 다는 것만은 잊지 않았다.

우여곡절 끝에 행사를 진행하게 되었다. 가장 먼저 할 일은 교사 역할을 할 학생들의 신청을 받는 것이었다. 교감선생님께 말씀드린 것처럼, 장래희망이 교사인 학생들을 우선순위에 두었다. 다음으로 교사 역할을 꼭 해보고 싶어 하는 아이들에게 자세한 내용을 적어서 제출하게 했다. 이 지점에서 중요한 것은, 학생이 아무리 교사 역할을 하고 싶어 해도 자신과 역할을 바꿀 교사의 동의가 없으면 못한다는 것이다.

교사도 마찬가지였다. 아무리 학생 역할을 하고 싶어도 자신과 역할을 바꿔줄 학생의 동의를 구하지 못하면 신청할 수 없었다. 이런 과정을 거쳐서 서로 동의한 교사와 학생, 스무 쌍이 탄생했다.

이들에게는 특별한 임무를 부여했다. 교사 역할을 하는 학생들에게는 선생님처럼 보일 수 있도록 용의복장에 신경 쓰도록 했다. 어떤 아이들은 아버지와 어머니의 정장을 빌려 입고 오기도 했다. 학생 역할을 맡은 선생님들에게는 교복을 구해드렸다. 학생부에서 확보하고 있는 교복이 모자라서 행사의 취지를 말씀드리고 무상으로 대여했다. 그리고 담당 학년에 맞는 명찰에 이름을 적어서 교복에 부착했다.

우여곡절 끝에 첫 번째 '교사―학생 역할 바꾸기' 행사가 2011년 4월 1일에 이루어졌다. 준비하는 과정에서 교사 역할을 하는 학생들의 수업 시연은 없었다. 아이들은 우리가 걱정하는 것보다 훨씬 교사 역할에 몰입해서 알차게 준비했으므로, 굳이 할 필요가 없다고 판단해서였다.

학부모님들께도 행사의 취지를 담은 가정통신문을 보냈고, 교사 역할을 하는 학생들의 부모님들께는 행사 참여에 대한 동의서도 받았다. 그리고 매년 만우절처럼 장난을 쳐서 수업을 망치는 일이 없도록, 담임교사를 통해 조례와 종례 시간에 학생들에게 사전 교육을 하도록 여러 차례 부탁드렸다.

역할 바꾸기는 크게 두 가지 형태로 진행했는데, 하나는 담임교사

와 바꾸는 것이다. 담임교사와 역할을 바꾼 학생은 등교(출근) 시간부터 하교(퇴근) 시간까지 담임교사가 되어 조례, 급식, 종례, 청소를 지도했다.

다른 하나는 교과 시간에 역할을 바꾼 것인데, 그날 수업 계획에 따라 1시간씩 수업을 직접 진행하는 것이다. 그때 학생 역할을 하는 교사는 학생들과 똑같이 자리에 앉아서 선생님의 지시에 따라 수업을 받았다.

교감선생님께 민원이 발생하지 않도록 하겠다고 큰소리를 쳤지만, 내심 행사가 끝날 때까지 가슴을 졸였다. 마침내 행사가 끝나고, 교사와 학생 스무 쌍이 시청각실에 모여서 소감을 나누었다. 학생들은 천편일률적으로 '선생님이 이렇게 힘든 줄 몰랐다'는 내용의 소감문을 적어냈다. 이유를 들어보니, '어제까지 같이 놀던 친구가 갑자기 선생님이라며 인원 파악을 하고, 조·종례를 하고, 수업과 급식, 청소 지도를 하니 자꾸 장난을 치면서 말을 듣지 않았다'는 것이다. 그럴 때마다 교사 역할을 하는 학생들은 진땀을 흘리며 벗어나보려고 애를 썼지만, 그러면 그럴수록 아이들이 더 장난스럽게 나와서 무척 힘들었단다. 이럴 때 학생 역할을 하는 교사가 나서서 장난을 치지 못하도록 할 수도 있었지만 최대한 개입을 하지 말아달라고 주문했기에, 아이들은 진짜 교사보다 더 힘든 하루를 보냈던 것이다.

그런데 학생 역할을 한 선생님들의 소감문은 학생들과 정반대로 '재미있었다', '이런 날이 자주 있었으면 좋겠다'는 긍정적인 반응을 보였다. 다만 '만우절에 하니까 교사와 학생이 서로의 입장을 이해해보자는 행사의 취지를 제대로 살릴 수 없는 것 같으니, 날짜를 바꿔서 해보는 것은 어떤가' 하는 제안이 나왔다. 이 제안에 따라서 그다음 해부터는 만우절이 아닌 '스승의 날'에 역할 바꾸기를 했다.

2012년 스승의 날에 이루어진 두 번째 '교사―학생 역할 바꾸기'는 지난해에 단 한 건의 학부모 민원도 발생하지 않아서인지, 관리자들도 별다른 반대를 하지 않았다. 게다가 부담스럽다며 참여를 꺼렸던 선생님들까지 '나도 한번 해보고 싶다'며 신청서를 내는 바람에 모두 서른 쌍이 참여했다. 스승의 날이라고 부담스럽게 기념행사를 하지 않아도 될 만큼 즐거우면서도 서로의 입장을 생각해보는 의미 있는 날이 되었다.

● 제1회 역할 바꾸기 소감문(일부)

1. 참여 동기

A 선생님 : 늘 학생들의 장난에 끌려가던 만우절에 대한 역발상으로 교사들이 먼저 행사를 제안한 것이 매우 긍정적이라서.

B 선생님 : 학생으로서 반 아이들이 어떤 자세로 공부하는지 보고 싶어서.

C 선생님 : 신규 교사로서 만우절에는 과연 어떤 일들이 일어날까, 하는 호기심과 아이들을 즐겁게 해주고 싶어서.

D 선생님 : 만우절이 단순히 거짓말을 즐기는 날로 끝나기보다 교사가 학생의 입장을, 학생이 교사의 입장을 더 이해하고 헤아릴 수 있는 뜻깊은 날이 될 수 있을 것 같아서.

1학년 E 학생 : 선생님의 입장과 느낌을 체험할 수 있는 기회라고 생각했고, 무엇보다 선생님이라는 직업이 어떤 특징이 있는지 알고 싶어서.

2학년 F 학생 : 평소에 도덕 선생님이자 담임선생님인 S 선생님이 멋있어 보여서, 한번 해보고 싶어서.

2. 참여 소감

A 선생님 : 담임 역할을 맡은 학생이 교사로 보이기 위해 옷에 매우 신경을 쓰고 등교를 했다. 쉬는 시간마다 교무실에 앉아서 담

임에게 전달되는 메신저의 쪽지를 확인하고, 학생들에게 전달해야 할 내용을 메모했다가 종례 때 전달했다. 교사인 나는 학생이 되어 모둠원과 함께 수업을 들으니, 물 백묵이 흐리게 나와 글씨가 안 보여 집중력이 떨어진다는 것을 알았다. 자리 배치의 특성상 교사가 칠판에서 긴 시간 설명을 하면, 고통스러웠다.

B 선생님 : 교사 역할을 하는 **이는 양복을 입고 등교했고, 나는 교복을 입고 **이 자리에 앉았다. 평소 우리 반이 하는 칭찬 일기를 낭독하고, 영어 단어를 외웠다. **이는 종례 때 보는 영어 단어 시험을 조례 때 보는 횡포(?)를 저질렀다. 나는 영어 단어 시험에서 100점을 맞았다. 1교시 과학 시간에는 어려운 질문을 다 나한테 했다. 그리고 **이 대신 급식 당번을 해야 했다. 종례는 쪽지로 대신했다.

C 선생님 : 아이들이 '선생님'이라는 호칭 대신 '**아'라는 이름으로 불렀다. 학생 자리에 앉아서 수업을 들으면서 학생들이 수업시간에 겪을 고통을 조금이나마 느낄 수 있었다. 눈이 나쁜 아이들이 겪을 답답함이 느껴졌다.

D 선생님 : 아침에 나와 역할을 바꾼 **이가 조회를 하면서 "개인적으로 좋은 감정이 있는 아이들은 오늘 청소를 시키지 않을 테니, 집에 일찍 가라"고 했고, 나머지 학생들에게는 "대청소 계획이 있다"며 "집에 갈 생각을 하지 마라"고 했다. 3교시에는 3학년 10반 수업에 나 대신 들어가서 색다른 수업을 했고, 점심시간에는 **이의

급식 도우미 역할을 내가 대신했다. 김치를 아이들에게 배식하고, 손수 급식차를 몰고 종착지인 5반까지 이동했다. 다른 반 아이들과도 친구처럼 이름을 부르며 지냈다. 쉬는 시간에 아이들이 노는 것처럼 함께 뛰어놀며 학창시절로 돌아간 기분을 느꼈다. 종례 시간에도 **이의 유머러스한 언행으로 또 한 번 웃으며 하루를 마무리했다

1학년 E 학생 : 8시 20분부터 누군가 지각을 하지 않았는지 살펴봐야 했고, 책을 제대로 읽고 있는지, 떠들지 않는지 확인해야 했다. 아이들이 책을 읽도록 통제했지만, 잘 되지 않았다. 점심시간에는 밥 먹는 순서를 일러주고, 반찬을 들고 다니며 더 먹을 것인지 물어야 했다. 마무리하는 것도 체크해야 했다. 여기저기서 "가정통신문 놓고 왔어요. 더 주세요", "이것 좀 알려주세요" 같은 질문을 해서 대답을 해주어야 했고, 종례 시간에는 미리 준비한 내용을 보고 전달 사항을 말해주었다.

2학년 F 학생 : 오늘 아침에 일어나자마자 도덕 노트를 보고 또 보면서 수업 준비를 했다. 버스를 탈 때도 실내화를 갈아 신을 때도 긴장이 돼서 심장이 콩닥거렸다. 내가 수업할 시간은 5교시였다. 준비할 시간은 충분했지만, 설레는 마음이 진정되지 않았다. 점심시간이 지나고 5교시 수업종이 울렸다. 친구들을 조용히 시키고 진도를 나가려 했지만, 아이들이 자꾸 까불었다. 이때 번쩍하고 이런 생각이 들었다. '우리가 선생님한테 말대꾸하면 선생님이 참 힘들겠구나.' 그래서 화를 내서 조용히 하도록 했다.

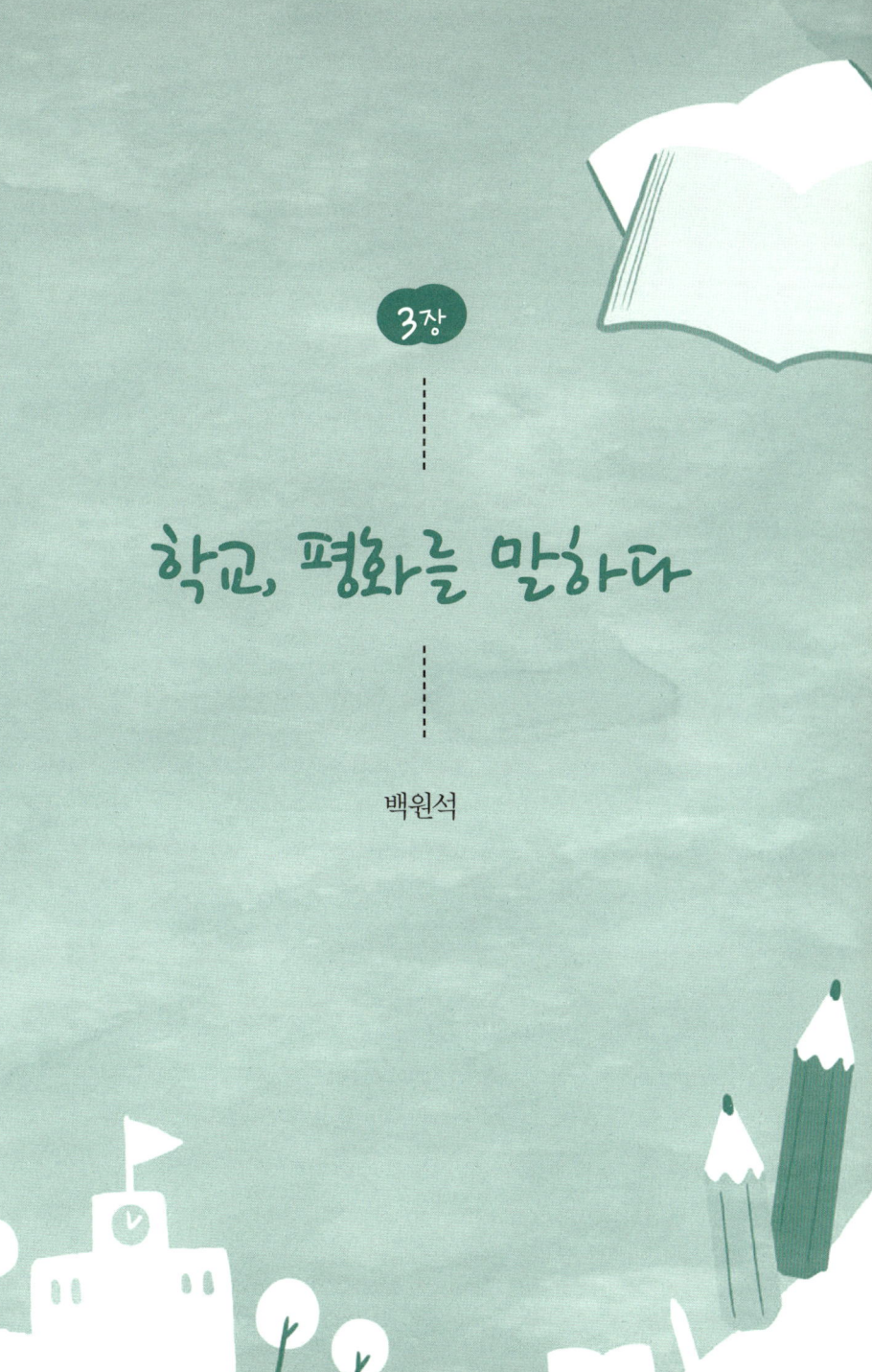

3장
학교, 평화를 말하다

백원석

느닷없는 인연

지금 근무하고 있는 학교와의 인연은 느닷없이 찾아왔다. 2012년 봄, 도교육청에서 주관하는 연수에 참석했다가 우연히 교장선생님을 만나면서였다. 교장선생님은 초임지에서 외부 단체 활동을 할 때 얼굴을 몇 번 뵌 적이 있을 뿐, 잘 아는 사이는 아니었다. 그런데 연수에서 나를 보자마자 불쑥 이렇게 말씀하셨다.

"우리 학교에서 내년에 자네 과목을 초빙하려고 하는데, 올 거야?"

처음에는 안면이 있는 후배 교사에게 건네는 인사치레려니 생각했다. 그런데 그 뒤로도 "광수중학교 교장선생님이 선생님을 초빙하려고 한다는데, 사전에 얘기가 된 거야?" 하는 질문을 받곤 했다. 처음에는 마음에 두지 않았으나 자꾸 듣다 보니 '어차피 5년이 돼서 학교를 옮겨야 하는데, 기왕이면 오라는 곳으로 갈까?' 하는 생각에 마음이 살짝 흔들렸다. 그래서 결국 거리가 먼 곳임에도 초빙교사로 오게 되었다.

광수중학교는 우리 집에서 65킬로미터나 떨어져 있다. 금요일에는 퇴근하고 집에 도착하기까지 3시간 가까이 걸리기도 한다. 내 인생에서 단 한 번도 생각해보지 않았던 지역, 지금 나는 그곳에서 벌써 4년째 새 학년을 맞이하고 있다.

2013년 2월, 겨울방학이라 집에 있는데 지금의 교장선생님으로부터 전화가 왔다.

"학부모회 임원들이 자네를 만나고 싶어 하는데, 와서 한번 만나볼 텐가?"

약속 날짜에 맞춰서 교장실로 갔더니, 학부모님 세 분이 먼저 와서 기다리고 계셨다. 내가 도착하자마자 교장선생님은 슬며시 자리를 비우셨고, 나는 2시간 정도 학부모님들과 이야기를 나눴다. 정확히 말하자면 나는 일방적으로 듣는 편이었고, 학부모님들이 돌아가면서 말씀하셨다. 그런데 이야기가 길어질수록 내 머릿속에서는 '지금이라도 초빙을 취소하면 안 되나?' 하는 생각이 스멀거렸다. 학부모님들이 하는 이야기의 대부분은 '지난 몇 년 동안 학교에서 어떤 일들이 일어났나' 하는 것이었는데, 듣는 내내 가슴이 답답했다.

교사와 학부모의 관계는 '불가근불가원(不可近不可遠)'이라고 하는데, 이야기의 주 내용은, 지난 몇 년 동안 교사와 학부모들이 반목하며 심각한 갈등 속에서 흘러왔으니 나더러 중간에서 소통할 수 있도록 역할을 해달라는 제안이었다.

  이야기를 마치고 답답한 마음으로 돌아온 다음 날, 한 통의 전자우편을 받았다. 어제 교장실에 계셨던 학부모회 임원 가운데 한 분이 보낸 것이었다.

  어제는 많이 놀라셨지요? 제가 워낙 적극적인 성격이기도 하고, 정말 많이 기다려서 더 그랬던 것 같습니다. 죄송합니다. 나중에 생각해보니 많이 당황하시고 난감하셨을 것 같아요. 조금씩 알아가는 과정이 필요할 거예요. 저희가 오늘 학부모회의를 진행했는데, 학교 홈페이지 학부모회 란에 올렸습니다. 지난주에 한 1차 회의와 이번 2차 회의 내용을 보시면 도움이 될 거예요. 어제 말씀드린 대로 교육과정위원회라는 이름으로 학교와 학생, 학부모가 만나 서로의 생각을 공유하는 시간을 가질 수 있기를 바랍니다. 저희는 지금 학생회와 인사하는 날을 잡아달라고 학생부장님께 부탁드려놓은 상태입니다. 가능하면 교육과정위원회에 들어오셔서 다리 역할을 해주셨으면 해요. 생각을 나누는 틀이라고 보시면 될 것 같습니다. 또 뭔가를 부탁하고 있네요. 다음에 시간 되실 때 또 자리를 마련해주시기 바랍니다. 선생님이 먼저 청해주셔야 저희가 편해요. 저희 쪽에서 부탁드리면 폐를 끼치는 기분이 드니까요.

  여기에 내 생각을 적은 답장을 보냈고, 그 뒤로도 몇 번의 전자우편을 주고받았다. 그리고 마침내 2013년 3월부터 이 학교에 근무하게 되었다. 내게 주어진 보직은 '학교혁신부장'. 학교는 그때 혁신학교로 지정되어 이 업무를 담당할 교사가 필요했고, 전임 학교에서 혁신학교 업무를 담당했던 내게 학교혁신부장이란 보직이 주어진 것이다. 그런데 작은 학교이다 보니 혁신 업무 이외에도 여러 가지를 해야 했는데, 그중 하나가 학부모회 관련 업무였다. 한데, 업무를 진행하면서 든 생각은 '학부모들이 교사들에게 갖는 생각(주로 불만)을 교사들도 똑같이 학부모들에게 갖고 있다'는 것이었다. 선생님들은 내게 "학부모들 너무 믿지 마라. 이곳 학부모들은 자기 마음에 안 들면 교사도 쫓아낸다. 전에 한 선생님이 학부모들 때문에 쫓겨났다"는 이야기를 자주 했다.

학교가 작으면 교직원 수도 적으니, 우리 학교 선생님들은 규모가 큰 학교에서 세 명 정도가 하는 업무를 혼자서 했다. 그래서 새로운 학년이 시작되면 하루하루를 정신없이 보내야 하는데, 여기에 학부모들과의 관계 설정까지 고민해야 하니 여간 부담스러운 게 아니었다.

그렇게 고민하는 사이에 학부모 총회를 여는 날이 다가왔는데, 다른 학교에서 하는 것과는 많이 달랐다. 일단 학부모 총회를 맞벌이 부부들을 고려해서 저녁 7시에 시작하였고, 식장을 꾸미는 일부터 마무리에 이르기까지 거의 학부모회에서 주관했다. 물론 입장에 따라서는 '학부모들이 너무 설친다'고 비판적으로 볼 수도 있겠지만, 내게는 이 또한 신선한 충격으로 다가왔다. 총회에 참석한 학부모들도 이전 학교에서 교사들이 준비한 행사에 참여한 것보다 훨씬 만족해하는 모습이었다.

총회가 끝난 주말에는 총회에서 선출한 학부모회 임원들을 대상으로 역시 학부모회 주관 하에 '학부모회 임원 연수'를 열었다. 토요일인데 얼마나 오겠어, 반신반의하는 마음으로 찾아갔는데, 장소가 그리 넓지는 않았지만 자리가 꽉 차 있었다. 그리고 연수 내용도 놀라웠다. 외부 강사를 모셔다 '회복적 정의란 무엇인가?', '학교운영위원회의 기능과 역할', '공식적인 기구가 된 학부모회 안내' 등에 관한 것으로, 학교생활을 잘 모르는 학부모들을 위한 안내에 초점을 맞춘 멋진 구성이었다.

그 뒤로도 학부모회는 마을 공동체 주민 한마당, 학교 축제에서 학부모회 부스 운영, '회복적 정의' 학부모 동아리 결성, 아버지와 함께 하는 캠프, 마을 학교 만들기를 위한 주민 간담회, 퇴촌 남종면 청소년 영화제 등 많은 행사를 적극적으로 진행해나갔다. 이렇게 활발하게 활동하는 것을 보고, 2013년 2학기에는 본관에 학부모 상주실 '모루방'을 만들었다.

처음에는 '학부모들의 거센 치맛바람에 그동안 학교가 많이 흔들렸나 보다' 생각했는데, 학부모회와 함께 1년을 보내면서 자연스럽게 '자신의 자녀뿐만 아니라 학교와 마을을 위해서 정말 열정적으로 참여하는 분들'이라는 것을 깨달았다.

'회복적 정의'를 만나다

3장에 '학교, 평화를 말하다'라는 제목을 붙이면서 '평화'라는 말의 무게를 감당할 수 있을까 걱정이 앞섰다. 과연 학교라는 공간에서 우리가 꿈꾸는 평화는 어떤 모습일까? 아무래도 전쟁의 포화 속에서 생존 그 자체가 전부인 사람들이 꿈꾸는 평화와는 층위가 다를 수 있고, 학교가 어째서 평화롭지 않느냐고 반문하는 사람도 있을 수 있겠다.

지금부터는 2년 동안 교사와 학부모가 반목과 갈등하는 관계에서 동반자적인 관계로, 그 간격을 좁혀가며 '마을 공동체 평화 학교'를 만들어나가는 과정에서 겪은 일들에 관한 구체적인 이야기를 해볼까 한다.

우리 학교는 일반학급 12개와 특수학급 1개로 구성된 농촌 지역의 소규모 학교다. 행정구역상 면 단위에 소재하는 전형적인 전원형 학교에 속한다. 그런데 농촌에 있는 학교라고는 해도 서울까지 1시간에 갈 수 있을 정도로 도심과 가까워서, 전통적인 가족 관계에서 자연스럽게 배우고 익혀오던 인간관계나 건강한 위계질서에 대한 개념은 상당히 취약하다. 그래서인지, 동급생이나 선후배 간에 왜곡된 위계질서와 통제로 폭력적인 성향이 강하고, 자기중심적인 아이들이 많아서 도시의 어느 학교보다 학교폭력이 자주 일어났다.

이런 상황에서 자녀들 문제로 고민하던 몇몇 학부모들이 한국평화교육훈련원(KOPI)에서 주최한 '회복적 정의' 연수를 받으면서 변화의 바람이 불기 시작했다. 이 연수를 통해 학부모들은 '학교에서 회복적 정의를 도입하여 평화적인 문화가 자리 잡았으면 좋겠다'는 바람을 교장선생님을 찾아와 전했다고 한다. 그리고 연수를 들은 교장선생님도 학부모들의 취지에 공감하고, '학교폭력을 해결할 대안들 중에서 가장 효과적인 방법'이라며 전격적으로 수용했다. 학교는 2013년 2월부터 KOPI와 MOU를 체결하여 연간 900만 원의 예산을 투입하여 학생, 교사, 학부모가 '회복적 정의'에 관한 연수를 들었다.

문제는 학부모들의 적극적인 의지와 학교장의 과감한 결단과는 달리, 교사들 중에서는 아무도 '회복적 정의'를 받아들일 마음의 준비가 되어 있지 않았다는 것이다. 그렇다고 현재의 폭력적인 학교 문화에 대해 대책이나 대안을 제시하는 교사도 없는 상황이었다.

교사들은 2월 중에 소개 강의를 듣고, 3월부터는 월 1회 2시간씩, 지필평가가 있는 날은 4시간씩 '회복적 정의'에 대한 연수를 들었다.

하지만 학부모와 교장선생님이 일방적으로 추진한 연수여서인지 열의가 없었으며, 연수가 끝나면 "도대체 매번 뜬구름 잡는 소리만 한다. 왜 계속 지난번에 했던 말을 또 하느냐?"며 볼멘소리를 한바탕씩 쏟아 내곤 했다.

그렇게 어찌어찌 1학기를 마쳤는데, 9월 들어서 대형 사건이 터지고 말았다. 2학년 남학생들 십여 명이 1학년 남학생 한 명을 학교 밖 후미진 곳으로 불러다가 심하게 폭행한 사건이 발생한 것이다. 이 사건을 접한 교사와 학부모들은 격하게 분노했고, 이 일은 그대로 학교폭력대책자치위원회로 전달되어 주동한 4명의 가해 학생에게 '전학' 조치가 내려졌다. 여기에 가해 학생들의 부모가 수용할 수 없다며 도교육청에 재심을 청구했고, 결국 피해 학생의 부모와 가해 학생들의 부모 간에 갈등의 골이 깊어졌다. 이제는 사법기관의 힘을 빌리지 않고서는 도저히 사건을 해결하기 힘든 지경에 이르렀다.

그제야 일부 교사와 학부모회 임원들은 때늦은 감이 있지만 지금이라도 '회복적 대화 모임'을 통해 관계 회복을 도모해보자고 의견을 모았다. 물론 '이제 와서 회복적 대화 모임이 필요한가?'라며 반대하는 의견도 있었지만, 교직원 총회를 열어 격론 끝에 '회복적 대화 모임을 열어서 피해 학생과 학부모의 상처를 어루만져주고, 무너진 공동체를 회복하기'로 했다.

이에 따라 재심이 진행되는 것과는 별도로 KOPI의 도움을 받아서 '회복적 대화 모임'이 이루어졌다. 가해 학생들과 학부모들의 개별 면담이 이루어졌고, 피해 학생과 학부모도 마찬가지로 개별 면담을 통해 이 사건에 대한 서로의 입장을 확인하고, 어떻게 해결했으면 좋을지에 대해 진솔한 이야기를 들었다. 이런 일련의 과정 속에서 아이들이 처한 상황을 들은 교장선생님은 아주 중요한 결단을 내렸다.

교장선생님은 재심 청구로 인해 도교육청에서 열린 징계위원회에 참석해서 "회복적 정의를 가르치고자 하는 우리 학교가, 회복하는 과정을 주지도 않고 무조건 학생을 내치는 것은 옳지 않은 일인 것 같다. 우리가 이 아이들을 품고 정의가 무엇인지 잘 가르치겠다"는 강력한 의지를 보여주신 것이다. 결국 학교장의 강력한 의지를 확인한 징계위원회 위원들은 만장일치로 '전학'을 취소하고, 학교에서 학교폭력대책자치위원회를 다시 열도록 결정했다. 물론 대다수 교사와 학부모, 학생들은 '가해 학생들이 학교에 남게 되었다'는 것만으로 두려워했다.

그리고 이때 교장선생님과 뜻을 같이 하는 학부모들이 가해 학생들과 매일 아침 교문에서 '학교폭력 예방 캠페인'을 벌이겠다고 나섰다. 아이들은 처음 열린 학교폭력대책자치위원회의 '전학' 결정이 취소되면서 '교내 봉사 20일'과 '사회봉사 10일' 조치를 받았는데, 교내 봉사 20일 동안 학교폭력 예방 캠페인 활동을 하겠다는 것이었다. 아울러 학부모회 아버지들이 속해 있는 조기축구회에서는 매주 목요일마다 가해 학생들을 데리고 가서 축구를 같이 하겠다고 해주셨다. 또 마을 주민 가운데 강사를 섭외해서 주 1회 인문학 강의를 방과 후에 열어주셨다. 물론 그 사이에 피해를 당한 1학년 학생에게는 외부 기관의 심리 치료가 이루어졌으며, 학교에서도 매일 담임교사와 상담사가 심리 상태를 체크하고, 상담을 통해 마음의 안정을 찾도록 신경 썼다.

이런 과정을 지켜보면서도 여전히 일부 교사와 학부모들은 '이 아이들로 인해 많은 학생이 불안해하고 있으니, 빨리 전학을 보냈으면 좋겠다'는 의견을 계속해서 쏟아냈다. 한 달 넘게 상반된 의견이 팽팽하게 대립하며 학교를 긴장의 도가니에 빠뜨렸다.

이 사건은 학교 축제인 '광수제'에서 정점을 찍었다. 축제 2부 행사인 캠프파이어 때 '고백 타임'이라는 코너가 있는데, 이때 가해 학생들이 직접 '반성의 글'을 써서 낭독한 것이다. 가해 학생들이 그 자리에 서는 것을 학부모들 중 일부가 강력히 반대했으나, 학부모회에서 설득하여 손으로 꾹꾹 눌러쓴 편지를 300여 명의 학생과 100여 명의 마을 주민, 전 교직원이 보는 앞에서 자신들의 목소리로 한 줄 한 줄 읽어 내려갔다.

아이들이 무대에 서는 것 자체를 모르고 있던 학생들과 학부모들, 선생님은 처음에는 당황했으나, 아이들이 편지를 읽기 시작하자 모두 숨죽여 귀를 기울였다. 편지를 다 읽은 뒤에는 많은 학생, 교사, 학부모가 앞으로 나와 아이들을 따뜻하게 안아주었다.

그날 이후, 가해 학생들은 확연히 달라졌다. 그 아이들을 바라보는 사람들의 눈빛도 예전과는 180도 변해 있었다. 자신들을 바라보는 사람들의 눈빛이 변하는 것을 아이들도 느꼈는지, 처음에는 도전적이고 불만 가득한 눈으로 세상을 바라보던 아이들이 서서히 여느 중학생의 모습으로 변해갔다. 피해를 당한 학생도 전문가로부터 상담을 받으면서 점점 심리적인 안정감을 찾으며 예전처럼 친구들과 웃고 장난도 치게 되었다.

이 사건을 겪으면서 교사들은 그동안 해오던 생활지도 방식을 다시 한 번 생각하게 되었다. 잘못 행동한 아이들에게 내려지는 '응보적 정의'가, 폭력적으로 변해버린 학교 문화를 바꿀 수 없다는 것을 새삼 깨닫게 되었기 때문이다. 이런 생각이 학교 전체적인 분위기로 자리 잡게 되자, 교사들은 그동안 자의가 아닌 타의에 의해 참여했던 '회복적 정의' 연수 대신, 겨울방학을 이용해서 자발적으로 '회복적 생활교육' 입문 과정과 심화 과정을 신청하여 이수했다.

2014년부터는 학생 생활교육에 대한 패러다임을 전환하고자 '회복적 정의에 입각한 생활교육'을 도입했다. 3월 초 학급회의에서 '학급평화규칙'을 제정해서 소소한 갈등이 발생했을 때는 담임교사가 갈등 당사자들과 해소 모임을 열어 대화를 통해 문제를 해결하도록 했다. 또 학교폭력이 발생했을 때도 외부의 도움 없이 학교에서 교사, 학생, 학부모들이 한자리에 모여 '회복적 대화 모임'을 통해 잘못한 학생이 자신이 한 행동을 책임질 수 있도록 하고, 책임지는 과정에서 무엇을 어떻게 도울 것인가에 대한 논의를 했다. 무엇보다 피해 학생이 상처를 회복하는 데 중점을 두고 생각하는 것은 기본이었다.

학교의 가장 큰 변화는, 학생 선도나 학교폭력 사안이 발생했을 때 선도위원회나 학교폭력대책자치위원회를 개최해서 징계를 내리는 데

급급하지 않게 되었다는 것이다. 먼저 '회복적 대화 모임'을 열어서 문제의 원인을 찾고, 학생이 자발적으로 책임질 수 있도록 해결 방법을 찾게 되었다.

'회복적 생활교육'을 위한 첫걸음

앞에서 언급한 사례에서처럼 심각한 학교폭력 사건이 발생했을 때만 '회복적 생활교육'을 적용할 수 있는 것은 아니다. 우리 학교도 처음에는 학교폭력 사안이 발생했을 때 KOPI의 도움을 받아 몇 번 회복적 대화 모임을 가졌고, 이를 발판으로 학교생활인권규정을 어긴 학생들을 대상으로 문제 해결 서클을 열었다. 하지만 사안이 발생할 때마다 대화 모임이나 서클을 열어 피해자와 공동체의 회복을 도모하고 문제를 해결하는 것은, 학교 문화를 바꾸는 데 한계가 있었다. 따라서 2014년부터는 교사들이 '아침에 등교해서 하교할 때까지 학생들과 만나는 모든 교육의 현장에서 회복적 정의에 입각한 생활교육을 실천해 보자'고 결의했다.

그러려면 당장 학교생활인권규정부터 개정해야 했다. 여전히 두발과 용모, 복장에 대한 강력한 규제가 있었고, 이를 어기는 학생들은 아침부터 벌점을 받거나 교사로부터 심한 꾸중을 들어야만 했다. 학생들을 대상으로 학교생활인권규정 중에서 개정이 필요한 조항과 그 이유를 묻는 설문조사를 했고, 이를 근거로 학급회의와 학생자치회의를 열어 학생들의 종합적인 의견을 수렴했다. 아울러 교원과 학부모들의 의견도 모았다.

이렇게 나온 교육 3주체의 의견을 바탕으로 '학교생활인권규정 개정을 위한 공청회'를 개최했는데, 공청회에는 학생 대표 3인, 교사 대표 2인, 학부모 대표 2인이 토론자로 참석했다. 찬반양론이 팽팽하게 대립하는 가운데 어렵게 단일안을 만들었고, 이를 학교생활인권규정개정위원회의 심의를 받아 학교운영위원회에 안건으로 상정하여 개정하였다.

● 학교생활규정 대조표(2014년 5월 8일)

현행	개정
제21조(통신기기 관리) ① 교내에서 휴대전화는 자율학습이 시작되면서부터 하교 시까지 전원을 차단하여 수업에 지장이 없도록 하며, 특별한 경우를 제외하고는 사용하지 않는다. 교내에서 사용하거나 벨이 울리는 경우, 일주일 동안 담당 교사가 보관하는 것을 원칙으로 한다.	제21조(통신기기 관리) ① 교내에서 휴대전화는 수업에 지장이 없도록 아침 자율학습이 시작되면 담임교사에게 제출하여 담임교사가 일정 장소에 보관하고 있다가 하교 시 학생들에게 돌려주는 것으로 한다.

제3절 학생생활 평점제(그린 마일리지) 규정	폐지
제49조(선도의 기준) 약물(31) 흡연 또는 음주가 상습적인 학생 조치 : 교내 봉사~출석 정지	제49조(선도의 기준) 약물(31) 흡연 또는 음주가 상습적인 학생 조치 - 1차 적발 시 : 서약서 작성, 학부모에게 문자 발송 - 2차 적발 시 : 학부모 상담 또는 가정 방문 - 3차 적발 시 : 회복적 대화 모임 - 4차 적발 시 : 선도위원회 회부(심리 치료 병행) - 5차 이상 적발 시 : 특별 교육을 병행하는 출석 정지
제49조(선도의 기준) 수업 (18) 수업 또는 타인의 학습을 방해한 학생 (19) 수업을 거부한 학생 조치 : 교내 봉사(단기 봉사~장기 봉사)	제49조(선도의 기준) 수업 (18) 수업 또는 타인의 학습을 방해한 학생 (19) 수업을 거부한 학생 조치 - 1차 적발 시 : 서약서 작성, 학부모에게 문자 발송 - 2차 적발 시 : 학부모 상담 - 3차 적발 시 : 회복적 대화 모임 - 4차 적발 시 : 선도위원회 회부(심리 치료 병행) - 5차 이상 적발 시 : 특별 교육을 병행하는 출석 정지
제53조 복장 ① 교복 2. 교복의 형태를 임의로 변형할 수 없으며, 체형에 맞춰 구매한 뒤 구매한 업체에서 수선할 수 있도록 한다. ⑤ 생활복 규정 5. 체육복을 생활복과 병행하여 착용할 수 없다. 다만, 여학생의 경우 하복 치마와 생활복 치마바지는 병행하여 착용할 수 있다.	제53조 복장 ① 교복 2. 교복은 타인에게 불쾌감을 주지 않는 선에서 자신의 체형에 맞게 수선하여 입을 수 있다. ⑤ 생활복 규정 5. 체육복을 생활복과 함께 병행하여 착용할 수 없다. 다만, 여학생의 경우 하복 치마와 생활복 (치마)반바지, 남학생의 경우 하복 바지와 생활복 반바지를 병행하여 착용할 수 있다.

제54조 용모 ② 두발은 학생 신분에 어울리는 청결하고 단정한 머리 모양을 한다. 1. 머리는 파마를 해서는 안 된다.(염색은 자연갈색 8샵만 허용함) 2. 헤어스타일을 만들기 위한 무스, 젤, 왁스 등 스타일링 제품의 사용을 금한다. 3. 체육 활동 등을 하는 경우, 긴 머리는 반드시 묶는다.	**제54조 용모** ② 두발은 청결하고 단정한 머리 모양을 한다. 1. 삭제 2. 삭제 3. 삭제
제55조 신발 ① 신발은 실외에서는 활동적이고 착용이 간편한 운동화를 신어야 한다.(굽이 없는 단화 허용) ② 실내에서는 반드시 실내화를 신어야 하며 실내화는 끈이 없으며 무늬나 장식이 없는 백색 실내화(운동화형 실내화)를 신어야 한다. ※ 슬리퍼 허용 불가	**제55조 신발** ① 삭제 ② 실내에서는 반드시 실내화를 신어야 하며, 실내화는 끈이 없으며 무늬나 장식이 없는 백색 실내화 또는 슬리퍼를 선택하여 신을 수 있다.
제56조 기타 ① 가방 : 학생의 책가방은 실용적이고 검소한 것을 사용해야 한다. ② 외투 : 추울 때는 점퍼와 오버를 허용하지만 교내(실내)에서는 착용을 금한다. ③ 장신구 : 목걸이, 반지, 귀걸이, 머리띠, 서클렌즈 등의 장식품은 사용하지 않는다. ④ 청결 상태 1. 항상 손발을 깨끗이 씻고 목욕도 자주하여 청결을 유지하고 옷은 깨끗하고 단정하게 입는다. 2. 손톱과 발톱은 항상 깨끗한 상태를 유지한다(손톱 살점이 있는 곳부터 길이 1밀리미터 이상 되지 않도록 한다). 3. 화장은 하지 않으며 립스틱, 매니큐어를 사용하지 않고 피어싱, 문신 등 신체 훼손 행위를 하지 않는다. 4. 기능성 위주의 선크림은 허용하나 컬러 로션과 비비크림은 사용하지 않는다.	**제56조 기타** ① 가방 : 삭제 ② 외투 : 교복 위에 착용할 수 있다. ③ 장신구 : 타인에게 불쾌감을 주지 않는 선에서 착용할 수 있다. ④ 청결 상태 1. 삭제 2. 삭제 3. 삭제 4. 삭제

개정의 주요 취지는 '다른 사람(학생, 교사)에게 피해를 주는 것에는 강력한 조치를 취하고, 그렇지 않은 것에는 회복적 생활교육 차원에서 자발적 책임을 질 수 있도록 한다'는 것이었다. 따라서 기존의 용의복장 부분에는 학생들의 의견을 많이 반영해서 개정했으며, 흡연과 수업 방해 부분에서는 교사와 학부모의 의견을 많이 반영했다.

개정을 하자, 개정안을 반대했던 학부모나 교사의 우려처럼 일부 학생들에게서 일시적으로 무질서하고 무분별적인 모습이 나타나기도 했지만, 대부분의 학생은 개정안을 지키려고 노력하는 모습을 보였다. 그리고 아침마다 교문에서 학생들이 학생부 교사들을 피해 달아나는 모습도 사라졌다. 누구나 편안한 마음으로 교문을 통과했고, 때때로 하이파이브와 허그로 반겨주는 교장선생님을 만나면서 활기찬 등교 시간을 만들었다.

교사와 학생들의 관계가 서서히 회복되면서 학생들은 심리적인 안정을 찾았으며, 2015년에 이르러서는 그 변화가 놀랍게 나타났다.

● 광수중학교 학교폭력 실태 조사 결과

구분	전체 학생	피해 응답	
		피해 학생	피해율
2014년 2차(10월)	329명	12명	3.6%
2015년 1차(5월)	326명	5명	1.5%
2015년 2차(10월)	325명	6명	1.8%
2016년 1차(5월)	298명	3명	1.0%
2016년 2차(10월)	297명	1명	0.3%

표에서 보는 것처럼, 2014년에 비해 2015년에는 학교폭력으로 피해를 입은 학생의 비율이 절반으로 줄어들었고, 2016년에는 또 그 절반으로 줄어 이제 거의 '0'에 가깝다. 눈에 보이는 변화뿐만 아니라 학교에서 발생한 갈등 상황을 대부분 회복적 생활교육 차원에서 진행한다는 식으로 생각하게 되었다. 학급에서 소소한 갈등이 생기면, 학급의 '평화지킴이'가 나서서 서클을 열어 해결하거나 점심시간을 이용해서 당사자들끼리 만나 대화를 나누었다. 또 학급에서 어떤 결정을 내릴 때에도 기존의 회의 방식이 아니라 둥그렇게 의자를 놓고 앉아 서클 형태로 대화를 나눔으로써, 학급 내 권력을 차지하던 몇몇에 의해 좌지우지하던 회의 문화가 개선되었다. 또 목소리 내기를 주저하던 학생들까지 편안하게 의견을 냄으로써, 더 많은 학생의 참여를 이끌 수 있게 되었다.

B의 사례를 통해서 본
회복적 생활교육

여름방학을 앞둔 주말, 집에서 쉬고 있는데 2학년 담임선생님 한 분으로부터 메시지가 왔다. '올해에는 아직까지 학교폭력이 일어나지 않았다고 자축했는데, K가 B를 때렸대요. 양팔이 멍투성이에요. 뭔가로 긁었는지 피딱지에, 입술도 살짝 터졌어요. B의 어머니가 사진을 찍어서 보내셨어요.'

다음 날 두 학생에 대한 조사에 들어갔고, 부모님들도 학교로 오시게 해서 의견을 들었다. K는 1학년 때도 동급생과 다툼이 있었는데, 심각한 것은 아니라서 곧바로 사과하고 화해가 이루어짐으로써 담임교사가 종결한 사건이 두 건이나 있었다.

사건 경위서

1. 사건의 개요

가. 일시 : 201*년 7월 1일~15일

나. 장소 : 학교 내

다. 피해 학생 : 2학년 B

라. 가해 학생 : 2학년 K

마. 내용

- 7월 초 : K가 반에서 제비뽑기를 해서 B와 짝이 됨. 그러자 K는 공개적으로 짝이 된 것이 싫다고 말함. 이것을 다른 학생들이 다 듣게 큰 소리로 외쳤고, B가 이에 대해 모멸감을 느낌.

- 7월 중 : B가 옆에서 시끄럽게 군다며 K가 주먹으로 때림. 며칠 뒤 장난으로 B의 학용품을 K가 쓰레기통에 던져서 부서짐. B가 "하지 말라"고 말해도 듣지 않아서 강제로 학용품을 돌려받으려 하자, K가 학용품을 창문 밖으로 던지고 구타해서 멍이 들었음.

- 7월 중 : K가 위와 같은 방식으로 B에게 장난을 치다가 어느 날은 커터 칼 뒷날로 B의 발에 상처를 입힘. B가 상처가 났다고 하자 K가 "지랄하지 말라"며 구타함. 며칠 뒤 "엄마에게 이른다"고 하자 K가 "1억짜리 변호사 고용했다"며 "상관없다"고 함. 또 나중엔 B가 "커터 칼을 빌려달라"고 2회 정도 말하자, 이

를 빌미로 멱살을 잡고 바닥에 내동댕이치고 발로 다리를 심하게 구타함. 다시 일으켜 세운 뒤에는 명치를 주먹으로 구타해서 숨을 쉬기 어려울 정도였으며, 얼굴도 구타함.

- 7월 중 : K가 B의 구리쇠를 빼앗아서 B가 돌려받으려 하자 K가 구타하고, 구리쇠를 커터 칼로 날카롭게 해서 B의 팔을 긁어 피가 남. B가 "피가 난다"고 하자 강제로 닦음. B가 아프다고 하자 K가 B의 얼굴을 구타하고 대걸레 자루의 쇠막대를 빼서 B의 머리를 때리고 배드민턴 라켓으로 팔을 구타함.
- 7월 중 : B가 수업시간에 K에게 "말 걸지 말라"고 하자 K가 커터 칼로 체육복 주머니를 터트리고 손을 아프게 잡으며 "정신에 문제가 있는 애", "자폐증 걸린 놈"이라고 놀리며 이름 대신 "자폐 B"라 부름.
- 7월 15일(수) 19시경 : B가 이런 일을 겪으며 '하루하루가 지옥 같고 살고 싶은 의욕이 없으며 K를 증오하는 마음과 분노가 쌓여 잠을 못 이뤘다'고 어머니에게 말함. 어머니가 위 내용에 대해 담임교사에게 알림.
- 7월 16일(목) 09:00~10:00 : 담임교사가 두 학생을 불러, 위 내용을 파악함. B의 진술에 대해 K가 사실임을 인정함.

사안을 조사하면서 심각하게 받아들인 것은 피해를 입은 B가 '이렇게 당하다 죽을 수도 있겠다'는 엄청난 공포를 느꼈다는 것이다. 하지만 K는 바로 다음 날 B를 찾아와서 직접 사과하며 화해하기를 원했다. 1학년 때도 이와 비슷한 일이 벌어질 때마다 K는 피해 학생에게 곧바로 사과를 했다고 한다. 당시에는 사안이 심각하지 않아서 담임교사가 종결했지만, 이번에는 분명하게 드러난 신체적·정신적·물질적인 피해가 있었으므로 사과한다고 해결될 일이 아니었다. 결국 학교폭력전담기구 회의를 통해 위원들이 만장일치로 학교폭력대책자치위원회에 회부하기로 의견을 모았다.

학교폭력대책자치위원회를 개최하기 전에 갈등 해소 모임(회복적 대화 모임)을 갖기로 했다. 참석자는 B와 K, 양쪽 부모, 담임, 학년부장 그리고 진행은 학생부장인 내가 맡기로 했다. 7월 20일 18시에 학교에서 모임이 이루어졌다. K 측에서는 어머니만 참석했는데, B 측에서는 어머니와 외할아버지가 함께 참석했다. 먼저 두 학생이 쓴 자기 변론서를 중심으로 내가 사안을 설명하였고, 이에 두 학생이 내용이 맞는지 여부를 확인했다.

진행자 : B와 B의 어머니는 현재 이 사안에 대해 어떤 입장을 가지고 계신가요?

B : 그동안 K가 가만히 있는 저를 먼저 괴롭혔지만, 그때마다 곧바로 사과를 해서 힘들어도 꾹 참고 견뎠어요. 그런데 갈수록 괴롭힘의 정도가 심해져서 이제는 죽을 것처럼 느껴져서 도저히 못 참고 엄마한테 말씀드렸어요. 정말 힘들어요.

B의 어머니 : 남자아이들이 다툴 수도 있고, 그러다 보면 조금 상처가 날 수도 있다고 생각합니다. 그런데 B의 이야기를 들어보니 이건 정도가 너무 심하다는 생각이 들었어요. 어떻게 이렇게 심하게 장난을 쳤는지, 저는 도저히 이해가 안 돼서 그 이유를 꼭 듣고 싶습니다.

이번에는 가해 학생인 K와 K 학생의 어머니 이야기를 들어보았다.

K : 제가 B에게 한 행동은 잘못된 것이라고 생각합니다. 그래서 다음 날 곧바로 사과를 했는데, B가 안 받아줬습니다. 그리고 어제는 제 잘못된 행동 습관을 고치기 위해 스스로 10가지 다짐을 세웠습니다.

K의 어머니 : K가 가정적으로도 큰 문제가 없는데, 왜 자꾸 이런 행동을 해서 친구들에게 피해를 주는지 모르겠습니다. 그래도 무슨 이유가 있을 것 같아서 쉽지는 않겠지만, 이런 아들의 마음을 이해하려고 노력 중입니다.

다음은 K군이 담임에게 제출한 10가지 다짐이다.

나(K)의 10가지 다짐

1. 욱하는 거 참기
2. 욕 자제하기
3. 무시하지 않기

4. 친구 때리지 않기
5. 친구 마음 이해하기
6. 비하 발언 하지 않기
7. 친구가 싫어하는 짓 하지 않기
8. 약속 지키기
9. 부모님, 선생님 속 썩이지 않기
10. 장난 심하게 치지 않기

양쪽 학생과 어머니의 이야기를 듣고 나서, B의 외할아버지께 이번 일로 어떤 영향을 받았는지 여쭤보았다. 그런데 B의 어머니가 보인 반응과 달리 무척 격양되어 있었으며, 무조건 "같이 한 학급에 둘 수 없다. 우리 손주가 얼마나 이 일로 상처를 받았는지 아느냐? 손주가 당한 일을 생각하면 피가 거꾸로 솟아 잠이 오지 않는다"며 무조건 강제 전학을 원했다. 대화가 이어질수록 감정은 주체할 수 없이 격해져서 도저히 대화를 이어갈 수 없을 정도였다.

우리는 잠시 휴식 시간을 갖기로 했다. 이때 B와 K는 담임교사가 교무실로 데려갔으며, K의 어머니는 학년부장이 휴게실로, B의 어머니와 외할아버지는 그 자리에서 나와 20분간 이야기를 나누었다. 이때 외할아버지로부터 B의 가정사에 대해서 들으며 왜 그렇게 강력한 처벌을 원하는지 알게 되었다.

우리는 휴식 후 다시 모여서 대화를 이어갔다. 그 사이에 B의 외할

아버지도 격양됐던 감정을 가라앉혔고, K의 어머니도 자식을 위해 부모가 어떻게 해야 하는지 생각을 정리하고 온 듯했다. 결론은, 학교폭력대책자치위원회에서 K에게 적절한 조치를 내리도록 맡기고, K는 전문의로부터 심리 치료를 받으며, B와 B가 속한 반에 공개 사과를 하는 것으로 대화를 마무리 지었다. 그리고 한 달 후에 이 약속이 잘 지켜지고 있는지 담임교사가 점검을 하고, 후속 모임을 갖기로 했다.

이 사건이 발생하고 1년이 지난 지금까지 K는 학교에서 물의를 일으키지 않고 있으며, 오히려 B에게 누가 시비를 걸거나 트집을 잡아 괴롭히려고 하면 막아주는 역할을 자청하고 있다. 당시 학교폭력대책자치위원회에서는 K에게 '특별 교육 5일'이라는 조치를 내렸으며, K의 어머니도 함께 '5시간 특별 교육'을 받도록 했다. 그리고 K는 그 일이 있은 후로 오랫동안 전문의로부터 심리 치료를 받았다.

회복적 생활교육, 학교는 어렵다?!

'평화'로 가는 길은 늘 이렇게 멀기만 한 것일까? 우리 학교는 벌써 3년째 '회복적 생활교육'을 표방하며 이를 지향점 삼아 학생 생활교육을 실천하고 있지만, 매년 녹록치 않은 장벽을 만나고 있다. 그럴 때마다 '이것이 진정 학생 생활교육을 위한 올바른 길인가?'에 대한 의구심을 갖지 않을 수 없다. 그래서 지난 3년 동안 느낀 '회복적 생활교육의 장벽'들을 모아보았다.

··· 패러다임의 전환

나는 지금도 학생이 교사에게 폭력을 행사했다는 뉴스를 접하면, 그 학생에 대한 강력한 처벌부터 먼저 떠올리게 된다. 회복적 정의를 접한

지 3년이 지났고, 학교에서 회복적 생활교육을 실천하고 있는 학생부장임에도 '피해를 입은 선생님의 아픈 마음을 달래주고, 이로 인해 깨진 학교 공동체를 어떻게 회복해야 할까?'를 고민하기 이전에, 여전히 응보적 정의의 틀에서 벗어나지 못한 채 '가해 학생에 대한 처벌'을 생각한다. 40년 넘게 '응보적 정의'에 젖어 살았기에 '회복적 정의'로 관점을 바꾸기가 쉽지 않은 것이다. 물론 나만 이런 것은 아닐 것이다. 아무리 혁신학교에 오래 근무한 교사라 해도 '회복적 생활교육'에 대한 확신에 차서 생활지도의 패러다임을 바꿔야 한다고 주장하기란 쉽지 않기 때문이다.

우리 학교에서 3년 넘게 생활한 교사들은 얼마나 힘들게 지금의 학교를 만들었으며, 이런 문화를 이루기까지 얼마나 여러 사람이 헌신하고 봉사하고 역경을 겪었는지, 잘 안다. 따라서 회복적 생활교육을 통해 학교가 존중과 배려의 문화를 구축하고, 안전하고 평화로운 모습으로 변화한 것을 매우 고무적으로 생각한다.

그런데 새로 전입한 교사들은 자신이 근무하던 예전 학교의 모습과 비교하면서 한 해가 다 가도록 "무슨 이런 학교가 있냐?"며 난감해한다. 그러면서 잘못한 학생에 대해서는 강력한 처벌만이 문제 해결의 유일한 방법이라고 힘주어 말하곤 한다. 응보적 정의의 관점에서 회복적 정의의 관점으로 전환하는 것은 어렵다는 것을 증명이라도 하듯이, 경기도 교육청 관내 학교에서 회복적 생활교육을 학교 단위에서 실천하고 있는 학교도 손에 꼽을 만큼 적다. 하지만 관점을 바꾸면 새로운 것이 보이고, 그만큼 변화하는 학교를 볼 수 있을 것이다.

··· 바쁘다, 바빠!

우리 학교는 일반학급 열두 반, 특수학급 한 반에 교사 21명이 9개 부서에 소속되어 있다. 이 가운데 교무기획부, 마을학교부, 혁신 교육과정부, 진로상담부는 부원이 따로 없이 부장 혼자서 거의 모든 업무를 처리하고 있으며, 교육정보부는 3학년 담임교사가 겸임하고, 각 학년부장도 1반 담임을 겸임하고 있다. 물론 각 부서의 업무를 도와주는 행정실무사가 2명 있기는 하지만, 실무사가 할 수 있는 업무에는 한계가 있어서 교사 한 명이 담당해야 할 업무가 상당히 많은 편이다. 3년째 이런 식으로 업무를 조직한 이유는, 학년별로 같은 교무실에서 생활교육을 논의할 수 있는 공간을 제공하며, 담임들을 학급 운영에 전념할 수 있도록 돕기 위해서다.

물리적으로 이런 환경을 만들어놓았음에도 회복적 생활교육을 실천하기에는 턱없이 부족하다. 물론 교육 환경을 탓하기 전에 교사 개인의 의지와 역량이 차지하는 부분도 간과할 수는 없지만, 학급에서 갈등 상황이 발생했을 때 이를 해결하기 위해 담임교사가 들여야 하는 시간이 만만치 않다는 것을 말하고 싶다. 예전 같으면 심각한 문제는 학생부에 넘겨서 학생선도위원회나 학교폭력대책자치위원회를 개최해 달라고 하면 되었으나, 이제는 단계별 상담 및 갈등 해소 모임을 반드시 거치도록 하고 있다.

짧은 시간에 간단하게 끝나는 사안 외에는 사전 모임, 본 모임, 사후 모임(또는 후속 모임)까지, 몇날 며칠씩 걸리는 경우도 있어서 감히 엄두를 못내는 상황이 발생하기도 한다. 사전 모임에서 나온 문제를 수차례 본 모임을 열어서 해결하고, 이것이 잘 지켜지고 있는지를 후속 모임을 통해서 확인해야 하는 과정이 반드시 필요하다는 것을 알아도, 사전 모임을 생략하거나 본 모임 후 사후 모임을 실시하지 못하는 경우도 간혹 있다. 그렇다고 이를 교사 탓만 할 수도 없다. 일이 급박하게 돌아가는 상황에서 사전 모임이니 본 모임이니 나눠서 할 만큼 충분한 시간이 없을 때가 많기 때문이다.

⋯ 매뉴얼은 만능인가?

경기도 교육청은 2014년 '평화로운 학교를 위한 회복적 생활교육 매뉴얼'을 제작해서 경기도 전체 학교에 배포했다. 배포하기 전에 교육청에서 지역청별로 연수를 담당할 강사를 뽑아 전달 연수를 했다. 그 강사들이 다시 지역으로 돌아가 학교별 대표자 연수를 실시한다.

그런데 지역청 연수에 참가해서 전달 연수를 받은 각 학교 대표 교사들이 학교로 돌아가서 제대로 전달 연수를 했을까? 아마 거의 대부분의 학교에서 연수가 제대로 이루어지지 않았을 거라고 생각한다. 그 이유는 회복적 생활교육이 매뉴얼을 숙지한다고 해서, 매뉴얼을 숙지

한 교사가 연수를 한다고 해서 할 수 있는 것이 아니기 때문이다. 회복적 생활교육은 평화롭고 안전한 학교를 만들기 위한 문화가 갖춰진 뒤에야 가능하다. 학생들을 징계나 처벌로 잘못을 깨우치도록 하기보다 자발적 책임을 느낄 수 있도록 하는 학교 문화가 정착되어야 한다는 것을, 나 역시 3년이 지나서야 깨달았다. 이런 문화가 정착하지 못한 학교에 아무리 매뉴얼을 나눠주고 교사들을 불러다 연수를 해도 변화가 생기지는 않는다.

그런데 교육청은 전체 학교에 회복적 생활교육을 실현할 수 있도록 지침을 내리고, 비싸게 외주를 주어 매뉴얼을 만들어 배포했다. 물론 용어부터 생소한 회복적 생활교육에 일정한 연수와 자료가 필요한 것은 사실이다. 하지만 학교 현장에서는 늘 예측할 수 없는 다양한 변수가 발생하기에 사안과 시기, 처해진 환경에 따라 적절한 대응과 대안, 지원과 책임감이 주어져야 한다. 일방적인 매뉴얼만으로는 해결할 수 없다.

회복적 생활교육의
정착을 위하여

2015년 가을쯤이었다. 서울의 모 중학교 학생부장님이 전화를 걸어왔다. "저희는 서울에 있는 혁신학교입니다. 서울시 교육청으로부터 '회복적 생활교육 거점 학교'로 지정받아서 내년부터 운영하려고 합니다. 경기도 교육청에 벤치마킹을 할 만한 학교를 안내해달라고 했더니, 선생님이 계신 학교를 소개해주더군요." 그리고 덧붙이기를 "경기도 교육청에서 그러는데, 학교 전체가 회복적 생활교육을 표방하며 실천하고 있는 곳은 몇 군데 없다고 하더라고요"라고 말했다. 내가 알기로도, 개인적으로 회복적 생활교육을 배워서 실천하는 교사는 꽤 되지만, 학교 단위에서 실천하는 곳은 몇 군데 안 되는 걸로 알고 있다. 특히 이를 학교 생활규정에 반영하여 명문화한 학교는 더 적다. 그만큼 회복적 생활교육이 일반 학교에까지 확산되기에는 어려움이 크다는 반증일 것이다.

우리 학교에서 3년 동안 회복적 생활교육을 실천한 경험을 토대로, '일반 학교에서 회복적 생활교육을 실천하기 위한 길'이란 이름 아래 몇 가지 조언을 해볼까 한다.

··· 민주적인 의견 수렴을 통해 현실적인 규범 만들기

그동안 학교생활인권규정은 바람직한 행동만 나열하고, 여기서 벗어나는 행동을 일탈로 규정하는 '범생이 문화(경기도 교육청, 〈혁신학교 우리가 만들어갑니다〉, 2015년, 28쪽)'였다. 그런데 이런 범생이 문화로는 일탈을 꿈꾸고 행동으로 옮기는 학생들에게 아무런 예방 효과나 제재적 실효를 거두지 못했다. 따라서 과감하게 학교생활인권규정을 개정하여 학생, 교사, 학부모가 합의하여 현실적으로 실천 가능한 윤리 규범을 만들어야 한다. 그 형태는 학교마다 조금씩 다르겠지만, 어떤 학교는 '3무 3행'으로 만들기도 하고, 또 어떤 학교는 '교사·학생·학부모 10계명'이라 부르기도 한다. 우리 학교에서는 '존중의 약속'이라는 이름으로 제정하여 2014년부터 실천하고 있다.

● 광수중학교 '존중의 약속'

	학생의 이야기를 먼저 들어주기
선생님 → 학생	수업시간 잘 지키기
	학생 이름 불러주기

선생님 → 선생님	서로 성장한다는 마음으로 정보 나누기
	웃으며 인사하기
학생 → 학생	싸우지 않기
	고운 말 사용하기
	비난하지 않기
학생 → 선생님	수업에 집중하기
	수업시간 지키기
	예의 지키기

2014년 2월, 방학 중에 교사들이 모여 2015년 교육의 큰 갈래를 '배움'과 '존중'으로 세우고, 이를 실천하기 위한 여러 방안을 모색했다. 특히 서로 존중하고 존중받기 위해서 교육 3주체가 무엇을 실천할지에 대한 지난한 토론이 이어졌다. 마침내 학생-학생, 학생-교사, 교사-학생, 교사-교사 그리고 학부모들이 각각 2~3가지씩 서로를 존중하기 위해 실천할 내용을 정리하기로 했다. 이 과정에서 "그래도 10계명 정도는 되어야 하는 거 아니냐?", "이렇게 만든다고 해서 지켜질까?", "아이들만 하면 됐지, 교사들까지 꼭 해야 하나?" 하는 의견이 분분했지만, 학교를 바꾸기 위해서는 무엇보다 교사들이 솔선수범해서 '윤리적 실천 공동체'를 실현해야 한다는 데 공감하여, 마침내 '존중의 약속'을 만들게 된 것이다. 한 가지 아쉬운 점이 있다면, 학부모들은 여러 차례 의견 수렴 과정을 거쳤지만, 명문화하는 단계에까지 이르지 못했다는 것이다.

'존중의 약속'을 정해서 실천하고는 있지만, 아직까지 이에 대한 세밀한 평가를 하지 못해서 어느 정도 지켜지고 있는지, 어떤 효과가 나타나고 있는지 객관적으로 말하기는 어렵다. 하지만 교사도 학생도 분명 '존중의 약속'을 의식하면서 생활하고 있다는 것만은 분명하다. 그래서인지 2016년에는 학교폭력이 1건(2013년 6건, 2014년 7건, 2015년 2건)밖에 발생하지 않았고, 교권을 침해하는 사례는 단 한 건도 일어나지 않았다. '존중의 약속'을 제정한 뒤에 교사들은 꼬박꼬박 아이들의 이름을 불러주고 있으며, 어떤 일이 발생했을 때는 먼저 아이들의 이야기를 귀 기울여 들어주는 등 조금씩 변화하는 모습을 보이고 있다. 학교 전체의 분위기도 안정적이고 평화로워졌다고 자신한다.

⋯ 회복적 생활교육에 대한 구성원의 신뢰 구축

2015년에 3학년 학생들 중에서 음주 사건이 발생했다. 음주를 한 아이들은 평소에 아무 문제도 일으키지 않던 아이들이라서 더 큰 충격을 안겨주었다. 예년 같았으면 곧바로 선도위원회를 열어서 조치를 내려야 한다고 목소리를 높였을 담임교사들이, 아이들과 상담을 하고, 부모님들을 만나서 아이를 어떻게 도와야 하는지 의논했다. 학부모님들도 자녀에게 문제가 발생했으니 상담에 응해주셔야 한다고 했을 때, 거부감을 드러내지 않고 '같이 고민하고 해결하기 위해 꼭 필요한 자리'라는 인식을 해주셔서 심도 있게 대화를 나눌 수 있었다.

학생들도 어떤 일이 발생하면 '회복적 대화 모임'을 개최하는 것을 당연하게 받아들이고 있다. 하지만 아직은 '회복적 대화 모임'을 학생선도위원회보다 부담스럽게 여기는 측면이 없지 않다. 아무래도 자신의 속내를 다 드러내야 하고, 자신이 한 행동에 대해 책임을 지겠다는 약속을 해야만 끝나기 때문일 것이다. 또 가정과 학교에서 정기적으로 약속이 잘 지켜지고 있는지 확인하기 때문에, '대충 반성하는 척하면서 넘기면 된다'는 생각 자체를 하기 힘들다. 기존에 하던 응보적 방식의 생활지도보다 훨씬 힘든 과정을 겪어야 하지만, 그만큼 효과는 이루 말할 수 없이 높다. 이를 단적으로 보여주는 것이 앞에서 제시한 학교폭력 피해 학생의 감소와 학교에 대한 학생들의 만족도가 높아진 점이다.

● 광수중학교 학교 만족도 조사 결과

구분	전체 학생	만족도	
		학생 수	응답률
2014년	326명	304명	93%
2015년	325명	305명	94%

··· 교사의 상담 시간 확보

앞서 말했듯이 우리 학교는 12학급에 21명의 교사가 근무하고 있다. 12명의 담임교사 중에는 부장교사를 겸하는 분이 4명이나 된다. 그러다 보니 업무량이 여느 학교 교사들에 비해 많은 편이라 회복적 생활교육을 위해 충분한 상담 시간을 확보하기가 여간 어려운 게 아니다. 따라서 다른 학교처럼 행정 조직을 짜는 대신, 우리 나름의 업무 조직 효율화와 간소화를 통해 대안을 마련하고 있다.

업무를 중심으로 하는 조직에서는 학년 개념보다 업무 조직별로 교무실을 운영하기 마련이다. 그런데 생활지도나 학습지도 차원에서 같은 학년의 담임교사가 한 공간에 모여 있는 것이 훨씬 높은 효과를 발휘한다는 사실을 알고, 우리 학교는 2013년부터 학년부 체제로 전환했다. 또 교과 시간 외에만 상담을 하려니 부족해서 수업시간을 활용하고 있다. 수업시간에 학생들의 생활 습관이나 태도, 감정, 친구 관계를 더 잘 파악할 수 있기 때문이다. 우리 학교 교사들은 교과 시간에도 서클을 만들어 학습과 관련한 내용을 토론하거나, 학급에서 발생한 소소한 갈등을 해결하려고 애쓰고 있다.

'마을 공동체 평화 학교'를 지향하며

우리 학교가 있는 지역은 방과 후에 아이들이 갈 만한 곳이 별로 없다. 지역 내 아이들을 위한 시설이나 인프라가 구축되어 있지 않은 것도 이유겠지만, 일부 학생들을 제외하고는 경제적인 어려움 때문에 방과 후에 학원에 다니는 아이들이 대도시에 비해 매우 적다. 방과 후에 부모로부터 돌봄이 이루어지지 않고 방치되는 아이들이 많고, 청소년 흡연율과 학교폭력 발생 건수도 상당히 높은 걸로 나왔다. 또 국가학업성취도평가에 따르면, 교육지원청 관내 다른 학교보다 기초학력 미달에 해당하는 학생이 월등히 많은 것으로 집계되었다.

이런 아이들을 위해 무언가 해야 한다는 마음은 간절해도 실천하는 것이 쉽지 않았는데, 학부모회와 마을이 앞장섰다. '퇴촌남종생활문화네트워크'라는 NGO 단체가 주도하여 퇴촌면과 남종면에 소재

한 4개 학교의 대표가 모여 '퇴촌남종마을학교연대'를 만든 것이다. 여기서 정부 예산을 따내 청소년들이 기획하고 제작한 영화를 상영하는 영화제를 개최하기도 한다. 다음은 이를 안내하는 가정통신문의 일부다.

> 안녕하십니까? 지난번에 마을 학교 만들기의 일환으로 실시한 영화 〈춤추는 숲〉 상영에 보내주신 학부모님들의 성원에 다시 한 번 감사드립니다. 다름이 아니라 '미디어 세대'라 불릴 만큼 영상에 익숙해 있는 우리 학생들에게, 이제는 보는 재미를 넘어 자신의 상상력과 창의성을 동원하여 직접 영화를 만들어볼 수 있는 기회를 제공하고자 '퇴촌 인디 고을 청소년 영화제'를 개최하려고 합니다. 참여 신청을 한 학생들에게는 전문가를 초빙하여 영화 제작에 관한 교육을 받게 하고, 여름방학을 이용해서 단편영화를 함께 만들어볼 계획입니다. 관심이 있는 학생들은 신청서를 작성해서 담당 선생님께 제출해주기 바랍니다.

초등학교 4학년부터 중학교 3학년까지 참여한 영화제는 2015년에 3회째를 맞이했다. 2014년에는 특별히 '평화 랠리'라는 주제로 퇴촌면에 있는 '나눔의 집'에서 시작해, 세월호의 아픔을 온몸으로 겪은 안산 지역을 거쳐 부천에서 그 막을 내렸다.

또 우리 학교에는 4년 전에 일부 학부모들이 자생적으로 만든 봉사단이 있는데('가치를 나눠요, 다함께'를 줄여서 '가나다봉사단'이라고 한다), 2015년 들어 새로운 사업을 시작했다. 희망하는 학생들을 모아 '평화의 식탁'이라는 봉사 동아리를 만든 것이다. 이 동아리 소속 학생들은 어머님들의 도움을 받아 음식을 만들고, 매달 주제를 정해 여기에 맞는 사람들을 초대해서 음식을 나누어 먹고 있다. 지금까지 초대받은 사람들은 학교폭력과 관련한 피해 및 가해 학생들, 학생들 때문에 힘들어하는 선생님들, 점심때마다 학교에 나와서 아이들을 지켜봐주는 학부모 순회단, 나눔의 집에 계신 위안부 할머니들에 이르기까지 다양하다. 다음은 그 초대장이다.

> **'평화의 식탁'에 모시는 글**
>
> 밥을 나눈다는 것은 웃음이 피어나고 이야기가 생겨난다는 것입니다. 음식을 권한다는 것은 서로의 마음을 알아가고 생명력을 나눈다는 것입니다. 광수중학교 가나다봉사단에서 평화의 식탁을 차리고자 합니다. 식탁에 마주앉아 소담스럽게 음식을 나누고 이야기를 나누는 시간이 될 것입니다.

'평화의 식탁'에 초대받은 분들은 단순히 음식만 나눠 먹는 게 아니다. 식사하기 전에 초대의 의미를 듣고, 둥그렇게 서클을 만들어서 대화를 나눈다. 진행은 물론 '평화의 식탁' 동아리 소속 학생들이 하는데, 대화를 나누며 서로의 입장을 이해하고 마음을 헤아리면서 평화로운 학교를 만들고, 나아가 마을을 평화롭게 한다는 의미를 담고 있다.

이렇게 학부모회의 열성적인 활동이 꾸준히 이어지면서 그동안 '학교 일에 사사건건 간섭하고 불만만 늘어놓는 학부모들'이라는 교사들의 인식도 시나브로 동반자적인 관계로 바뀌었다. 그 결실인지, 2014년 12월에는 학부모회가 경기도 교육청 우수상, 교육부 장려상을 수상했다. 이제 학부모회는 학교에서 하는 모든 행사를 함께 기획하고 운영하는 교사들의 동료로서, 평화로운 마을을 함께 만들어가는 동반자로서 자리매김했다.

우리 학교는 2013년도부터 경기도 교육청 혁신학교로 지정되어, 새롭게 발돋움하고자 '배움과 돌봄이 살아 있는 마을 공동체 평화 학교'를 비전으로 선포하였다. 2013년 3월에 학교 구성원들이 지역 주민들과 교육감님을 모시고 '마을 공동체 평화 학교' 협약식과 비전 선포식을 가졌다. '마을 공동체 학교'는 지역 기관과 주민, 학교가 하나 되어 '마을이 곧 학교고, 학교가 곧 마을'이라는 학습의 원형을 현대에 맞게 되살리려는 기획에서 출발한 교육 운동이다. 다양한 문화가 역동적으로 교류하고, 풍부한 학습 자원과 접속이 용이한 지역적인 특성을 최대한 살려서, 회복적 정의에 기초한 평화주의 철학과 학습 코칭을 통한 자기주도학습의 원리를 기반으로, 학교를 변화시키고자 한 것이다.

올해에는 마을 곳곳에 돌봄이 필요한 아이들이 '언제든 쉽게 찾아갈 수 있는 쉼터(그루터기)'를 만들었다. 동네에 자리한 분식집, 한의원, 서점, 편의점 등이 '그루터기'에 참여하고 있는데, 방과 후에 거리를 헤매다 도움이 필요하거나 휴식이 필요한 아이들이 찾아가면 언제든 반갑게 맞이해주고, 따뜻한 차 한 잔을 건네준다. 앞으로는 '청소년평화센터'를 설립하려고 준비 중인데, 다음은 청소년평화센터준비위원회가 밝힌 센터 설립의 목적과 취지다.

- 청소년을 비롯해서 우리 마을의 미래 세대들과 삶을 함께 공유하고 공존하며, 회복의 가치를 공부하고 나누기 위해서입니다.
- 마을에서 일어나는 갈등 요소를 마을 공동체 전체의 과제로 바라볼 수 있도록 전환해가는 우리 마을의 갈등을 조정하기 위해서입니다.
- 마을 구성원 간의 신뢰 회복을 통해 공동체성을 구축하고, 일상의 삶을 평화적으로 나누어가도록 우리 모두를 훈련하기 위해서입니다.
- 화해와 치유를 향한 회복적 가치를 마을 안팎으로 전파하고 나눌 수 있는 활동가들을 양성하기 위해서입니다.

물론 학교와 학부모들이 아무리 노력해도 50년 넘게 지속해온 학교 문화를 바꾸기가 쉽지 않았던 것처럼, 학교가 변한다고 해서 마을까지 단박에 바뀌지 않는다는 것을 잘 알고 있다. 마을 학교로 널리 알려진 지역을 찾아가서 이야기를 들어봐도, '마을 학교가 정착하기까지는 적어도 10년이 걸린다'고 한다.

그래서 우리도 지금까지 품었던 '학교가 마을을 바꿀 수 있다'는 오만한 생각을 버리고, 학교가 마을 속의 작은 일원으로 들어가야 한다고 생각한다. 갈수록 마을의 의미는 퇴색하고, 이웃사촌이 되기보다 서로의 가슴을 후벼 파는 일들이 늘어나고 있다. 이 척박한 현실에서 마을 공동체를 일구는 일이 얼마나 어려울지 잘 알고 있지만, 반목과 갈등만 해오던 학부모회가 교사들과 하나 되어 새롭게 나아가는 큰 혁신을 이루어낸 것처럼, 이제는 학교 안에서 만든 '평화'를 천천히, 아주 천천히 마을 속으로 스며들게 하고 싶다.

화선지에 먹물을 들이듯 꾸준한 관심과 인내심을 가지고 마음을 다해서 해나간다면, 또 학교와 마을이 현실에 안주하지 않고 쉼 없이 달려간다면, 우리 마을도 '평화로운 마을 학교'가 될 거라고 믿는다.

4장

학교, 축제를 말하다

이민영

학생 중심 축제의 서막

3월 : 축제 담당 부서와 교사를 결정하다.

7월 : 축제 담당 교사 혼자 1학기 내내 고민하다.

9월 : 교사 몇 명이 모여 축제를 어떻게 할 것인가, 논의하다.

10월 : 날씨 좋은 적당한 날에 장기자랑 위주로 축제를 열다.

어느 학교에서 강의를 한 적이 있다. 업무 경감에 대한 주제로 모둠 토의를 진행하던 중, 선생님들의 의견이 학교 축제 시간을 줄여야 한다는 이야기로 모아졌다. 고작 하루 동안 진행하는 축제도 버겁다는 것이다. 어차피 축제를 맡은 담당 교사 혼자 뛰어다녀야 하는데, 서로 업무를 맡기 싫어 눈치를 보니 축제 시간을 반나절로 줄이고, 그마저도 한 해씩 걸러서 하는 게 좋지 않겠는가, 하는 분위기였다. 나는 내색은 안 했지만, 마음이 편치 않았다. 모두 즐거워야 할 축제가 기피 업무 가운데 하나가 되어버린 현실이 서글퍼서였다. 그렇다고 누구를 탓할 수 있을까.

사실 이 정도만 되어도 행복한 학교라고 생각했다. 나의 학창시절을 돌이켜보면, 입시와 자율학습이라는 억압을 기어코 하룻밤에 보상받으려고 악다구니 쓰며 술과 담배에 찌들었던 수학여행이, 그나마 학교생활에서 즐거움의 전부였으니까. 그때는 학교 축제라는 것은 상상도 못했다.

요즘은 많은 학교에서 자의 반 타의 반으로 축제를 하고 있는데, 아직까지는 그저 복잡하고 귀찮은 하루 잔치쯤으로 받아들이는 것 같다. 그래서 두렵다. 관행처럼 계속되어온 대규모 체험학습이 여러 문제와 아픔을 겪고 나서야 재검토되었듯이, 담당 교사의 업무와 일회성 행사로 인식되는 축제 또한 학창시절에 대한 부정적인 생각만 키우는 것은 아닌가 싶어서.

우리 학교에 축제가 부활한 것은 내가 부임한 1999년이었다. 선배 교사들에게 말로만 들어서 잘은 모르지만, 부활이라는 표현을 쓴 것은, 예전에 시행하다 중단한 축제를 다시 시작했기 때문이다. 부임한 지 2개월 만에 맛본 학교 축제는 나름 재미있었다. 운동장에서 줄다리기와 계주를 하고, 강당에서는 아이들이 장기자랑을 하는 틈바구니에서, 나는 당시 인기몰이를 하던 H.O.T의 '열 맞춰'를 부르며 신고식을 치르기도 했다. 이 정도면 아이들이 충분히 즐거웠으리라 생각했다.

그런데 왠지 모르게 무언가 허전하고 불안했다. 어쩌면 하루 종일 힘들게 행사를 진행하던 선배 교사의 마이크가 언젠가 내게 넘어올 것 같은 운명적인 예감 때문이었는지도 모르겠다. 아니면 몇몇 친구들만의 축제를 지켜보며 잠시 환호와 탄식을 반복하다 내일이면 다시 축 처진 어깨로 교문을 들어설, 하교하는 아이들의 발걸음이 무거워 보여서 그랬는지도 모르겠다.

문제는 그다음 해에 일어났다. 가을이 다 되도록 축제를 할 기미가 보이지 않기에 선배 교사에게 물었다.

"올해에는 왜 축제를 하지 않는 거죠?"

"작년에 축제를 해보니 예산도 부족하고, 교사들이 준비하느라 너무 힘든 것 같아서 격년제로 시행하기로 했어요."

교직 경력 2년차가 의견을 낼 수 있는 상황은 아니라서, 그냥 그런가 보다 했다. 축제가 아니어도 첫 담임을 맡은 47명의 제자들과 좌충우돌하며 지낸 시간들로 충분히 행복하다고 믿었다. 그때는 우리 반 아이들이 최고였고, 내 학급 관리만 잘하면 훌륭한 교사가 될 수 있다고 생각했다. 지금 생각해보면 우스운 일이지만, 다른 반과 피구 시합이라도 할라치면 아이들보다 내가 더 소리를 지르며 승부에 집착했다. 학급 경영과 행사 기획도 내 몫이었다. 모든 것이 내 뜻대로 풀리면 기뻤고, 그렇지 않으면 속상해서 화를 내기도 했다. 이를 관심과 사랑이라 여기며 스스로 위안을 삼았다. 어쩌면 교사가 예쁘게 포장해서 만들어내는 인형 같은 존재로 아이들을 생각했는지도 모르겠다.

그러면서 어렴풋이 깨달았다. 첫 번째 축제가 끝나고 무언가 허전하고 불안했던 것은, 학교 축제를 만드는 과정에 주인공인 아이들이 없었기 때문이라는 것을. 2001년에 열린 두 번째 축제도 2년 전 축제와 마찬가지로 진행되었다. 축제 담당 교사 혼자서 기획하고 진행을 맡았고, 몇몇 아이들과 선생님이 무대에 올랐으며, 같은 종목으로 체육대회가 이어졌다. 그리고 충분히 즐거웠다. 아니, 그렇게 보이는 것 같았다.

하지만 내 눈에는 더 이상 그렇게 보이지 않았다. 무대에서 아무리 열심히 춤을 추고 노래를 불러도 나와 친하거나 관계없는 친구라면 아이들은 눈길을 주지 않았다. 금방 지루해했고, 외면하거나 옆 친구와 떠들었다. 등장과 퇴장은 서로 엉켰고, 그것을 정리해줄 진행 요원은 찾아보기 힘들었다. 처음부터 끝까지 행사를 진행한 선배 교사는 결국 목이 쉬었고, 힘들어했다. 담임들은 어쩔 수 없이 자기 반 챙기기에 바빴고, 체육대회가 끝난 횅한 운동장에는 쓰레기만 나뒹굴었다.

다행인 것은 행사가 끝난 뒤 평가하는 시간을 가졌고, 나뿐만 아니라 여러 교사가 비슷한 생각을 하고 있었다는 점이다. 우리는 서로 질책하기보다 좋은 방향을 찾으려고 고민했다. 여러 생각과 경험을 나누는 과정에서 기존대로 실시하자는 의견이 없었던 건 아니지만, 전체적으로 변화가 필요하다는 데 합의했다. 그리고 변화의 핵심은 '아이들이 중심이 되는 축제'였다. 그때는 어떻게 그런 방향으로 의견이 모아졌는지, 의미를 부여할 만한 깊은 성찰을 하지 못했지만, 지금 돌이켜보면 그것을 가능하게 한 것은 학교 문화였던 것 같다. 아이들이 스스로 주인이 되었을 때 학교가 더 활기차고 행복해진다는 것, 그래야 결국 교사의 힘도 덜어지고 함께 성장한다는 교사들의 믿음이 있었다. 물론 그 믿음은 그 자리에서 금방 생긴 것이 아니었다. 몇 년 전부터 활발하게 펼쳐온 동아리 활동에서 나온 것이었다.

수업이 끝나면 즐거운 아이들

새로운 밀레니엄이 시작된 2000년 봄. 이제 막 신입 딱지를 뗀 내게 2학년 아이들이 찾아왔다. 첫 담임을 맡은 우리 반 부반장이 작년에 같은 반이었던 단짝을 데려온 것이다.

"선생님! 저희 영화 동아리 만들고 싶은데, 지도교사 맡아주세요."
"영화 동아리? 어떻게 나한테 오게 된 거야?"
"선생님이 수업시간에 영화 좋아한다고 말씀하셨잖아요."
"선생님 영화 잡지도 많이 보시잖아요?"
"어, 그게…"

까르르 웃으며 내게 엄청난 기대와 호기심으로 부탁하던 두 아이의 모습을 지금도 잊을 수 없다. 그때는 그랬나 보다. 90년대부터 불어닥친 한국 영화 르네상스기에 젊음을 보낸 나는, 한 손에 영화 잡지를 들

고 극장깨나 드나들었다. 지금도 그때 본 영화와 평론들이 내 삶을 풍성하게 해주고 있다고 생각할 정도라. 교직 초기에는 수업시간에 영화 이야기로 삼천포를 몇 번씩 다녀오기 다반사였다. 나는 몰랐지만, 아이들은 그런 나를 예의주시한 모양이었다.

하지만 영화에 대한 애정과 별개로 나는 자신 있게 동아리를 맡아주겠노라고 대답할 수 없었다. 사연인즉슨, 음악 선생님이 기타 동아리를 만들어줄 것을 부탁했기 때문이다. 기타를 잘 치는 것은 아니지만 음악을 좋아했고, 선배 교사의 부탁을 거절하기도 힘들어서 수락한 상태였으니, 아이들에게 사실대로 말할 수밖에 없었다.

"사실은 내가 기타 동아리를 만들려고 해서, 어려울 것 같아. 미안해."

실망하고 돌아서는 아이들의 모습이 내내 마음에 걸렸지만, 선약을 했으니 어쩔 수 없었다. 나는 기타 동아리 부원 모집에 나섰다. 하지만 운명은 언제나 거스를 수 없는 법인가 보았다. 지금은 우리 학교에서 소위 잘나가는 동아리가 기타반이지만, 당시 중학교 여학생들에게 기타는 생소하고 얼마간 버거운 악기였다. 모집은 잘 이루어지지 않았다. 어쩌면 나에게 이미 열심히 홍보할 마음이 없었는지도 모르겠다. 어느 정도 시간이 흐른 뒤에, 가입하겠다는 학생이 없다는 사실을 음악 선생님께 알린 나는, 재빨리 다음 행동에 들어갔다. 서둘러 두 아이를 다시 부른 것이다.

"얘들아, 혹시 영화 동아리 지도교사 해준다는 선생님 있었니?"

"아니요, 안 계셔서 계속 알아보고 있는 중이에요."

나는 속으로 안도의 한숨을 내쉬고, 다급함에서 돌변하여 여유 있게 말했다.

"음…, 그럼 너희가 열심히 하겠다고 약속하면, 내가 맡아줄게."

"와, 선생님, 감사합니다!"

교직 생활을 하는 동안 큰 힘과 깨달음을 준 영화 동아리를 만든 이 아이들에게, 지금도 얼마나 고마움을 느끼는지 모른다. 아이들은 동아리 이름을 'M.mania(Movie Mania의 약칭)'로 지었다. 처음에 나를 찾아온 두 아이 가운데 한 명이 1기 회장이 되어 동아리를 이끌었고, 나중에 대학에서 영화를 전공하게 되었다. 중학교 때의 꿈과 취미를 인생의 직업으로 삼기란 쉽지 않고, 그것을 목표로 동아리 활동을 하는 것도 부담이 될 수 있다. 하지만 나중에 전공하지 않더라도 동아리 활동은 아이들의 인생을 풍부하게 만들어줄 것이라고 믿는다. 그리고 그 믿음이 나를 배신한 적은 아직까지 없다.

● 선발부터 운영까지 우리 손으로, 2015학년도 상설 동아리 현황

번호	동아리 이름	인원	활동 내용	창립
1	D&R	18	힙합 댄스	2003년
2	E.A.F.	19	애니메이션(만화)	2000년
3	Free Time	18	기타 연주	2005년
4	M.mania	24	영화 제작	2000년
5	T.C.M.	20	케이크 만들기	2002년
6	V.S.M.	17	방송반	1985년
7	꿈모리	20	과학 실험	1999년
8	다다섬돌	9	도서반	2001년
9	데빌시크	7	밴드	2006년
10	벨리나	22	봉사	2003년
11	세라핌	18	합창반	1998년
12	시나브로	13	연극	2011년
13	세그레또	14	또래 상담	2013년
14	홀릭	19	방송 댄스	2013년
15	에픽	12	댄스	2014년
16	오버로크	8	재봉	2013년
17	에코레인저	18	환경, 비즈쿨	2012년
18	더블큐	7	댄스	2013년
19	탄츠	9	무용	2013년
20	쿠앤비	13	목재 공예	2015년
21	카페아티	12	바리스타	2013년
22	자봉이	6	자원봉사	2014년
합계		323	전체 인원 대비 60%	

* 41개 동아리 중 22개 동아리가 주 1회 이상 모임을 갖는다.

2000년대 초반 우리 학교에는 동아리 탄생 붐이 일었다. 당시 특별활동부장 선생님이 아이들이 적극적으로 동아리를 만드는 데 큰 도움을 주셨다. 이미 2년 전에 생겨서 유명해진 합창 동아리를 비롯해 1999년에는 과학 동아리, 풍물 동아리가 탄생했고, 만화 동아리는 우리 영화 동아리와 비슷한 시기에 꾸려졌다. 이후에도 도서 동아리, 케이크 동아리, 댄스 동아리, 봉사 동아리, 기타 동아리, 밴드 동아리, 연극 동아리의 탄생이 이어졌다.

시간이 지나면서 사라진 동아리도 있고, 지도교사가 여러 번 바뀌며 어려움을 겪은 동아리도 있지만, 많은 동아리가 지금까지 잘 유지되고 있다. 사립학교의 특성상 한 교사가 오래 동아리를 지도할 수 있어서이기도 하지만, 더 중요한 것은 아이들이 자발적으로 동아리를 만들고, 운영하고, 유지해나가기에 가능한 일일 것이다. 그 속에서 아이들의 창의성이 커지고, 결과물보다 활동 과정에서 부쩍 성장하는 모습을 발견하기도 한다.

나는 수업시간에 힘들어하는 아이들이 동아리 시간에는 눈이 반짝반짝 빛나는 것을 수도 없이 보았다. 교사가 일방적으로 동아리를 이끌면서 운영하는 학교에서는 결코 볼 수 없는 장면이다. 그리고 자율적이고 자발적인 동아리 활동은, 나중에 학생이 중심이 되어 만들고 즐기는 축제를 펼치는 토대가 되었다.

2015년 현재 우리 학교에는 모두 41개의 동아리가 있는데, 이는 교육과정 안에 있는 창의적 체험활동의 일환으로 이루어진다. 이 중 절반이 넘는 22개 동아리가 방과 후에도 자발적으로 모이는 상설 동아리로서 주 1회 이상 모임을 가지며, 학교에서는 예산을 지원하는 등 적극적인 도움을 주고 있다.

모든 동아리 활동은 자발적으로 운영하는 것을 원칙으로 하되, 지도교사가 반드시 있어야 한다. 학년 초에 학교를 들썩이게 하는 일 가운데 하나도 동아리 홍보다. 동아리마다 홍보 포스터를 만들어서 교문 홍보를 통해 신입생들을 모집하며, 오디션을 치르는 동아리도 여럿이다. 동아리 홍보 주간에는 대학 캠퍼스에 버금갈 만큼 열정적으로 동아리를 홍보한다. 그런데 어느 해인가, 동아리 홍보가 과열되어 친구들끼리 얼굴을 붉히는 일이 벌어졌다. 이 문제를 어떻게 해결할까 고민하는 내게, 후배 교사가 다음과 같이 조언을 해주었다.

"선생님, 그냥 아이들끼리 자율적으로 조정하도록 두는 게 어떨까요?"

이 말에 용기를 얻은 나는 동아리 대표들을 한자리에 모아놓고 솔직하게 말했다. 그리고 아이들에게 의논할 시간을 주었다. 1시간 남짓 회의를 한 아이들은 교문 홍보 순서와 횟수를 정하고, 홍보에 참여하는 인원을 조정했다. 조언해준 후배 교사가 고마웠고, 스스로 문제를 해결한 아이들이 참 기특했다. 우리는 교사라는 이름으로 아이들이 <u>스스로</u> 할 수 있는 일에 얼마나 많은 개입과 참견을 하고, 그래서 얼마나 많이 실패하고 있을까?

동아리 현황을 살펴보면, 아이들에게 가장 인기가 높은 것은 댄스 동아리로, 수와 인원이 가장 많다. 전통이 오래된 D&R(Dance Revolution+Rush)은 수상 경력이 화려하며, 홀릭, 에픽, 더블큐 같은 댄스 동아리와 함께 별도의 무용 동아리 탄츠가 있다. 소위 '덕후' 정신으로 똘똘 뭉친 만화 동아리 E.A.F.(Eternal Animation Fantasy)는 매년 작품집을 발간하는, 15년 역사의 실력 있는 동아리다. 기타 동아리 프리타임과 밴드 동아리 데빌시크는 지난 10년간 수많은 학교 행사와 외부 공연을 치렀으며, 1시간 30분이 넘는 뮤지컬 라이브 반주를 훌륭히 해내는 본교의 자랑거리다.

여학생들에게 인기가 높은 케이크 만들기 동아리 T.C.M.(Together Cake Mania)은 축제 때마다 맛있는 케이크를 만들어 판매하고 있으며, 이를 준비하기 위해 축제가 있는 날에는 새벽부터 가사실습실에서 정신없이 움직인다. 동아리이자 학교 조직의 하나인 방송 동아리 V.S.M.(Voice of Somyong)은 30년 역사와 함께 왕성한 활동을 펼치고 있으며, 뛰어난 탐구 능력을 자랑하는 과학 동아리 꿈모리는 과학 실험전을 통해 교과 지식과 동아리 활동을 멋지게 연결해내고 있다.

각 반 도서반장 모임으로 이루어진 다다섬돌은 도서관 책 대여와 각종 독서 관련 행사를 도맡아 하고, 종교적 믿음을 바탕으로 탄생한 봉사 동아리 벨리나는 학교 구석구석 손길이 미치지 않는 곳에서 사랑을 실천하고 있다. 동아리 붐의 주역인 합창 동아리 세라핌은 한때 세계합창대회에 참가했을 정도로 유명한 동아리인데, 최근에는 합창에 대한 선호도가 예전 같지 않아서 인원이 많이 줄어들어 안타깝기

그지없다. 활동 연한이 오래되지는 않았지만, 시나브로도 정기 공연을 4회째 할 만큼 연극에 대한 애정과 노력이 돋보이는 동아리다. 그 밖에 최근에 새로 생긴 여러 동아리가 새로운 전통을 만들어내기 위해 열심히 노력하고 있다.

각 동아리에 대해 일일이 설명한 것은, 동아리 활동에 대한 나의 무한한 애정 표현이다. 아침에 출근하면서 교무실로 가는 길에 기타 동아리 교실을 지나면, 누가 시키지 않아도 일찌감치 등교해서 기타를 치고 있는 아이들의 모습이 보인다. 창밖으로 들리는 기타 선율도 아름답지만, 눈물이 왈칵 쏟아질 만큼 예쁜 아이들의 모습에 피로가 확 사라지는 것을 느낀다. 그리고 오늘도 힘차게 살아야지, 다짐하게 된다.

아이들은 저마다 사연을 가지고 있다. 집안 형편이 어려워서 힘들어하는 아이, 친구들과의 갈등으로 괴로워하는 아이, 성적이나 진로에 대한 고민을 껴안고 있는 아이…. 그래도 기타 연주라는 취미를 통해서 자신을 치유한다는 점에서 하나로 통한다. 그럼으로써 자신에게도 다른 사람들에게도 살아갈 용기를 심어준다.

기타반 아이들이 나중에 유명한 연주자가 될지는 알 수 없다. 케이크 동아리 아이들이 파티시에가 될지, 연극 동아리 아이들이 무대에 서는 직업을 가지게 될지도 잘 모른다. 하지만 지금 이 순간만큼은 우리 아이들을 열렬히 응원하고 싶다. 동아리에서 자기가 하고 싶은 것을 맘껏 펼칠 수 있도록 돕고 싶다. 나는 학교 전체 동아리를 담당하는 교사가 아닐 때도 많았지만, 동아리에 대한 관심과 지원을 놓치지 않은 지난 10년이, 즐겁지 않은 적은 한 번도 없었다.

참고로 동아리 활동을 위해서는 어느 정도 규약을 마련하는 것이 좋다. 우리 학교는 지원 예산을 동아리의 인원, 모임 횟수, 축제 참여 등에 점수를 부여하여 차등 지급하고 있다. 외부 기관과 연계하여 예산을 지원받고 있는 동아리도 여럿이다.

● 동아리 활동 규정

1. 목적
- 동아리 활동을 통한 즐거운 학교 분위기 조성
- 학생의 자발적인 동아리 활동을 통한 학생자치 문화 정착 및 확대
- 꿈과 미래를 계획하기 위한 창의적 교육의 구체적 실천 방안으로 구현

2. 방침
- 학생 스스로 참여하고 기획하는 동아리 활동
- 즐겁고 재미있는 동아리 활동
- 꿈과 미래를 계획하는 동아리 활동
- 선후배 간 유대 관계를 맺어주는 동아리 활동
- 관련 분야의 전문적 소양을 익히는 동아리 활동

3. 활동

- 동아리는 특별한 경우를 제외하고 창의적 체험활동과 연계하여 상시 활동한다.
- 정기 모임을 가지며, 자발적인 참여와 자체 규정에 의해 활동한다.
- 반드시 지도교사가 있어야 하며, 지도교사는 학생들의 자발적인 활동을 장려·지원하고, 활동 내용에 적절한 조언 및 지도를 한다.
- 동아리 활동 장소로 지도교사의 학급이나 특별 교실 등 교내 시설을 이용할 수 있으며, 외부 활동 시에는 학교장의 허락을 얻어야 한다.
- 동아리 활동 시간은 수업 종료 후 19시까지로 제한하되, 축제나 대회 참가 연습 시 지도교사의 지도 아래 활동 시간을 연장할 수 있다.
- 활동 경비는 학교 예산으로 편성하여 지급하되, 학교 지원 예산 이외의 소요 경비는 자체 부담한다.
- 모든 동아리는 학교 축제(목련제)에 적극 참여하여 활동 결과물을 발표해야 하며, 발표가 여의치 않은 동아리는 동아리 특성에 맞는 형태를 갖추어(취재, 동아리방 운영 등) 축제에 참여한다.

4. 기대 효과
- 학생 스스로 참여하는 동아리 활동을 통해 즐거운 학교 문화 조성
- 동아리 활동을 통해 1인 1꿈 갖기의 구체적 실현 기대
- 관련 분야에 대한 전문적인 소양 습득을 통해 직업의식 함양
- 선후배 간 유대 관계를 통한 공동체 의식 형성

우리도
영화 만들 수 있어요

2000년, 우여곡절 끝에 영화 동아리 M.mania가 탄생했고, 본격적인 활동에 들어갔다. 가장 먼저 시작한 일은 영화 감상과 토론이었다. 지금은 주 1회 모이고 있지만, 당시에는 엄청난 열정으로 주 2회 모임을 가졌는데, 한 번은 영화를 보고, 한 번은 영화에 대한 나름의 토론을 펼쳤다. 중학생들이라 깊은 이야기까지 전개하기는 쉽지 않았지만, 여러 번 모임을 거치다 보니 꽤 여러 편의 영화를 보면서 영화 보는 안목을 키울 수 있게 되었다. 영화에서 인상적이었던 장면, 내가 감독이라면, 20자평 등 나름의 형식을 갖춰서 진행한 모임은 의미 있고 재미있었다. 나는 아이들의 기발하고 순수한 이야기를 들으며 흐뭇했고, 꼭 필요한 부분에만 보충 설명을 하거나 의견을 제시했다. 그렇게 첫해의 활동을 마무리하던 연말, 당시 영화감독이 꿈이던 1기 회장이 말했다.

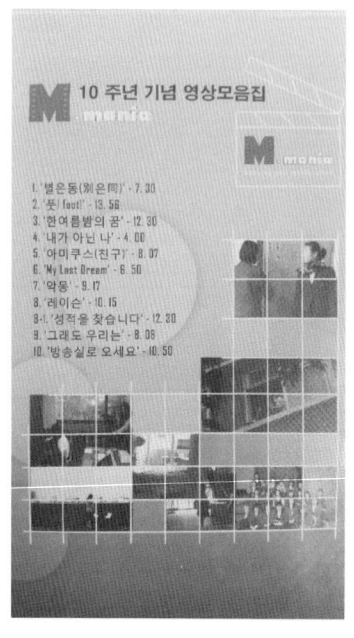

"선생님! 우리도 영화 만들고 싶어요."

"영화를 만들고 싶다고?"

이 말을 듣자 덜컥 겁이 났다. 솔직히 자신이 없었다. 나는 영화를 전공하지도 않았고, 카메라를 다룰 줄도 몰랐다. 그저 영화 보는 것을 좋아하고, 아마추어로서 평론하는 수준이었다. 그런데 영화를 만들자고 하니 걱정이 앞서는 게 당연했고, 그렇다고 무작정 아이들의 바람을 꺾을 수도 없는 노릇이었다.

우선 카메라가 필요했다. 다른 동아리도 마찬가지지만, 예산이 없었다. 아이들이 내는 회비에 내 사비를 보태서 비디오를 빌리고 간식을 사먹는 정도였던지라, 촬영 장비를 구입하는 것은 꿈도 못 꾸던 시절이었다. 그래, 뭐 이가 없으면 잇몸으로라도 해봐야지. 촬영은 몇 년 전에 개인적으로 구입한 가정용 8밀리 비디오카메라로 찍기로 했다. 그리고 집에 있던, 겨우 넘어지지 않을 정도의 빈약한 삼각대를 가져왔다. 그 밖의 장비는 전무한 상태에서, 우리 동아리의 첫 작품 〈별은동(別은同, '다른 것 같지만 결국 같다'는 뜻의 조어)〉을 만들었다.

한 반에 같은 이름을 가진 친구가 두 명 있는데, 한 명은 1등이고 다른 한 명은 꼴찌라는 설정을 한 뒤, 둘이 갈등을 겪다가 반성문을 쓰는 과정에서 꼴찌 친구가 1등 친구를 도와주면서 화해한다는, 소박한 내용의 영화였다. 아이들이 직접 시나리오를 쓰고 콘티까지 짰는데, 그 소중한 자료를 잘 보관하지 못해서 지금 남아 있지는 않다. 컴퓨터 작업이 흔하지 않을 때라 손으로 쓴 것이라서 잃어버린 것 같다.

날씨는 추웠지만 촬영은 순조롭게 진행되었다. NG가 날 때마다 배꼽이 빠지도록 한바탕 웃고는 또 NG. 한 장면을 수십 번씩 찍어대는 통에 테이프를 감아서 다시 찍어야 했지만, 아이들의 얼굴에서 지루함과 짜증은 찾아볼 수 없었다. 이렇게 즐거워하는 것을 막을 수는 없지, 영화 만들기를 참 잘했다는 생각이 들었다.

드디어 촬영을 마쳤는데, 이번에는 편집이 문제였다. 한참 고민하고 있는 내게 방송 동아리를 담당하던 선생님이 구세주같이 나타나 방법을 알려주었다.

"방송실에 아날로그 편집기가 있는데, 한번 사용해보지 그래요."

하고자 하는 마음이 간절하면 길이 생기는 법이라고 하지 않던가. 나는 아이들과 방송실로 달려갔다. 생전 처음 보는 기계였지만, 설명서를 읽어보니 할 수 있을 것 같았다. 그리고 실제로 편집을 하면서야 깨달았다, 영상 편집이 만만치 않은 일이라는 것을. 반복과 인내심의 싸움이라는 것을. 그래서 영화를 찍어본 아이들은 영화나 영상을 함부로 평가하지 않게 된다. 얼마나 어렵고 힘든 작업인지 알기 때문에.

우리는 일주일 넘도록 수업이 끝나면 모여서 편집기와 씨름을 벌이며 밤 깊어가는 줄 모르고 편집을 했다. 드디어 M.mania의 첫 작품이 완성되었다. 러닝 타임 7분 30초. 내친 김에 NG 장면까지 포함해 10분짜리 테이프를 완성했다. 나와 아이들은 부둥켜안고 기뻐했다. 그룹 퀸의 'We are the champions'를 배경으로 두 주인공이 등을 보이며 학교 정문으로 걸어가는 장면은, 찰리 채플린의 〈모던 타임즈〉 마지막 장면의 오마주였다. 채플린에 비할 바는 못 되었지만, 나와 우리 아이들에게는 그 어느 영화보다 소중하고 멋진 작품이었다.

소심한 내가 차마 생각해내지 못한 일을 과감하게 시작해서 끝까지 해낸 아이들이 고마웠다. 그리고 그 열정이 부럽기까지 했다. 처음이라서 더 소중했겠지만, 그때의 간절함과 헝그리 정신이 지금도 가끔씩 생각난다. 이제는 좋은 카메라와 풍부한 간식, 외부 전문가 감독님을 초빙하는 등 환경이 훨씬 좋아졌지만, 그때 그 시절을 떠올릴 때마다 흐뭇한 웃음을 짓게 되는 것은 어쩔 수 없다. 애들아, 미안해. 그렇다고 너희를 선배 언니들보다 덜 사랑하는 것은 아니란다.

2001년 봄이 되었다. 아직은 학생 중심의 축제를 본격적으로 펼치던 시기가 아니라서, 우리의 첫 작품은 개봉할 기회를 갖지 못한 채 서랍 속에서 잠자고 있었다. 수작은 아닐지라도 아이들이 애써 만든 작품을 어디에선가 자랑하고 싶었다. 그런데 마법같이 기회가 찾아왔다. 영상 장비와 편집 프로그램이 보급되면서 몇몇 뛰어난 청소년들의 영상 작품이 나왔고, 이를 계기로 전국적으로 청소년 영화제가 앞 다투어 생긴 것이다.

우리 학교가 있는 지역에서도 1회 청소년 영화제가 열리게 되어, 작품을 접수받고 있다는 것을 알았다. 수상은 바라지도 않았지만, 아이들에게 힘이 될 거라는 생각에 〈별은동〉을 출품했다. 시상식과 상영회 일주일 전쯤 영화제 관계자로부터 전화가 걸려왔다.

"출품하신 작품이 상을 받게 될 것 같으니까, 시상식에 꼭 참석해주세요."

"저희가 상을 받는다고요? 네, 꼭 가겠습니다."

상을 받는다니, 아이들이 기뻐할 모습이 눈에 선했다. 시상식 날, 우리는 더욱 깜짝 놀라지 않을 수 없었다. 우리가 받은 상이 무려 대상이었기 때문이다. 우리 작품은 기술적인 부분에서는 부족했지만, '학생들의 순수한 이야기를 영상으로 잘 표현했다'는 높은 평가를 받았다. 작품 상영과 상금은 보너스였다. 상금으로 맛있는 것을 사먹었으면 하는 아이들의 간절한 눈빛을 외면하고, 나는 우리에게 꼭 필요한 카메라를 사는 데 보태자고 설득했다. 내가 사주는 떡볶이에 만족하며 훗날을 기약하는 아이들의 모습이 예뻤다. 지금은 사용하지 않지만, 상금은 2년 뒤에 6밀리 카메라를 사는 데 쓰였고, 카메라를 보물 다루듯 하며 기뻐하던 아이들의 모습이 지금도 기억에 생생하다.

무엇보다 가장 큰 수확은 아이들의 자신감이 상승했다는 것이다. 2001년, 우리는 두 번째 작품 〈풋! foot!〉에서 '어른들의 하이힐을 신기에는 아직 어린 발'이라는 신선한 소재로 재미있게 촬영을 했다. 그러는 동안 아이들을 지도하기에는 너무 부족한 내 능력을 깨닫고, 영상 제작과 관련한 교사 연수를 찾아다녔다. 서울시 교육청에서 하는 다큐멘터리 제작 연수를 수강했고, 멀리 남양주 종합촬영소에서 하는 합숙 연수에도 다녀왔다. 카메라 촬영과 편집의 기본을 조금씩 익히고 나니 아이들과 함께하는 작업이 더욱 재미있었다. 또 영상 관련 일을 하는 분들을 만나 도움을 받기도 했다.

지역에 있는 '청소년 문화의 집 영상 센터'를 찾은 것도 그 무렵이었다. 아무래도 부족한 내가 아이들을 직접 지도하기보다 전문적인 교육을 받게 하는 것이 낫겠다고 생각해서였다. 영상 센터 선생님은 흔쾌히 우리 아이들을 지도해주셨고, 세 번째 작품 〈한여름 밤의 꿈〉은 좋은 장비와 질 높은 교육을 통해 완성했다. 덕분에 여러 청소년 영화제에서 상을 받기도 했다. 지역 청소년 영화제 2회 연속 대상은 물론, 대전과 부산에서 개최하는 영화제에서도 상을 받아서, 아이들과 기분 좋은 여행을 하면서 잊지 못할 추억을 만들기도 했다.

하지만 세상일이 다 그렇듯이 모든 게 좋지만은 않았다. 내 생각인지는 모르겠지만, 성취감을 크게 맛본 아이들은 다음 작품을 찍을 때도 영화제와 상만 생각하는 것 같았다. 더 잘해야 한다는 부담감에 만드는 과정을 충분히 즐기지 못했고, 순수함을 잃는 것만 같았다. 원래 우리가 상을 받으려고 작품을 만들고 동아리 활동을 한 것은 아니라는 생각에, 결국 아이들과 의논해서 다시 처음으로 돌아가기로 했다. 좋은 장비와 매끈한 편집이 아니더라도 우리 이야기를 하면 된다고 생각했고, 소박하게 기획하고 즐기면서 만들면 된다고 마음을 모았다. 그리고 몇 년 동안 영화제 출품보다 우리끼리 즐겁게 영화를 만드는 데 집중했다. 이제는 축제 때 영화 상영을 할 기회가 생겨서 학교 친구들에게 우리가 만든 영화를 틀어주고 박수를 받는다. 그런 가운데 다섯 번째 작품 〈아미쿠스('친구'라는 뜻)〉로 작은 상을 받았을 때는 정말 기뻤다.

교육을 하다 보면 항상 과정과 결과 사이에서 갈등을 하게 된다. 물론 과정과 결과가 모두 만족스러우면 금상첨화겠지만, 그런 일은 드물다. 아무래도 결과에 집중하게 마련이고, 결과를 미리 상정하면 과정이 흐트러지기 십상이다. 영화를 만드는 일이 공장에서 상품을 찍어내는 일이 아닌 이상, 교육적인 측면에서 과정에 더 집중해야 한다고 믿는다. 결과만 좇는 교사와 아이들이 모여 있는 학교는, 생각만 해도 너무 아찔하다.

지금은 6~7년째 문화예술교육진흥원과 시의 도움을 받아 전문 강사를 섭외해서 아이들을 교육하고 있지만, 당시에는 안정적인 지원을 받을 수 있는 상황이 아니었다. 그래도 외부 전문가의 교육을 받아보려고 지속적으로 시도했다. 아이들에게 다양한 시각으로 여러 가지 경험을 하도록 해주고 싶었기 때문이다. 2007년, '청소년 문화의 집 영상센터'의 소개로 다큐멘터리를 만드는 감독님에게 교육받을 기회가 생겼다. 그해에 극영화와 다큐멘터리 두 작품을 완성했고, 지금까지 우리 동아리에서 만든 작품 가운데 개인적으로 가장 좋아하는 〈레이슨〉

을 만들 수 있었다. 그렇게 해마다 한두 작품씩 우리의 필모그래피는 차곡차곡 쌓여가고 있다.

시간이 지나 동아리에 대한 관심이 높아지고 지원 규모도 커져서 더 좋은 카메라를 살 수 있게 되었다. 2010년은 동아리 탄생 10주년이 되는 해였다. 2년 전 합창 동아리 세라핌은 근사하게 10주년 기념 공연을 열었다. 우리 영화 동아리도 무언가 해야 하지 않을까, 하는 생각에 우선 그동안 만든 작품들을 정리해서 모아보았다. 2000년대 중반 이후의 작품은 디지털 편집이 가능해서 컴퓨터 파일로 남아 있었지만, 초반 작품들은 16밀리, 8밀리, 6밀리 등 다양한 테이프의 형태로 보관하고 있었다. 테이프는 시간이 지날수록 화질에 손상이 생겨서 걱정이었는데, 다행히 예산을 확보하여 디지털화했고, 10주년 기념 작품집 DVD도 제작했다.

2016년 3월, 영화 동아리는 18기 신입 회원을 맞이했다. 몇 년 뒤면 20주년이 된다. 내가 이 학교에서 정년을 한다면 30주년도 맞이할 수 있지 않을까 싶다. 그때까지 동아리 지도를 할 수 있을지, 과연 그때도 아이들과 잘 호흡하며 지낼 수 있을지, 여러 가지 생각이 교차한다. 사실 지금도 충분히 행복하지만, 내 행복보다 아이들의 성장이 더 중요하기에 아이들이 행복하게 성장할 수 있다면, 그것이 가능할 때까지만 아이들과 함께하고 싶다. 그렇지 못하다면 과감히 자리를 비켜주어야 한다고 다짐해본다.

참고로 몇 년 전부터 우리 학교는 다음과 같은 동아리 개설 및 가입 과정을 실시하고 있다. 편하게 할 수 있는 일에 다소 복잡한 과정을 거치는 이유는, 가장 중요한 것을 놓치면 안 된다는 생각에서다. 그것은 바로 '아이들이 원하는 동아리 활동을 해야 한다'는 것이다. 백 퍼센트는 불가능하겠지만, 최대한 아이들이 원하는 동아리 활동이 이루어지도록 불편을 감수해주는 동료 교사들이 고맙다.

● 동아리 개설부터 활동까지

매년 2월 : 동아리 홍보 영상 만들기(재학생)

3월 2일~3일 : 오리엔테이션 중 동아리 홍보 영상 시청 및 개설 안내

3월 2주까지 : 동아리 홍보, 오디션, 신규 동아리 개설(희망 학생과 교사 매칭)

3월 3주 : 동아리 승인 신청서 제출(학교장 결재), 미 가입 학생 확인

3월 4주 : 나이스 동아리 배정, 동아리 예산 지급, 첫 동아리 활동 (동아리 예산은 인원, 모임 횟수, 축제 참여도 등을 점수화하여 차등 지급)

최고의 무대를 만들어줄게

2003년 봄, 아이들이 중심이 되는 축제로 변화를 꾀한 교사들은 이를 실행에 옮기기로 했다. 하지만 경험이 없는 우리로서는 어떻게 시작해야 할지 엄두가 나지 않았다. 다행히 체험활동부장님이 외부에서 우리를 도와줄 분들을 섭외했고, 축제 기획 전문가에게 컨설팅을 받을 수 있었다. 몇 차례 교사 연수와 학생 교육을 통해 알게 된 것은 '기획단'의 필요성이었다. 학생 중심의 축제를 진행하기 위해서는 학생축제기획단이 있어야 하고, 그 기획단을 지도해줄 교사들이 있어야 했다. 그래서 학생회 간부 10명과 교사 8명으로 첫 축제기획단을 꾸렸다.

기획단 첫 회의에서는 '축제란 무엇인가?', '왜 축제를 해야 하는가?'라는 물음에서 출발하여 지난 축제에 대한 반성, 이번 축제의 주제 등 다양한 논의가 이루어졌다. 무언가 아직은 어설펐지만, 앞으로 10년

을 내다보는 축제의 틀을 다지는 중요한 자리였다. 첫 학생 중심 축제의 주제는 'TENTEN(Together, Enjoy, Nice의 약자이면서 10대를 표현함)'으로 정했고, 원활한 진행을 위하여 기획단을 기획, 전시, 공연, 참여, 홍보팀으로 나누었다. 교사들도 자신의 관심 분야에 따라 해당 팀으로 들어가 학생들을 지도했고, 5개월 남짓한 기간 동안 전체 회의와 파트 회의를 수시로 열면서 계획을 수립하고 추진해나갔다.

기획팀은 전체적인 축제 일정과 프로그램을 기획하고 예산을 담당하며, 전시팀은 운동장과 교내 곳곳에 각종 전시물을 제작, 게시했다. 공연팀은 장기자랑 접수와 외부 공연팀 섭외를 맡아서 공연을 기획했고, 참여팀은 학급방, 동아리방 운영을 위한 계획 수립, 홍보팀은 플래카드와 각종 홍보물 제작을 맡았다. 기획단은 때로는 협력하고 때로는 실수하며 다투기도 했지만, 힘들어도 즐거웠기에 열심히 활동할 수 있었다.

첫 번째 학생 중심 축제를 진행하면서 정착한 전통 가운데 지금까지 이어오고 있는 특별한 항목은, 해마다 축제의 주제를 선정한다는 것이다. 축제의 큰 이름은 교목인 목련에서 따온 '목련제'이지만, 매 회마다 새로운 주제를 정하여 여기에 맞는 프로그램을 배치했다. 지금이야 행사를 거의 이런 방식으로 진행하지만 당시에는 새로운 시도였고, 지금도 여전히 잊지 않고 추진해야 할 핵심 요소다.

최대한 많은 학생이 참여하게 하는 것도 중요한 과제다. 기획단은 항상 이 점을 고려해야 한다. 특정한 개인이나 동아리의 전유물이 되지 않도록 많은 친구가 함께 어울릴 수 있는 축제를 기획해야 한다. 그래서 생각해낸 프로그램이 '반별 공동 작업'이다. 2003년에는 축제 첫날 커다란 천을 잘라서 학급별로 나누어주고, 의미 있는 문장 중 한 글자씩을 배부하여 각 반에서 글자를 꾸미게 하였다. 기획단은 천을 수거하여 그날 밤 재봉틀로 이어서 다음 날 폐회식 때 학교 옥상에서 전교생의 카운트다운과 함께 길게 늘어뜨리며 펼쳤다. 이를 위해서 운동장에서 폐회식을 했는데 다소 정신없고 복잡하기는 했지만, 자신들이 만든 작품이 하늘에서 내려올 때 아이들은 박수를 치며 좋아했다. 플래카드를 만드느라 밤새 잠을 못 잔 기획단 아이들도 피곤함을 잊을 수 있었다. 다소 무모하다고 생각한 도전이 큰 기쁨과 보람을 준다는 깨달음을 얻기도 했다.

또 하나의 무모한 도전은 '야간 프로그램'이었다. 일정을 논의하던 중 학생들은 야간에 진행할 프로그램을 원했고, 안전상의 문제가 제기되면서 논란이 커졌다. 선생님들과 학부모들의 동의를 받기가 쉽지 않아 보였으며, 프로그램을 진행한다고 해도 모든 학생을 강제로 참여시킬 수는 없는 노릇이었다. 하지만 아이들은 꼭 야간 프로그램을 진행하고자 했으므로 수차례 논의 끝에 희망자에 한해서 프로그램을 진행하기로 결정했다. 일단 교직원 회의 시간에 실시 여부를 논의했고, 안전을 위해 순찰조를 편성해서 운영하는 것으로 의견을 모았다. 우여곡절 끝에 저녁 6시부터 8시까지, 2시간 동안 야간 프로그램을 진행하기로 했다. 초기에는 일부 남학생들이 찾아와서 숨바꼭질을 벌이기도 했지만, 큰 문제없이 일정을 마칠 수 있었다.

그 뒤로 10년이 넘도록 학교 축제에는 항상 야간 프로그램을 진행하고 있다. 초기에 외부 개방이 문제가 되자 아이들은 스스로 평가회를 통해 개방을 제한했으며, 단순히 공포 영화를 상영하던 단조로운 프로그램에서 다양하고 재미있는 내용으로 변경하였다. 참여하는 학생 수도 일정 인원을 정한 뒤에 추첨하는 방식으로 조절하였으며, 선생님들은 아이들의 안전을 위해 순찰을 도왔다. 아마 처음에 이것저것 따져서 지레 포기하고 시작하지 않았다면, 지금도 야간 프로그램은 축제 일정에 들어 있지 않을 것이다. 중학교에서 꼭 야간에 축제를 해야 하는가에 대한 문제가 아니다. 어떤 일을 하면서 예상되는 두려움 때문에 더 큰 가치를 포기하는 일이 일어나서는 안 된다는 이야기를 하고 싶을 뿐이다.

재미있고 즐거운 일만 있었던 것은 아니다. 가장 큰 문제는 예산이었다. 장기적인 프로젝트와 이틀 동안의 축제 진행을 위해서는 어느 정도 예산 확보가 필요하다. 물론 첫술에 배부를 수는 없기에 꼭 필요한 부분의 예산을 편성해서 행사를 진행했다. 2010년 이전까지는 격년으로 축제를 진행했으므로 얼마간 무리 없이 예산 편성이 가능했다. 그래도 풍족하지는 않아서 기획단 아이들은 요즘 같으면 흔한 단체 티셔츠를 구입하지 못해 직접 구입한 천으로 스카프와 앞치마를 만들어 착용했다. 결과적으로는 그 어떤 유니폼보다 예뻤지만 말이다.

또 하나의 문제는 음향 시설이었다. 학교 음향 시설이 변변치 않던 시절이라 외부 음향 업체를 섭외할 수밖에 없었는데, 그마저도 좋은 장비를 대여하기에는 예산이 부족해서 소음과 울림이 반복되었고, 중요한 순간에 먹통이 되었다. 설상가상으로 무대의 막이 제대로 작동하지 않았으며, 조명도 초라했다.

나도 속이 상했지만, 몇 달을 준비한 아이들은 더 속상해했다. 무대에서 내려온 아이들은 울음을 터뜨렸고, 여기저기서 교사들과 아이들이 엉켜 서로를 달래는 장면이 연출되었다. 아이들에게 너무 미안했다. 충분히 잘했고 괜찮다고 위로했지만, 내가 생각해도 괜찮지 않았다. 다시 올라갈 수 있는 무대가 아니지 않은가. 그래서 다짐했다. "얘들아, 미안하다. 언젠간 꼭 최고의 무대를 만들어줄게!"

● 멋진 공연을 위한 팁

1. 음향 업체는 좋은 장비를 가지고 있는 친절한 업체를 섭외한다.
전문가가 아니라면 메일로 받는 장비 목록만 보고 성능을 판단하기 어렵다. 섭외 과정에서 답사하러 오거나 소통이 잘되는 업체를 선정하도록 한다. 학교 행사라고 하면 가볍게 보는 업체가 많은데, 업체 입장에서는 늘 반복하는 일 가운데 하나겠지만, 무대에 올라가는 아이들에게는 평생의 추억이 되느냐, 상처로 남느냐 하는 일이다. 스태프들이 친절하다면 더할 나위 없을 것이다. 실제로 기획단 학생들과 외부 출연진 또는 스태프들이 충돌하는 일이 종종 생긴다. 그러면 공연 내내 불안한 것은 물론이고, 질 높은 공연을 보장할 수 없다.

2. 장비를 세팅하는 데 충분한 시간을 주어야 한다.
아무리 간단한 학교 행사라도 외부 장비를 세팅하는 데 3시간 이상 걸린다. 시간이 촉박하면 그만큼 부실한 세팅이 되기 쉽다. 일정을 잘 조정하여 충분한 시간을 확보해주는 것이 필요하다.

3. 리허설은 꼭 해야 한다.
프로들도 리허설은 꼭 한다. 리허설 없이 행사를 하는 것은 행사를 포기하는 것과 마찬가지다. 보통 오후 공연을 할 때는 점심시간에 리허설을 하는 경우가 많으므로 출연자와 음향, 조명팀을 위해 김밥 같은 간단한 음식을 준비해두는 것이 좋다.

4. 꼼꼼한 큐시트가 있어야 한다.

공연 진행을 한눈에 볼 수 있도록 표로 만든 것을 큐시트라고 한다. 음향, 조명, 무대 상황을 꼼꼼하게 체크한 큐시트를 미리 작성해서 외부 기술 스태프에게 전달하고, 사전에 조율한다. MC와 출연진도 큐시트를 사전에 숙지해야 한다. 별도의 사회자 진행 멘트도 작성해야 하는데, 사회를 맡은 학생이 직접 하는 것이 바람직하다.

'TENTEN' 에서 '엉큼엉큼' 까지

2003년에 열린 3회 축제 TENTEN은 많은 의미를 남기고 성공적으로 끝났다. 2004년에는 동아리 발표회를 거쳐, 2005년에는 의욕적으로 4회 축제를 기획하게 되었다. 이번에는 기획단 인원을 대폭 확대하여 많은 학생이 참여할 수 있도록 했다. 학생회 간부만이 아니라 희망 학생들까지 모집해서 48명이 축제기획단으로 활동했다. 물론 평가회에서 기획단 인원이 너무 많아서 소통에 문제가 발생했다는 의견이 나왔지만, 해볼 만한 실패였다. 4회 축제의 주제 'COLORS'는 색깔 있는 축제를 만들고자 한 의도에서 붙인 이름이었다. 행사 내 프로그램은 무지개 색깔로 명명되어, 예를 들면 RED 공연에서는 빨간 풍선으로 무대를 장식하는 등 주제와 프로그램을 연결하는 시도가 돋보였다.

무엇보다 기억에 남는 것은 개회식이었는데, 아이들이 색다른 퍼포

먼스를 하고 싶어 해서 합의를 본 아이디어가 도미노였다. 강당의 무대 위에서 도미노가 쓰러지면 마지막에 폭죽이 터지면서 개막 영상이 나오게 하는 설정이었다. 과연 가능할까 싶었지만, 아이들의 바람을 막을 수는 없었다. 열심히 수소문해보니 다양한 재질과 크기의 도미노를 빌려주는 업체가 있었다. 그런데 도미노를 빌려서 연습을 해도 축제 당일에 성공한다는 보장이 없었다. 몇 번의 실패를 거듭한 뒤에 성공한 장면을 촬영했고, 당일에는 이 영상을 틀어서 실제와 동시에 진행하기로 했다. 개막식 날, 결국 도미노는 완전히 쓰러지지 못해서 실패했다. 그러나 강당에 있던 학생들은 커다란 화면에 나오는 영상을 실제로 인식했고, 기획단의 꼼수는 박수 속에 마무리되었다. 영상 없이 도미노가 실패했어도 의미는 충분했겠지만, 성공이니 실패니 하는 결과보다 준비하는 과정에서 주말 내내 도미노를 세우고, 쓰러뜨리고, 영상을 찍은 기억은 잊지 못할 것이다. 아이들에게도 평생 잊지 못할 추억으로 남았으리라 생각한다.

2007년 'SPACE'라는 주제로 진행한 5회 축제는 겨울 축제라는 또 한 번의 새로운 시도를 감행했다. 그동안 날씨가 좋은 10월에 열렸던 축제는 멋진 계절과 더불어 즐거운 추억을 만들었지만, 학사 일정상 축제 전후로 교육과정과의 연계가 어렵다는 문제 제기가 있었다. 그래서 고민 끝에 겨울 축제를 열기로 결정했다. 날씨가 추우니까 실내 프로그램으로 기획하고, 기존의 '캐럴경연대회'를 포함하면 2학기 기말고사 이후의 교육과정 공백기를 채울 수 있을 거라고 판단했다. 축제는 순조롭게 기획되었고, 중학교 축제로서는 보기 드물게 3일 동안이나 치렀다. 교사들의 참여도 늘어 15명이 기획단을 지도했는데, 몇 번의 축제를 경험하면서 교사들도 본인 파트의 전문성을 갖게 된 것이 뿌듯했다.

무엇보다 고마운 것은 그 추운 날씨에 학부모님들이 먹거리 장터를 열어주셨다는 점이다. 마을 교육 공동체를 추진하고 있는 요즘에조차 쉽지 않은 일임에도 어머니들은 아이들을 위해 국수를 삶고, 부침개를 부쳐서 마을 축제와 같은 분위기를 만들어주셨다. 사실 나는 일을 크게 벌이거나 부모님들을 힘들게 하는 것을 원치 않는 편인데, 이런 의사를 전달하면 상대방이 서운하게 여기는 경우도 있었다. 행사를 기획하다 보면 내 마음같이 진행되지 않는 경우가 많은데, 그럴 때마다 내 생각을 고집하는 것보다 서로 소통해서 많은 사람이 즐겁게 참여할 수 있는 분위기를 만들어주는 것이 좋다는 것도 알게 되었다. 어디 축제만 그렇겠는가, 세상 돌아가는 이치는 언제 어디서나 비슷한 까닭이다.

축제로 한정한다면 2009년은 가장 아쉬운 해였다. 예년과 마찬가지로 봄부터 기획단을 꾸려 6회 축제를 준비했고, 당시 학생회장도 어느 때보다 의욕적이고 리더십이 뛰어난 친구였다. 하지만 모든 일에는 운이 따라야 하는 법. 그해 여름을 지나면서 대한민국에 신종 인플루엔자 광풍이 불었다. 잠잠해질 것을 기대하며 차근차근 축제를 준비했으나 결국 2학기가 되어서도 기세가 꺾이지 않자, 교육청에서도 사람이 많이 모이는 행사를 우려했다. 웬만하면 아이들이 힘들게 준비한 행사를 중단하고 싶지 않았으나, 고집을 피울 상황이 아니었다. 눈물을 머금고 우리는 축제를 접어야 했다. 지금도 그때 기획단 친구들에게 미안한 마음이 크다. 그러나 천재지변은 어쩔 수 없는 일, 아이들이 그 상황에서 또 무언가를 깨닫기 바라는 마음으로 변명을 대신할 수밖에 없다.

2010년, 3년 만에 6회 축제를 열게 되었다. 당시 3학년 학생들은 첫 축제이자 마지막 축제를 경험했다. 아이들은 오래 기다린 만큼 열정적으로 축제를 준비했고, 25명의 학생과 13명의 교사가 기획단에 참여했다. 'S.O.S.(Shouts Of SoMyong)'라는 주제로 12월에 3일간 진행한 축제는, 그 어느 해보다 뜨겁게 타올랐다. 이제는 시에서 지원까지 받아 예산 규모도 커졌고, 그동안의 경험이 축적되어 안정적인 진행이 이루어졌다.

아울러 겨울 축제의 묘미가 엉뚱한 데서 발휘되기도 했다. 공연 무대를 꾸미던 중 아이들이 커다란 눈사람을 만들고 싶어 했는데, 물론 진짜 눈으로 무대를 꾸밀 수는 없었기에 고민 끝에 '솜'을 생각해냈다. 무대 양쪽을 눈사람과 트리로 꾸미기 위해 초록과 빨강색 종이에 밑그림을 그린 아이들은, 무지막지한 양의 솜을 투입했다. 생각보다 밑그림이 거대한 관계로 온 동네 솜을 다 사온 듯, 몇 번이고 추가한 솜뭉치는 오랜 시간을 기획단과 많은 사람이 달라붙어서 작업한 뒤에야 겨우 제 모양을 드러냈다.

이번에는 벽에 부착하는 것이 문제였다. 미술 선생님과 주무관님이 각목을 이용해서 작업을 해주신 덕분에 우리의 무모한 작품은, 드디어

벽에 걸 수 있게 되었다. 아이들은 계산하지 않으므로 무모했다. 하지만 그래서 사랑스럽다. 어른이라면 누가 이렇게 무모한 일에 도전할까. 나는 오늘도 아이들에게서 배운다. 아마 내일도 그럴 것이다.

2011년 개교 50주년을 맞이한 뒤로 지금까지는 매년 축제를 개최하고 있다. 이제는 어느 정도 갖추어진 시스템과 예산으로 행사를 진행하기가 수월해졌다. 가끔은 축제 초기의 서투름과 무모함이 그리워질 지경이다. '초심을 잃지 말자'는 말처럼 무엇이 갖추어지면 초짜일 때가 그리워지기 마련이다. 그렇다고 여기에 안주하면 앞으로 나아갈 수 없게 된다. 2011년, 또 다른 도전이 없었다면 우리의 축제는 아마 시들해졌을지도 모른다. 끊임없는 도전과 변화는 새로운 삶을 만든다.

● 우리 손으로 만드는 축제

1. 축제기획단(준비위원회) 구성하기
- 기획단을 언제, 어떻게 구성할 것인가?
- 기획단의 적절한 인원과 학년 구성은?
- 기획단의 역할과 파트 구분은?
- 지도교사와의 관계 설정은?

2. 지난 축제의 반성과 이번 축제의 상 잡기
- 축제란 무엇일까?

- 이번 축제에서 꼭 하고 싶은 것은?(브레인스토밍, 마인드맵 등)
- 지난 축제 돌아보기(설문조사 하기, 영상 보기, 평가회 참고하기)

3. 기획하기

- 주제 정하기, 기획단 명칭 정하기
- 예산 확인 및 편성하기(지도교사와 의논하기, 영수증 잘 챙기기)
- 일정표 짜기(차후 계속 수정)
- 기획서 만들기(6하 원칙 이용)
- 파트별 회의하기
- 프로그램 세부 계획서 만들기
- 타임 테이블 작성하기
- 큐시트 작성하기
- 섭외 및 홍보하기(학생들이 관심을 갖고 참여하게 만들기)

4. 행사 진행하기

- 기획단 역할 철저하게 나누어 맡기
- 즐겁게 진행하기, 짜증내지 않기
- 전체적인 상황을 먼저 생각하기

5. 평가하기

- 행사 후 교사, 학생이 모여서 평가회 열고 자료 남기기

역시 아이들은 아이돌이 최고

내가 축제 담당이라는 것을 알면 아이들이 가장 먼저 하는 질문이 있다.

"선생님! 이번 축제 때 연예인 안 와요?"

"음, 5천만 원만 줘봐. 불러볼게."

매번 어이없는 농담으로 넘기지만, 가끔은 나도 아이들이 좋아하는 연예인을 불러오고 싶다는 생각이 간절하게 든다. 어른들로서는 이해할 수 없는 일일지 모르지만 아이들의 생활은 연예인, 특히 아이돌과 떼려야 뗄 수 없다. 점심시간에 자기가 좋아하는 가수의 노래가 나오면 밥도 안 먹고 교실에 남아서 노래를 따라 부르는 아이들이 있을 정도다. 하기야 어른들도 마찬가지 아닌가. 누구나 그런 경험이 있을 것이다. 너무 심하지 않다면 나는 그것도 눈부신 청춘의 통과의례라고 생각한다.

　5천만 원은 농담이기도 하지만 현실이기도 하다. 연예인을 중학교 축제에 초청할 가능성은 매우 희박하다. 2003년, 학생 중심의 축제를 처음 기획했을 때도 사정은 마찬가지였다. 그럼에도 아이들은 끊임없이 연예인을 그리워했다. 홍보팀 아이들이 회의를 하다가 뭐라고 숙덕거리더니 회심의 미소를 지으며 내게 영화 동아리 비디오카메라를 빌려달라고 했다.

　"그건 어디에 쓰게?"

　"나중에 말씀드리면 안 돼요? 홍보하는 데 필요해서요."

　고장만 안 낸다면 괜찮지 않을까 싶어서 흔쾌히 카메라를 내어주었다. 그리고 다음 기획단 회의. 아이들이 여기저기서 웅성거렸다.

　"성공했어? 누구 찍었어? 빨리 얘기해봐!!"

　"안 돼, 비밀이야. 절대 비밀."

　"도대체 무슨 소리니?"

　사연은 이랬다. 지난 회의 때 홍보팀 아이들은 연예인을 초대 못하면 인사말이라도 직접 찍어오자고 아이디어를 냈고, 바로 실행에 옮겼다. 아이들의 작전은 아주 단순했다. 무작정 방송국으로 쳐들어가는 것이다. 당연히 찍는 것은 고사하고 입장도 할 수 없었다. 그러나 우리 아이들이 누구인가. 프로그램 담당자를 조르고 졸라서 몇몇 매니저를 만났고, 끝내 연예인의 멘트를 받아온 것이다. 체리필터, 쥬얼리, 팀, 은지원 등 당시에는 꽤나 유명했던 연예인들이 우리 학교의 축제를 축하해주었다.

축제 당일까지 극비리에 붙였던 축하 동영상을 몰래 편집해서 상영하자, 강당이 떠나갈 정도로 난리가 났다. 그런데 상영이 끝나고 다른 프로그램이 시작되었을 때, 어이없게도 홍보팀 아이들이 울고 있었다. 축하 영상을 본 일부 아이들이 저런 연예인들이 우리 학교의 축제를 축하해줄 리 없다며 분명 합성일 거라고 비난했다는 것이다. 아이들을 기쁘게 해주려고 애쓴 일이 왜곡되자, 홍보팀 아이들은 몹시 억울해했다. 나는 아이들이 정말 귀여워서 나오려는 웃음을 꾹 참고 달래주었다.

그 뒤로 연예인의 축하 영상은 우리 학교 축제의 전통이 되었다. 이번에는 누가 축하 인사를 해줄까 축제 전부터 학교가 떠들썩했고, 홍보팀으로서는 무척 부담스러운 일이었지만 아이들은 기어코 해냈다. 어느 해에는 방송국에서 쫓겨나 주위를 배회하다 한 개그맨의 결혼식장을 우연히 발견하고, 하객으로 참석한 개그콘서트 팀 개그맨들을 인터뷰한 적도 있었다. 최근에는 연예인 신변에 대한 보안이 까다로워져서 직접 인터뷰를 하는 것이 어려워지자, 각 매니지먼트 회사로 연락해서 영상을 받기도 했다. 2011년에 비스트, 2013년에 엑소 등 인기 절정 아이돌의 축하 영상을 띄웠을 때는, 아이들이 호흡 곤란으로 실려 나가지 않을까 걱정해야 할 지경이었다.

2015년도 축제 때는 아예 한 기획사에서 신인 아이돌의 무대를 요청했다. 우리로서는 마다할 이유가 없었다. 지금은 인기가 높아진 그

그룹과 함께 20분 동안 아이들은 마냥 행복했다. 물론 문제도 있었다. 도착 시간과 동선이 애초 계획과 어긋나서 같은 교정을 사용하는 고등학교의 쉬는 시간과 겹치는 바람에 연예인들이 화장실에서 꼼짝 못하는 해프닝이 벌어진 것이다. 한꺼번에 몰려든 고등학생들의 안전 문제를 우려해야 하는 상황이었다. 다행히 행사는 무사히 끝났지만, 또 한 번 철저한 기획의 필요성을 절감했다.

굳이 아이돌 이야기를 꺼낸 것은 그저 재미 때문만은 아니다. 축제를 기획하고 행사를 치르다 보면 교사가 할 수 없는 일을 아이들이 해낼 때가 많다는 것을 말하고 싶었다. 10여 년 전에 내가 담임을 맡았던 아이 한 명이 최근 걸 그룹으로 데뷔해서 꽤나 유명세를 타고 있다. 축하 영상이라도 받아볼 요량으로 기획사에 전화를 걸었다가 아무리 중학교 때 담임이라고 해도 바꿔주지 않아서 포기했는데, 그때, 우리 아이들 같았으면 절대 포기하지 않았을 거라는 생각이 들었다.

교사의 역할은 어디까지일까? 수업시간에도 마찬가지지만, 늘 이 지점이 어렵다. 간섭도 아니고 방임도 아닌, 충분한 관심과 사랑으로 아이들을 도와주며 스스로 성장하게 한다는 것. 어쩌면 아이들은 그 지점을 정확히 알고 있는지도 모르겠다. 다만 우리 교사들이 아이들의 사인을 못 읽고 있다는 생각이 들 때가 많다. 아이들은 언제나 교사가 생각하는 것 이상을 해낸다. 그래서 축제를 축하해준 연예인 텔레비전에 나오는 모습을 보면, 다음에는 아이들이 어떤 기발함으로 나를 놀라게 할까, 저절로 흐뭇해진다.

● 2003년부터 2015년까지 축제의 주요 내용

1. 2003년 3회 목련제

- 주제 : TENTEN(Together, Enjoy, Nice)
- 일정 : 2003년 10월 24일(금)~25일(토)
- 주요 프로그램 : 전시, 반별 공동 작업(뭉치면 하나 : 천 꾸미기), 공연(동아리 발표, 장기자랑, 외부 공연), 야간 프로그램(영화 상영), 도전 골든벨, 참여합시다(참여방, 동아리방, 학급방), 먹거리 장터
- 축제기획단 : 학생 10명(학생회), 교사 8명

2. 2005년 4회 목련제

- 주제 : COLORS(개성 넘치는, 색깔 있는 축제)
- 일정 : 2005년 10월 28일(금)~29일(토)
- 주요 프로그램 : 전시(주황), 반별 공동 작업(노랑 : 깃발 만들기), 공연(빨강), 야간 프로그램(보라 : 호러 카페), 미니 체육대회(초록), 참여합시다(파랑 : 참여방, 동아리방, 학급방), 폐막 공연(시립합창단 초청 공연)
- 축제기획단(레인보우) : 학생 48명, 교사 9명

3. 2007년 5회 목련제

- 주제 : SPACE(Somyong People All Center Enjoy, 축제의 각 부문을 행성 이름으로)
- 일정 : 2007년 12월 20일(금)~21일(토), 23(월)
- 주요 프로그램 : 전시(명왕성), 반별 공동 작업(소행성 : 행성 공 만들기), 공연(토성), 미니 체육대회(화성), 야간 프로그램(목성 : 크리스마스 파티), 캐럴경연대회(금성), 참여합시다(지구 : 참여방, 동아리방, 학급방)
- 축제기획단(블랙홀) : 학생 33명, 교사 16명

4. 2010년 6회 목련제

- 주제 : S.O.S.(Shouts of Somyong, 소명의 함성)
- 일정 : 2010년 12월 18일(토), 20(월)~21일(화)
- 주요 프로그램 : 전시, 캐럴경연대회, 도전 골든벨, 야간 파티(자유 선언), 공연(동아리 발표, 장기자랑, 외부 공연), 반별 공동 작업(플래카드 만들기)
- 축제기획단(119) : 학생 24명, 교사 13명
  * 기획(Siren), 공연(Stage), 전시·참여(Show), 홍보(Sausage)

5. 2011년 7회 목련제

- 주제 : 꽃소금(꽃처럼 아름다운 소명의 금혼식)
- 일정 : 2011년 11월 2일(수)~3일(목)
- 주요 프로그램 : 개교 50주년 기념 공연(9개 동아리 120명 출연 뮤지컬)
- 축제기획단 (양념통) : 학생 26명, 교사 10명(공연기획단 별도 운영)

6. 2012년 8회 목련제

- 주제 : 활활(花火, 꽃과 불꽃처럼 젊음을 불태우는 축제)
- 일정 : 2012년 10월 31일(수)~11월 1일(목)
- 주요 프로그램 : 동아리 연합 공연, 체육대회, 참여합시다, 야간 파티
- 축제기획단(O_2) : 학생 25명, 교사 13명

7. 2013년 9회 목련제

- 주제 : 어울림(함께 어울리는 소명의 축제)
- 일정 : 2013년 11월 13일(수)~15일(금)
- 주요 프로그램 : 뮤지컬 공연(환타스타스), 체육대회, 참여합시다, 야간 파티(단체 게임)
- 축제기획단(love me) : 학생 17명, 교사 7명(뮤지컬기획단 별도 운영)

8. 2014년 10회 목련제

- 주제 : 동치미(動馳美 : 움직여라! 자유롭고 아름답게)
- 일정 : 2014년 11월 5일(수)~7일(금)
- 주요 프로그램 : 뮤지컬 공연(리틀 프린세스), 참여합시다, 야간 파티, 뮤직 비디오 만들기, 짝 게임
- 축제기획단(개美) : 학생 14명, 교사 8명(뮤지컬기획단 별도 운영)

9. 2015년 11회 목련제

- 주제 : 잉큼엉큼(잉큼잉큼 설레는 엉큼한 우리들)
  * 잉큼 : 가슴이 가볍게 빨리 뛰는 모양, 엉큼 : 보기와 다르게 실속 있음
- 일정 : 2015년 11월 5일(수)~7일(금)
- 주요 프로그램 : 뮤지컬 공연(노래를 불러야지), 참여합시다, 야간 파티(복면가왕), 학부모회 노래 자랑, 학급별 미션 게임
- 축제기획단(앙큼) : 학생 24명, 교사 10명(뮤지컬기획단 별도 운영)

언젠가
알게 될 거야

2011년에 우리 학교는 개교 50주년을 맞이했다. 그러나 학교 상황은 최악이었다. 최근 몇 년간 급격한 학급 수 감소로 인해 10여 명의 교사가 퇴직과 전출을 해야 했다. 동아리 활동과 축제는 여전히 활성화되어 있었지만, 학생 수 감소와 교사 수급의 불안정으로 어수선했고, 수업과 교육과정, 생활교육 등 여러 부분에서 흔들렸다. 남녀공학 전환을 논의하기도 했고, 배정 구역 확대를 교육청에 건의하기도 했지만, 모두 쉬운 일은 아니었다.

　불안함과 기운 빠지는 날들의 연속이었지만, 이제 매년 축제를 시행하겠다는 아이들과의 약속을 저버릴 수는 없었다. 여느 해처럼 5월에 축제기획단을 꾸리고 회의를 시작했는데, 좀처럼 진전이 없었다. 아무리 뒤에서 도와주는 역할이라고는 해도 기운이 빠져 있는 교사들과

함께 하는 아이들도 신이 나지는 않았으리라. 개교 50주년의 특별함도 우리에겐 사치처럼 느껴졌다.

　새로 부임한 교장선생님은 개교 50주년을 기념하는 특별한 축제를 제안했고, 우리는 외부 전문가에게 도움을 요청할 수밖에 없었다. 지금 생각해보면 그때 무엇이라도 하려 했던 우리의 움직임은 참 소중했던 것 같다. 아마 계속되는 좌절감에 예년처럼 평범한 축제를 했더라면, 지금의 혁신학교나 학생 뮤지컬이 탄생하지 못했을 것이다.

　좋은 외부 선생님을 만난 것도 행운이었다. 몇 년째 본교 기타와 밴드 동아리를 지도해주고 계시던 선생님은 공연 연출에도 전문가였고, 무엇보다 우리 학교의 환경과 아이들을 잘 파악하고 있었다. 시간이 많지 않고 예산도 넉넉하지 않은 상황에서 가장 좋은 방법은 기존 동아리를 잘 활용하는 것이었다. 다행히 본교 동아리들은 이미 10여 년간 자신들의 분야에서 경험과 실력을 쌓아왔으니, 그들의 역할을 잘 조율한다면 해볼 만하다고 생각했다.

사실 그동안 축제 공연에서는 늘 아쉬움이 남았다. 동아리들은 자신의 차례가 오면 마음껏 기량을 뽐냈지만, 합창 동아리의 예쁜 하모니도, 기타와 밴드 동아리의 멋진 연주도, 댄스 동아리의 강렬한 몸짓도, 영화 동아리의 재미있는 영상도, 만화 동아리의 발랄한 코스프레도, 과학 동아리의 신기한 실험전도 어딘지 따로 노는 느낌이 있었다. 그리고 몇 팀의 장기자랑도 마찬가지였다. 개별적으로는 훌륭한 무대였지만, 함께 어우러져 소통하고 통합하는 공연은 이루어지지 않았다. 대부분의 학교 축제에서 안고 있는 문제이기도 할 것이다.

그래서 그동안 머릿속으로만 생각해왔던 연합 공연을 해보기로 했다. 먼저 전체를 아우르는 대본 작업이 있었고, 동아리마다의 정체성을 해치지 않으면서도 큰 주제의 틀에서 벗어나지 않는, 한 편의 드라마를 완성한 것이다. 기본 모티브인 '엄마와 딸의 갈등과 화해'를 중심으로 엄마의 과거를 되살려 당시 유행하던 복고풍 댄스와 코스프레를 곁들였다. 총 100분의 러닝 타임과 올 라이브 밴드와 기타 연주로 음향을 채웠다. 중학교에서는 시도하기 어려운 무대였다.

시민회관 대공연장 무대를 가득 메운 천여 명의 학생과 학부모들은 눈물과 뜨거운 박수로 아이들의 공연에 화답해주었다. 무대 뒤에서 나도 눈물을 흘렸다. 큰 무대에서 떨지 않고 공연을 펼쳐준 아이들이 너무 대견했고, 연습 기간 동안 겪은 어려움이 단박에 씻겨 내려갔다. 120명에 가까운 출연진을 조율하는 일이 쉽지만은 않았다. 아이들이다 보니 숱한 오해와 갈등이 생겨서 교사들의 어려움도 만만치 않았다. 하지만 모든 고통의 결과는 달콤했다. 아마 공연이 성황리에 끝나지 않았더라도 준비 과정에서 분명 아이들과 교사들은 많은 것을 느끼고 성찰했을 것이다. 우리는 모두 무대에서 기쁨의 눈물을 흘렸다.

다만, 공연이 끝나고 무대를 정리하는 일이 그렇게 힘든 줄 몰랐다. 전날 새벽부터 세팅한 무대 바닥과 소품을 분해하고, 외부에서 들어온 음향과 조명을 정리하고 나니 공연 시간보다 많은 시간이 흘렀다. 그럼에도 아쉬움 때문인지 뒤풀이 자리는 길어졌다. 짧게는 몇 달, 길게는 몇 년 동안 이어진 학교의 어두운 분위기가 자신감으로 가득 차는 신기한 경험을 맛보기도 했다. 그리고 앞으로 무엇이라도 할 수 있을 것만 같았다. 급기야 몇몇 교사들은 그 자리에서 의기투합하기에 이르렀다.

"우리, 혁신학교를 추진해봅시다!"

다음 날 취기가 사라지기 전에 다시 한 번 전날의 결심을 다잡고, 우리는 그해 겨울 혁신학교준비위원회를 발족시켰다. 새로운 도약의 날을 맞이한 것이다.

상상할 수 있다면, 꿈꿀 수 있다면

2013년 3월, 1년간의 준비 끝에 우리 학교는 경기도 교육청 지정 혁신학교가 되었다. 그 시작의 힘은 2011년 개교 50주년 기념 공연에서 왔듯이, 혁신학교의 출발과 함께 이 기운을 끌고 나갈 무언가가 필요했다. 때마침 그해 3월 교육부에서 학교 예술 사업의 일환으로 오케스트라에 이어 학생 뮤지컬 운영 학교를 공모한다는 공문을 보내왔다. 부랴부랴 계획서를 작성해서 제출했고, 기대 반 걱정 반으로 발표를 기다렸다. 그리고 뮤지컬 운영 학교로 선정되었다는 통보를 받았다. 우리는 혁신학교 선정에 이어 또 한 번의 기쁨을 맛보았다. 앞으로 3년 동안 아이들과 안정적으로 뮤지컬을 할 수 있다는 것이 꿈만 같았다.

하지만 현실은 기쁨을 오래 만끽하도록 내버려두지 않았다. 당장 할 일이 산더미였다. 공연장도 섭외해야 했고, 연출할 선생님도 모셔야 했고, 출연진 모집과 연습, 무용실 정비, 무대 장식, 소품과 의상 준비까지, 혼자서는 도저히 할 수 없었다. 이럴 때는 같이 하는 것이 최고, 이제까지 늘 그렇게 해오지 않았던가. 멋진 우리 학교 선생님들은 나 혼자 무거운 짐을 지도록 보고만 있지 않았다. 어쩌면 교사들이 함께하는 데 내가 숟가락 하나 얹었다는 표현이 맞을지도 모른다.

다행히 50주년 기념 뮤지컬을 연출해주신 외부 선생님이 흔쾌히 수락해주셔서 일이 순조롭게 풀렸다. 다만, 시민회관이 공사 중인 관계로 시청에 있는 공연장을 대관하느라 어려움을 겪었는데, 우여곡절 끝에 시 관계자들이 아이들을 위해 시청 공간을 내주셨다. 2년 전 공연이 엄마와 딸의 이야기였다면, 이번에는 아빠와 딸의 이야기를 중심으로 대본을 구성했다. 이번에도 역시 모든 반주는 기타 동아리와 밴드 동

아리가 라이브로 채웠으며, 2년 전 공연에 비해 더 뮤지컬다운 요소를 가미하기 위해 노래와 춤, 퍼포먼스를 강화했다.

무엇보다 우리 학교 뮤지컬의 장점은 많은 학생이 무대에 오른다는 것이다. 일반적으로 학생 뮤지컬을 하는 학교들은 뮤지컬 동아리를 결성해서 10명에서 20명 정도 출연하는 것이 보통인데, 우리는 그 분야에 재능과 끼가 있는 아이들만이 아니라 더 많은 아이들에게 자존감 향상과 성장의 장이 되기를 원했다. 그래서 여러 동아리가 연합해서 희망하는 학생이면 누구나 무대에 설 수 있도록 했다. 또 무대에 직접 서는 것은 쑥스럽지만 뮤지컬에는 참여하고 싶어 하는 아이들에게는 스태프나 영상 제작에 참여할 수 있도록 배려했다. 그러다 보니 출연 인원이 120명에 달했고, 간접 참여 인원까지 합하면 200명 가까운 아이들이 참여하게 되었다. 전교생의 3분의 1에 해당한다.

6개월의 준비와 연습 기간을 거쳐 드디어 본 무대가 펼쳐졌다. 나는 2회 공연이 끝날 때까지 4시간을 가만히 앉아서 볼 수가 없었다. 혹시 아이들이 실수라도 하면 어떡하나 걱정하는 마음도 있었지만, 그동안 어떻게 준비했고 연습했는지를 알기에 동작 하나, 노래 한 곡이 다 소중해서 함께 출연하는 마음으로 내내 서서 보았다. 공연이 끝났을 때의 감동은 이루 말할 수 없었고, 아이들이 정말 대견스러웠다. 언제나 이런 무대를 상상해왔던 내 꿈을, 마치 아이들이 대신 이뤄준 것만 같았다.

모든 아이가 예쁘고 사랑스러웠지만, 주연과 조연을 맡은 친구들이 화려한 조명과 예쁜 의상으로 빛을 발할 때, 검은 옷을 입고 소품을 나르거나 장면 전환을 위한 글자를 들어준 스태프 친구들이 특히 고마웠다. 평소 학교생활에서도 묵묵히 맡은 일을 잘 해내던 아이들은, 연습 기간 내내 불평 한 마디 없이 자신의 몫을 소화해주었다. 어떤 일에든 각자의 몫이 있고, 그 몫을 열심히 해낼 때 충분히 행복하다는 것을 느꼈을 것이라고 믿는다. 그러면서 한 뼘 더 성장했으리라. 이 세상에 더 중요하고 덜 중요한 일은, 그리고 사람은 없다.

2014년 뮤지컬 기획은 몇 번의 공연 경험으로 더 새로운 실험을 할 수 있었다. 〈소공녀〉를 각색해서 대본을 썼고, 음악은 모두 연출 선생님의 창작곡으로 스토리에 맞춰 구성했다. 이미 2013년 공연에 썼던 선생님의 뮤지컬 음악을 학교의 종소리로 사용하고 있어서, 아이들은 일상생활에서 이미 뮤지컬에 익숙해 있었다. 매우 어려운 춤이지만 지난해에 이어서 탭댄스도 시도했고, 퍼포먼스와 무대 장식도 화려하게 준비했다. 늘 무에서 유를 창조하는 미술 선생님의 무대 장식은 놀라움을 넘어 감동스럽기까지 했다.

인원 구성에도 변화도 있었다. 이전까지 동아리별 참여가 주된 방법이었다면, 예술 동아리 구성원이 아니더라도 참여를 원하는 학생에게는 문을 열어놓았다. 선생님들도 많이 출연해주었다. 교사, 학부모, 특수학급 친구들에게도 무대는 열려 있었다. 주연급은 오디션을 치러서 뽑았는데, 지원자가 너무 많아서 5시간이나 걸렸다. 연습은 주로 방과 후에 했는데, 시간이 모자라서 여름방학에도 캠프를 열어야 했다. 더

운 여름날 댄스 연습으로 땀을 뻘뻘 흘리면서도 자기가 좋아하는 일을 즐겁게 하는 아이들의 모습에서 천사의 미소를 볼 수 있었다.

 2014년에 공연한 뮤지컬의 작은 일화를 소개하자면, 덴마크에서 온 교생들이 출연했다는 점이다. 경기도 교육청이 덴마크 사범대학과 교류 사업을 진행하고 있었는데, 우리 학교가 실습 학교로 선정된 것이다. 마침 실습 일정과 뮤지컬 공연 일정이 맞아서 덴마크 교생들이 출연할 수 있는 짧은 분량의 신을 준비해놓았다. 덴마크 교생들은 흔쾌히 출연을 허락해주었고, 우리는 서로에게 잊지 못할 좋은 추억을 만들었다. 3일 동안의 축제와 뮤지컬에 참여한 덴마크 교생들은 고국으로 돌아가면서 무척 아쉬워했다. 2주 동안의 짧은 경험이었지만, 그들이 우리나라 교육에 대해 좋은 인상을 가지고 돌아간 것 같아서 기뻤다. 한편으로 우리나라 학생들처럼 열심히 공부하면서도 여유로움 속에서 풍부한 경험을 쌓아가는 그들이 부럽기도 했고, 상대적으로 우리나라 학생들이 안쓰럽기도 했다.

또 한 편의 감동 드라마는 특수학급 친구들이 연출해주었다. 무대에 오른 출연진 중에 두 명의 특수학급 아이가 있었는데, 사실 처음에는 다른 친구들과 잘 어울릴 수 있을까, 안무를 끝까지 소화할 수 있을까, 상처를 받지나 않을까 걱정이 앞섰다. 그런데 두 친구 다 춤추는 것을 너무 즐거워했고, 끝까지 연습을 마치고 무대에 설 수 있었다. 작은 실수가 있었지만, 그 아이들이 무대에 선 것만으로 관객들은 충분히 감동을 받았고, 아낌없는 박수를 보내주었다. 무의식적으로 특수학급 친구들에게 편견을 가지고 있던 나도, 반성을 많이 했다. 그들의 다름을 우월적인 지위에서 내려다보는 것이 아니라, 같은 눈높이에서 다양함으로 인정하는 문화적 태도가 필요하다는 것을 절실히 깨달았다. 무대에 함께 섰던 친구들은 내가 부끄러울 정도로 그걸 이미 알고 실천하고 있었다는 사실도.

노래를
불러야지

2년 동안 힘도 들고 부침도 많았지만, 행복하게 뮤지컬을 준비하고 성황리에 공연을 마쳤다. 즐겁게 열심히 한 만큼 보상도 있었다. '평범한 여중생들의 뮤지컬 도전기'라는 제목으로 지역 언론이 보도했고, 경기도 교육청에서 지정하는 우수 운영 학교에 선정되어 갈라쇼도 했다. 지역 학교와 학부모님들의 관심도 높아졌고, 아이들의 자부심도 커졌다.

그러던 중 교육부 지정 학생 뮤지컬 운영 학교 3년차인 2015년 초, 청천벽력 같은 소식을 듣게 되었다. 2013년도에 3천만 원, 2014년도에 2천만 원이던 지원금이 1천만 원으로 줄었다는 것이다. 1천만 원이 적은 금액은 아니지만, 사실 종합 예술인 뮤지컬 공연을 만들기에는 턱없이 부족한 액수였다. 대관료만 백만 원이 넘고, 음향과 조명 장비를 대여하는 데 6백만 원이 들기 때문에 무대, 의상, 소품, 아이들 간식비

등이 문제였고, 강사 비용은 생각도 못할 지경에 이른 것이다.

막막하고 기운이 빠졌다. 그냥 학교에서 소규모 공연을 해야 하나, 머릿속이 복잡했다. 그러던 어느 날, 한 줄기 햇살처럼 희망을 보았다.

"선생님! 올해는 뮤지컬 안 해요? 돈이 적게 나왔다면서요?"

기타 동아리 아이들 몇이 찾아와서 물었다.

"그래, 예산이 많이 줄었어. 지금 어떻게 할까 고민이야."

"선생님, 뮤지컬은 꼭 해야 돼요. 저희가 3학년이 되면 주도적으로 해보고 싶었단 말이에요. 저희가 만들게요. 간식 안 사주셔도 돼요."

지금 생각해도 눈물이 난다. 아마 우리 아이들이 없었다면, 나는 3년차 공연을 접었을지도 모르겠다. 어쩌면 나는 돈만 생각했는지도 모른다. 겉으로 보이는 화려한 무대에만 집착했는지도 모른다. 지난 몇 년 동안 뮤지컬을 통해 성장한 아이들의 면면을 제대로 파악하지 못한 것이다. 아이들은 뮤지컬에 참여하며 꿈을 키워왔다. 내년에는 내가 저 무대에 서겠다고, 내가 뮤지컬을 만들어보겠다고.

아이들의 힘으로 다시 설 수 있었다. 예산 문제로 외부 연출가 선생

님은 모실 수 없었지만, 우리에겐 부쩍 성장한 아이들이 있었다. 희망한 아이들과 몇몇 교사가 모여서 연출부를 구성했다. 우리는 모든 것을 우리 손으로 해야 했다. 시나리오 작업만 두 달 넘게 걸렸고, 최종 대본이 나오기까지 스무 번이나 수정을 했다. 선곡도 아이들이 직접 했다. 그동안 연출을 해주신 선생님의 자문을 받아서 여름이 끝나기 전에 우리의 이야기를 만들어낼 수 있었다.

　스토리는 바로 우리의 이야기였다. 〈더 뮤지컬〉이라는 제목에 '노래를 불러야지'라는 부제를 붙인 극의 시작은 '천만 원'으로 시작한다. 뮤지컬 예산이 천만 원으로 줄어 고민하는 교사들, 꿈을 찾아 도전하는 아이들, 꿈은 있지만 실력이 모자라 좌절하거나, 꿈이 없어 방황하는 아이들을 통해 진솔하게 우리의 이야기를 끄집어냈다. 우리의 이야기라서 아이들은 더 몰입해서 연기했고, 노래했고, 춤을 추었다. 화려한 퍼포먼스와 창작곡은 없었지만, 공연을 관람한 사람들은 진심어린 박수를 보내주었다. 공연을 마치고 무대를 정리하다 마주친 한 학부모님은 3년 동안 뮤지컬을 다 보았는데, 이 공연이 가장 감동스러웠다고 말씀해주셨다. 나는 정말 아이들이 대견스러웠다.

물론 연습을 하면서 간식을 안 먹겠다던 아이들은 약속을 지키지 못했다. 하지만 배고파하는 아이들에게 인원이 많아서 주먹밥으로 허기를 달래줄 수밖에 없는 환경이, 오히려 미안했다. 정말 아이들은 스승이다. 아이들 덕분에 노래할 수 있었고, 다시 꿈꿀 수 있었다. 그 어떤 것보다 우리가 얻은 소중한 것은 '할 수 있다'는 자신감이었다. 이 자신감이 곧 내일의 희망이다.

● 큰 무대에서 공연을 할 때는

1. 무대의 구성과 공연 용어를 익힌다.

공연 전문가가 아니다 보니 처음에는 공연 용어들이 너무 낯설었다. 공연 무대는 상수(上手)와 하수(下手)로 구분하는데, 상수는 관객석에서 무대를 볼 때 오른쪽, 하수는 왼쪽이다. 반면 영어로는 무대를 중심으로 관객을 바라보기 때문에 상수가 Stage Left가 되고, 하수가 Stage Right가 된다. 그리고 가운데는 센터. 아이들에게도 이러한 용어를 알려주면 소통하는 데 도움이 된다.

2. 연습은 실제 무대 크기와 같은 곳에서 한다.

연습 초반에는 교실이나 무용실에서 연습을 진행하더라도 공연에 임박해서 하는 전체 연습은 실제 무대 크기와 같은 곳에서 해야 실수를 막을 수 있다. 따라서 미리 공연장을 답사한 후 체육관이나 강당에서 같은 사이즈로 테이핑을 하여 연습하는 것이 좋다.

3. 조명과 무대

일반적인 마루로 되어 있는 공연장은 검은 천으로 바닥을 처리하는 것이 필요하다. 상당히 귀찮고 힘든 작업이지만, 그렇게 해야 조명이 반사되는 것을 막을 수 있다. 또 무대 소품과 아이들의 의상은 되도록 형광색 톤의 밝은 색으로 하는 것이 좋다. 유치하게 보일 수도 있지만, 사진을 찍으면 왜 그렇게 입어야 하는지 바로 알 수 있다.

4. 무선 마이크 교체

대여하는 장비 중에 가장 큰 몫을 차지하는 것이 무선(와이어리스) 마이크다. 비용이 많이 들기 때문에 대본과 동선을 짤 때 마이크 교체를 고려하는 것이 좋다. 그렇지 않으면 마지막에 대본을 수정해야 하는 일이 생길 수 있다.

포기할 수 없는 존재의 가벼움

사람들이 나를 보면 이런 생각을 하는 것 같다. 교사가 수업만 잘하면 되지, 왜 사서 고생을 하는지 모르겠다고. 하기야 지난 10년 동안 우리 학교 축제는 업무 분장과 상관이 없었다. 내가 정보부장이면 정보부에서 했고, 연구부장이면 연구부에서 맡았다. 물론 반복되는 이야기지만, 교사들이 기획단을 구성해서 함께했기에 가능한 일이었다. 업무로 생각하지 않았기에 할 수 있었다는 뜻이다.

내 고민의 지점은 바로 여기에 있다. 내가 언제까지 축제와 뮤지컬을 할 수 있을까? 또 그것은 바람직한가? 내가 특이하다는 것도 알고, 언제든지 사라질 수 있는 것을 붙들고 있는 것은 아닐까, 두렵기도 하다. 그래서 학교의 문화로, 아이들의 성장으로 접근하는 것이 중요하다고 생각했다. 아이들이 뮤지컬을 하고 싶다고 찾아왔을 때도, 동료 교사들이 아이들을 위한 일이니까 예산이 부족해도 해보자고 말했을 때도, 고맙고 행복했다.

동아리, 축제, 뮤지컬이 수업과 관련 없다고 생각하지 않는다. 모든 것은 교육과정에서 이루어지고 또 그래야만 한다. 교사의 피곤함을 더

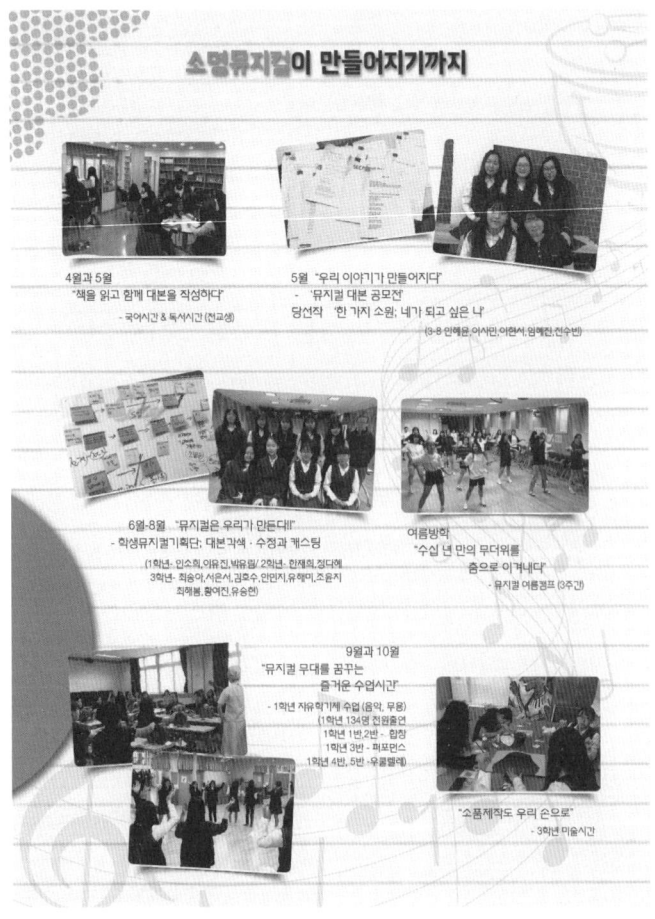

는 것도 중요하다. 교과 수업, 창의적 체험활동, 자유 학기제와 연계를 도모하는 일은 지속적으로 이루어져야 한다. 2016학년도에는 국어 시간과 연계해서 뮤지컬 대본을 작성했고, 자유 학기제 음악 시간과 무용 시간을 이용해서 노래와 춤 연습을 했으며, 미술 교과에서 무대와 소품을 만들었다. 물론 창의적 체험활동과 동아리 활동은 변함없이 뮤지컬의 핵심 동력이었다. 이러한 시도들은 새로운 방향이 될 것이다. 제대로 된 방향성을 가질 때 모든 것은 진보하고, '아이들이 즐거우면 교육과정이 바뀐다.'

문화·예술 교육에 대한 중요성도 이야기하고 싶다. 문화·예술적 감수성은 독서를 통한 인문학적 소양을 포함해서 인간이 향유할 수 있는 가장 높은 차원의 전유물이다. 반드시 교육을 통해서만 가능한 것은 아니지만, 교육이 일정 정도 역할을 할 수 있다면 최대한 노력해야 한다. 이로 인해 아이들의 자존감이 높아지고, 한 단계 성장할 가능성이 높아지기 때문이다. 자존감을 얻는 것은 자유로움을 얻는 것과 같다.

고도로 분업화하고 영리해진 자본주의 사회에서 앞으로 우리 아이들이 자본가가 되거나 최상층의 경제적 지위를 가지고 살기란 현실적으로 불가능하다. 따라서 사회적, 구조적 불평등을 해소하려는 노력과 별개로, 대부분 노동자로 살아갈 우리 아이들에게 인문학적 소양과 문화·예술적 감수성을 통해 스스로 세상을 살아갈 수 있는 힘을 기르도록 해주는 일이 절실히 요구된다. 교육의 계층 재생산 역할에 균열을 낼 필요가 있는 것이다.

매우 무거운 주제이지만, 방법적으로는 가볍게 접근하고 싶다. 모든 사람이 봄의 아름다움을 찬양할 때 '봄이 그렇게 좋냐?'며 재기발랄하게 외치는 어느 가수의 음악처럼, 무겁고 진지한 이야기를 즐겁고 유쾌하게 풀어내는 법을 잊지 않고 싶다. 나뭇잎만 굴러가도 웃을 수 있는 아이들의 삶의 태도를 배우고 싶다. 점잖은 척, 무거운 척, 다 아는 척하는 어른들보다 솔직한 아이들의 비어 있음이 더 좋다. 그리고 세상에 훨씬 유익하다. 누군가 너무 유치하지 않느냐고, 너무 가볍지 않느냐고 묻는다면, 자신 있게 대답할 수 있다. 그것이 내가 살아가는 방식이라고. 내가 포기할 수 없는 존재의 가벼움이라고.

● 소명여중 창의적 교육과정 3대 핵심 과제

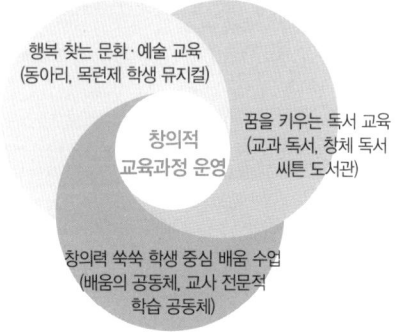

아이들과 함께 축제 만들기

● 축제기획단

1. 기획단 구성하기

방법 1 : 기존의 학생회 조직이 기획단으로 활동한다.
장점 : 일의 추진이 쉽고 단합이 잘 된다.
단점 : 자칫하면 그들만의 행사가 될 수 있다.
방법 2 : 교사가 홍보를 하고 기획단을 선발한다.
장점 : 적절한 학년별 인원 구성이 가능하다.
단점 : 교사가 원하는 방향대로 진행될 가능성이 크다.
방법 3 : 학생회장단이나 학생회 담당자가 홍보, 면접, 선발한다.
장점 : 과정에서 아이들의 참여가 풍부해지고 관심을 유도한다.
단점 : 친한 친구 위주로 선발하는 부작용이 있을 수 있다.
방법 4 : 각 반에서 선출한 대표 학생으로 구성한다.
장점 : 모든 구성원이 참여할 수 있다.
단점 : 집중과 단합이 안 되고 일의 추진이 느려질 수 있다.

2. 기획단 첫 모임

① 자기소개 및 기획단에 지원하게 된 이유 이야기하기
② 축제에 관한 브레인스토밍(모둠 구성)
– 축제에 대한 각자의 생각을 자유롭게 펼친다.
– 그림으로 표현하거나 마인드맵을 이용한다.

3. 기획단 두 번째 모임

① 지난 축제 돌아보기
- 선배들이 기획한 축제 살펴보기(유인물, 사진, 영상 등)
- 이전 평가회 자료와 설문지 참고하기
② 파트 정하기
- 기획 : 전체 일정 조율, 예산 운용, 기획단 의상, 회의 준비 및 간식 구입
- 전시 : 장소 선정, 전시물 확보, 전시장 꾸미기
- 공연 : 공연 구성, 음향·조명 장비 대여, 외부 공연팀 섭외, 무대 장식, 장기자랑 예심 및 선발, 상품 준비, 사회자 선정 및 멘트 작성
- 홍보 : 팸플릿 및 플래카드 제작, 각종 홍보물 작성, 축하 인사 제작
- 참여 : 학급방, 동아리방, 외부 부스 홍보 및 선정, 장소 확보, 예산 분배, 기획단 참여방 꾸미기
- 야간 : 야간 프로그램 구성, 참여 인원 추첨, 사회자 선정 및 멘트 작성
- 체육대회 : 종목 선정, 준비물 구입, 도우미 학생 선발, 상품 및 기념품 구입
  * 기획단 인원에 비해서 파트가 많을 경우 1인 2파트 역할 담당
③ 파트별 예산 확인 및 운용 계획 작성

4. 기획단 세 번째 모임

① 주제 선정
- 축제에 알맞은 주제 선정하기
- 충분한 시간을 갖고 의견을 조율하는 것이 중요
② 기획단 명칭 정하기
- 주제에 알맞은 기획단 명칭 정하기(2016년에는 여름 축제에 맞게 주제는 '오아시스', 기획단은 '야자수'로 정함)
- 주제를 정하면 의도를 전 학생들이 알 수 있도록 여러 방법으로 홍보

5. 기획단 네 번째 모임(일정표 정하기)

- 기획단 역할이 겹치지 않고 행사를 수행할 수 있도록 일정표 작성
- 공연의 경우 장비 세팅 시간 고려해서 편성
- 야간 프로그램을 진행할 경우 준비 및 귀가 시간 고려
- 먹거리 장터 운영 시 학교 급식 여부 확인

6. 기획단 다섯 번째 모임(파트별 회의 진행)

- 파트별 계획 수립 및 진행 사항 점검
- 교사들이 기존에 정해진 파트로 아이들과 함께 참여
- 남은 기간과 역할을 타임 테이블로 작성하기
- 프로그램 세부 계획서 작성하기
- 공연 큐시트 작성, 안전 계획 수립, 참여합시다 배치도 작성

● 일정표 예시(2014년 10회 목련제)

날짜	시간	장소	내용	담당
	축제 붐 조성(1주일) : 각종 홍보			홍보
11월 4일(화)	전시 개막(중앙 현관 및 1층 복도) : 11월 4일~14일			전시
11월 5일(수)	06:30~09:00	강당	공연 음향 및 조명 세팅	공연
	09:10~11:45	강당	뮤지컬 최종 연습	뮤지컬기획단
	09:10~11:45	각 교실	학급별 뮤직 비디오 만들기	기획·홍보
	11:45~12:40	식당	점심식사	
	13:00~15:30	강당	공연 및 장기자랑	공연
	18:00~20:00	강당	야간 프로그램	기획단
11월 6일(목)	09:10~14:00	교내	참여합시다	기획단
	11:30~13:00	운동장	먹거리 장터	학부모회
	15:00~	시민회관	뮤지컬 리허설	뮤지컬기획단
11월 7일(금)	09:10~11:45	각 교실	뮤직 비디오 관람 및 미션	기획
	11:45~12:40	식당	점심식사	
	12:40~13:30	각 교실	짝 게임	기획·전시
	09:00~13:00	시민회관	뮤지컬 최종 리허설	뮤지컬기획단
	15:00~17:00	시민회관	뮤지컬 공연	뮤지컬기획단 축제기획단

● 타임 테이블 예시(축제 D-28일)

날짜	10월 7일~12일	10월 13일~19일	10월 20일~26일	10월 27일~11월 1일	11월 2일~4일
학교 일정 뮤지컬 일정	체험학습 개교기념일	공개 수업 뮤지컬 전체 연습	학생회장 선거 뮤지컬 전체 연습	뮤지컬 전체 연습	뮤지컬 전체 연습 뮤지컬 공연
회의 모임	4차 전체 회의 (10월 7일)	5차 전체 회의 (10월 15일)	6차 전체 회의 (10월 22일)	파트별 모임 전체 회의 (10월 29일)	파트별 모임 전체 회의 (필요시)
기획	- 계획서 작성 - 뮤직 비디오 만들기 구상 - 의상 확정	- 계획서 결재 - 교사, 학급 배부 - 뮤직 비디오 만들기, 발표 - 시나리오 작성 - 의상 주문	- 뮤직 비디오 만들기 홍보 - 짝 게임 시나리오 작성	- 전체 상황 체크	- 전체 상황 체크 - 마지막 점검 - 행사 리허설
공연	- 외부 찬조 확정 - 장기자랑 예심 일정 확정	- 장기자랑 예심 공고, 홍보(날짜, 장소, 심사위원 섭외) - 외부 찬조 섭외	- 외부 섭외 수시 확인 (필요시 공문 발송) - 큐시트 작성 - 강당 시설 확인	- 세부 큐시트, 사회 멘트 작성 - 진행 대본 작성 - 외부 섭외, 음향 수시 확인 - 장기자랑 예심 (10월 28일)	- 외부팀 확인 (서류 받기) - 큐시트 수정 - MR 확인 - 마지막 점검
전시	- 전시 장소 확정 및 구상 - 전시 작품 가능한 동아리 파악 - 참여방 시나리오 작성	- 전시 작품 모으기	- 전시 작품 모으기 - 전시 재료 구입 - 짝 게임 시나리오 작성	- 전시 작품 공간 구성	- 전시장 꾸미기 - 전시 개막 (4일)

홍보	- 팸플릿, 현수막, 홍보물 구상 - 홍보 영상 구상 - 개회식 구상	- 홍보 재료 구입 - 홍보물 제작	- 동영상 제작 - 팸플릿, 현수막, 안내장 제작 의뢰	- 동영상 편집 - 축제 전반 홍보 - 각종 홍보물 제작 및 부착	- 팸플릿 배부, 현수막 걸기 - 마지막 점검
야간	- 프로그램 확정 - 대상 인원 확정	- 프로그램 시나리오 작성 - 홍보 및 섭외	- 티켓 추첨	- 큐시트·사회 멘트 작성 - 재료 구입	- 섭외 확인 - 마지막 점검
참여	- 부스 개수 및 장소 확정 (참여방, 학급방, 학부모, 외부 등)	- 부스 신청서 배부 - 장소 협조	- 부스 신청서 수거 - 예산 배부 - 재료 구입	- 참여방 꾸미기 - 각 부스 진행 사항 점검	- 참여방 꾸미기 - 마지막 점검

● 공연 큐시트

순서	시간	소요 시간	내용	참가자	MIC	음원	화면	비고
1	13:00	10분	질서 정리 및 자리 정돈	기획단	핸드1	OFF	PPT	
2	13:10	3분	시작 멘트	사회자	핸드2	OFF	OFF	
3	13:13	2분	외부 초청 공연 소개	사회자	핸드2	OFF	PPT	
4	13:15	10분	공연(댄스)	OOO	OFF	AR	OFF	CD
5	13:25	1분	장기자랑 1번 소개	사회자	핸드2	OFF	PPT	
6	13:26	7분	공연 (노래, 피아노 독주)	OOO	핸드1 피아노1	OFF	OFF	기타 픽업1 보면대1

● 축제 안전 계획

① 축제 기간 중 안전 유의 사항(공통)
- 안전 및 유의 사항 지도(11월 3일 : 방송 및 담임교사 지도)
- 늦은 귀가 시 부모님께 연락하기, 혼자 귀가하지 않기
- 행사 시 뛰어다니거나 위험한 행동 하지 않기
- 위험한 시설물 건드리지 않기
- 난간 등 추락 위험 시설 조심하기(특히 대강당 2층)
- 외부 장소로 이동할 때 교통질서 지키기, 안전에 유의하기

② 안전 및 질서 지도 역할 분담

프로그램	일시	장소	담당	비고
총괄	축제 기간		이OO	최OO, 황OO
뮤지컬	11월 4일(수) 15:00~17:00	복사골 아트홀	각반 담임교사	축제기획단 안내
참여합시다	11월 5일(목) 09:30~14:30	교내	참여 학급 및 동아리 담당 교사	이OO, 황OO
야간 프로그램	11월 5일(목) 18:00~20:30	강당	김OO, 김OO (이OO, 손OO, 이OO)	외부 순찰 황OO, 조OO 최OO, 박OO
학급 프로그램	11월 6일(금) 09:10~11:45	각 교실	각반 담임교사	학생기획단
공연	11월 6일(금) 13:00~15:30	강당	각반 담임교사	학생기획단

● '참여합시다' 배치도

				화장실	가사실		소명원				
	화장실	화장실		무용실	야생화 화단		소명여자 고등학교	강당 (식당)			
소명여자중학교	2-4	2-8		컴퓨터실	위클래스 세그레또	3층					
					소회의실 / 남교사휴게실	2층					
	2-3 T.A.P	2-7 식신로드		성당	인쇄실 / 성적처리실	1층					
	2-2 축제기획단	2-6 T.C.M.			학생회실	창의3 / 2-3학습방	창의2	교과독서실	1-6 부원판매계단	1-5 부천운동계단	1-4	화장실
					여교사휴게실	성적처리실	2학년 교무실	1학년 교무실	1-3 벨리나	1-2 쿠&비	1-1	화장실
					행정실	교장실		현관	도서실			
	3학년 교무실	2-1 카페아띠	2-5 M.mania	기술실							
	학생과 교무실	영어준비실	방송실	현관							
화장실	3-1 응답하라 소녀들이여	영어준별수업교실	중강당	특수학급							
			SM 슈퍼스타	화장실							
	3-2 E.A.F.	영어전용교실		종교실							
	3-3	3-8 7번방의 운동	1교무실	보건실							
	3-4	3-7 학급방	2과학실	2교무실							
	3-5 학급방	다다섬들	비누릉기기 에코레인지	교과이동교실1							
				현관							
	음악실2	음악실1	1과학실 꿈모리	미술실							
	4층	3층	2층	1층							

동아리방
E.A.F. - 소명코믹월드(페이스페인팅, 캐리커처 등)
응답하라 소녀들이여 - 카페밀음식(피자브레드, 커피)
다다섬들 - 이상한 게임월드(이야기들을 섞어 만드는 게임&핵갈피)
7번방의 운동 - 분식철도777(떡볶이, 삼겹살, 주먹밥, 닭꼬치, 음료)
T.A.P. - 추억 남기기(즉석사진 찍어주기)
카페아띠 - 커플NO! 커피YES!(커피, 쿠키, 버블티 한정판매)
꿈모리 - 꿈모리 실험천
에코레인저 - 야생 츄러스(야생화 사진전 및 츄러스판매)
비누릉기기 - 천연의 향기, 알록달록 즐기기(비누, 립밤, 소이캔들 통)
M.mania - 작은 영화관(영화 감상 / 판할석 24석)
T.C.M. - 쿠킹마마(쿠키, 헬아체스키트롤, 브라우니, 컵케이크)
식신로드 - 티로집 보기(약 4명씩 입장가능)
세그레또 - 노력하기(매듭팔찌, 자석팔찌, 캠페인)
쿠&비 - 나무의 변신은 무죄(목재를 이용한 나무인형 액자, 목걸이, 퍼즐 등 판매)
벨리나 - 해피우드(팬시우드, 소망나무, 추첨권 행사)
학부모회 - SM 슈퍼스타(교사와 학생이 이루어지는 노래자랑)
축제기획단 - 호러 카페(이벤트와 함께 카페 운영, 기념사진촬영)
부천문화재단 - 다양성 예술체험(부영이, 가방 및 주머니, 아이패드 음악연주 등)

학급방
3학년 7반 - 쎄븐일레븐(와플, 치즈스틱, 피자토스트, 콜팝, 음료)
3학년 5반 - 5번째 식당(감자튀김, 떡꼬치, 또띠아, 콘치즈, 음료)
2학년 3반 - 캘리그라피(종이, 스틱 책갈피 판매, 업사제작)

에필로그

아직 말하지 못한 이야기

··· 다 함께 한 걸음씩

설레는 마음으로 첫 담임을 맡았을 때 놀랐던 건 중·고등학교를 졸업한 지 10년이 넘었음에도 학교 시스템이 별로 변한 것이 없다는 점이었다. 그 가운데 정말 똑같았던 것은 H.R.이라 불리는 학급회의 시간이었다. 반장이 교탁에 서서 회의를 진행하고, 부반장은 칠판에 기록하고, 서기는 제출용 회의록을 작성하는 모습. 자기 부서 순서가 되면 총무부, 학습부, 홍보부 부장이 차례로 발표를 하고, 마지막은 절대 피드백이 이루어지지 않을 건의 사항으로 마무리되었다. 담임인 나는 맨 뒷자리에 앉아서 아이들이 회의하는 모습을 지켜본 다음, 의미 없는 평가를 해주고 특별한 일이 없으면 회의는 20분 만에 끝나서 남은 시간은 자습이나 수다로 마무리했다. 지금 생각해보면 너무 창피한 일이라 얼굴이 붉어지지만, 그때는 그게 어색하지도 않았다. 더 부끄러운 것은 그 뒤로 10년 동안, 내가 마지막으로 담임을 한 시점까지 그 모습이 변하지 않았다는 것이다.

혁신학교가 된 뒤로 학급회의와 전체 학생회의 회의 절차를 민주적으로 갖추고, 건의 사항에 대한 피드백이나 대의원 선출을 시도하고는 있지만, 여전히 우리 학교의 학생회 문화는 발전하지 못하고 있다. 그 이유가 무엇일까? 앞에서도 강조한 것처럼 나는 '교사의 자치 경험 부족'이 가장 큰 원인이라고 생각한다. 교사들의 협의 문화조차 낯선 상황에서 아이들에게 협의 문화를 끌어내기에는 역부족일 때가 많다. 협의 문화의 민주성은 결국 일상의 민주성에서 오므로 학교 전체가 민주적 공동체를 이루지 않으면, 교사나 아이들에게서도 협의 문화를 바라기 힘들다. 민주적 협의 문화를 정착시키기 위해서는 많은 사람이 오랜 시간에 걸쳐서 노력해야 한다. 일상적 수업이나 학급 활동, 학생회 활동 등에서 꾸준히 공을 들여야만 한다. 그러려면 또 상대방에 대한 배려를 바탕으로 조화가 이루어져야 한다. 머지않은 시일에 민주적인 학생회 문화를 정착시키는 것이 나의 목표이기도 하다.

도입부에서 언급했던 인권 존중을 바탕으로 하는 학교생활규정도 아직은 진행형이다. 너무 오랫동안 진행형이라 답답한 마음이 없지 않지만, 학교 구성원들의 이해관계가 첨예하게 대립하는 문제라서 엉킨 실타래를 풀기가 쉽지 않다. 그렇다고 가위로 잘라버리듯 했다가는 감정싸움이 될 가능성이 커서 조심스럽다. 이 문제야말로 지역이나 세대에 관계없이 생각하는 지점이 많이 다르다. 젊은 대학생들조차 아이들은 맞아야 한다거나, 체벌이 없으면 어떻게 아이들을 지도할 수 있느냐는 질문을 할 때, 난처하다 못해 좌절하기까지 한다. 하지만 그 친구들을 탓하기에 앞서 그런 생각을 가질 수밖에 없는 교육 환경을 고민하게 된다. 체벌에 대한 생각조차 그러한데, 용의복장에 대한 규정은 현장에서 더욱 첨예한 대립을 야기한다.

2년 전 학생, 학부모, 교사 대표로 이루어진 학교생활규정 회의에 참여해서 열띤 토론을 벌인 적이 있다. 그날도 역시 의견을 조율하는 일이 쉽지 않았다. 나와 같이 아이들의 용의복장 규정을 과감하게 자율화할 것을 주장하는 학생과 학부모도 있었지만, 더 많은 이들이 자율화를 시행한 이후의 모습을 상상하기도 싫어하는 것 같았다. 일부 아이들도 어른 못지않게 친구들의 자유로운 모습을 허용하지 않았다. 안타깝게 생각하는 두 가지 중 하나는, 논의의 중심이 된 용의복장 규정이 염색이나 파마도 아닌 손톱과 액세서리에 관한 조항이었다는 점이었고, 더 마음이 아팠던 것은 자율화를 반대하는 학생들의 주장이 우리가 그렇게 생활했는데 후배들에게 더 큰 자율을 주는 것은 억울하기 때문이라는 논리로 뒷받침되었다는 것이다.

그나마 4시간 가까이 진행한 회의에서 내린 작은 합의는 그 이후의 절차에서 여지없이 무너졌다. 너무 화가 나서 잠을 잘 수 없을 지경이었지만, 현실은 차가웠다. 내가 할 수 있는 일은 더 이상 없었다. 정신을 차리고 든 생각은 아직 많이 부족하다는 것이었다. 명분도 부족하고, 설득도 부족하고, 세력도 부족하다는 것. 얼마만큼의 시간이 지나야 이상과 현실의 합일이 이루어질까?

그러나 지쳐서 포기하지는 않으려고 한다. 어차피 오랜 시간이 걸린다는 것을 알고 있으니까. 용의복장의 자율성이 뭐 그리 중요하냐고 묻고 싶은 사람도 있을 것이다. 나는 그것이 상징과도 같다고 생각한다. 우리 사회가 가지고 있는 인간의 자율 의지에 대한 믿음의 척도가 되는 상징. 학생인권조례의 제정으로 이제는 손에 잡힐 듯 가까이 와 있지만, 아직도 현실적인 거리는 멀다. 그래도 많은 학교에서 그 거리를 좁히기 위해 뚜벅뚜벅 걸어가고 있음을 알기에 희망을 가져본다. 다시 용기를 내본다.

생활지도를 생활교육으로 변화시키는 흐름을 타고 몇 해 전부터 회복적 생활교육의 세찬 바람이 불고 있다. 응보적 정의의 관점을 회복적 정의의 관점으로 바라보고자 하는 시선이 마음에 와 닿았다. 실현 가능하다면 학교 현장에 도입하기에 충분히 훌륭한 철학이라고 생각했다. 도입에 앞서 교사 연수를 실시한 학교가 인근에 있어 몇몇 선생님들과 함께 참여하기도 했다. 쉽지는 않았지만 연수 내용도 좋았고, 실습을 할 수 있어서 더 좋았다. 하지만 막상 학교로 돌아와서 적용하려니 어려움이 있었다. 교사 의지의 문제일까? 학교 시스템의 문제일까? 아직 적용하기에는 이른 것일까? 이런저런 고민만 하다가 반년이 훌쩍 지났다.

다음 해에는 전 교사를 상대로 연수를 실시했다. 기본 개념을 이해하기 위한 강의와 하루 동안의 실습을 배치했다. 작년에 연수에 참여한 교사들에게는 반복되는 내용이었지만, 오히려 복습이 되었다. 또 일부 교사는 교육청에서 진행한 연수에 참여하기도 했다. 하지만 역시 그해에도 현장 적용은 시도하지 못했다. 교사들의 반응은 나쁘지 않았지만, 큰 사건이 없는 학교 환경 때문인지, 실제로 적용하는 데 적극적이지 않았다. 서클을 실시할 수 있는 시간적·심적 여유가 없는 것도 하나의 이유였을 것이다.

다시 시간이 흘러 2016년이 되었다. 몇 년간 교사 연수만 진행하면서 이도 아니고 저도 아닌 것 같아서 답답한 마음이었는데, 학년 초에 생활인권부를 중심으로 다시 한 번 시도해보자는 움직임이 있었다. 여름방학 중에 자율 연수로 진행한다는 것을 밝혔음에도 다행히 10명이 넘는 교사가 신청했다. 새롭게 발간한 학급 담임용 매뉴얼 도서도 구입했다. 이미 여러 학교에서 성공적으로 도입하고 있는, 분명히 좋은 철학을 바탕으로 한 프로그램이지만, 우리 학교에서는 제대로 만나고 있지 못한 회복적 생활교육이 올해는 성공적으로 도입되었으면 하는 바람이다. 물론 아무리 좋은 프로그램이라 하더라도 모든 학교에 똑같이 적용하기는 어려운 법이다. 학교마다 그 환경에 맞는 다양한 모습이 있지 않은가. 교사들의 자발적인 필요에 따른 시행이 성공적인 도입의 조건이라면, 올해에는 더 잘되지 않을까 기대해본다.

말하지 못한 이야기까지 정리하고 보니, 잘 못하는 것도 많으면서 잘난 척한 것만 같아서 부끄러운 마음이 든다. 사실 학교의 사례라는 것은 그것을 접하는 교사들에게는 피곤하게 다가올 수 있다. 처음에는 신선하게 다가와서 열심히 귀 기울이더라도 결국에는 우리와는 상황이 안 맞는다며 쳐다보지도 않게 된다. '저 학교는 사립이니까 할 수 있는 거야', '여학교니까 가능하지', '저 사람의 열정은 대단하지만 모두 그렇게 할 수는 없어'라며 말이다. 모두 맞는 말이다. 그래서 더 조심스럽다. 우리 학교에서도 마찬가지다. 늘 나의 열정이 다른 동료들을 괴롭히는 것은 아닐까, 스스로 끊임없이 경계한다.

그럼에도 이렇게 부족한 우리의 행적을 기록하는 것은, 지금도 자신의 위치에서 더 나은 교육을 위해 무엇이라도 해보려고 노력하는 교사들과 함께하고 싶기 때문이다. 교육은 쉽게 변하지 않고 세상은 더더욱 그렇지만, 지금 우리가 조금씩 움직이는 발걸음이 없다면, 그 변화의 시작 지점은 점점 멀어질 것이다. 아직은 만나지 못했지만 만나기 위해서 끊임없이 노력하는 것. 그렇게 노력하는 교사가 나뿐만 아니라 주위에 많다는 사실. 그 사실로부터 얻는 용기. 그리고 다시 내딛는 또 한 걸음. 이 한 걸음 한 걸음이 모이면 분명 우리 아이들은 행복해질 것이다. 그 아이의 아이는 조금 더 행복해질 것이다. 우리가 지금 말하고자 하는 것은 '아이들'이지만, 그들은 희망이자 곧 미래이기도 하다.

이민영

··· 학생회장의 눈물과 3년의 법칙

아침에 학생부실로 들어오는 학생회장(3학년, 여학생)의 눈이 부어 있는 것을 보고, 한 선생님이 물었다.

"어제, 무슨 일 있었니?"

그러자 갑자기 학생회장의 눈가가 촉촉해진다. 나는 애써 고개를 돌리면서도 학생회장의 대답이 궁금해 귀를 쫑긋 세웠다.

"아니에요."

"집안일이야? 아니면 친구 때문이야?"

선생님의 질문이 계속되자, 학생회장은 대충 얼버무리며 학생부실을 빠져나갔다. 그리고 며칠 뒤 우연히 학생회장의 어머니와 통화를 하게 되었다. 이런저런 이야기를 하다가 내가 물었다.

"며칠 전에 **가 눈이 많이 부어서 왔더라고요. 그래서 무슨 일 있냐고 물었는데, 대답을 안 하던데요. 혹시 무슨 일인지 아세요?"

"중3이다 보니 고등학교 진학 문제로 요새 고민이 많아요. 가고 싶어 하는 고등학교가 있는데 성적은 안 되고, 그렇다고 이런 고민을 나눌 만한 친구도 없고요. 게다가 학생회장이라고 열심히 한다고는 하는데, 늘 학생부장님이 말씀하신 뒤에야 자신이 빼먹은 것을 안다며 학생회장으로서 자질이 부족하다고 많이 속상해하네요."

올해 학생회장은 다른 아이들이 이 팀(회장 1명, 부회장 2명의 러닝메이트)과 겨룰 엄두도 못 낼 정도로 인지도가 높아서 단독 후보로 출마,

학교생활인권규정에 의거하여 무투표로 당선되었다.

그런데 오히려 이것이 독이 된 것 같았다. 경쟁 없이 너무 쉽게 당선되어서 그런지, 학생회장이 되기 전과 사고하는 것이 별반 다르지 않았다. 학생들을 대표한다는 의식은 있는데, 학생자치를 위해서 학생회가 어떤 역할을 해야 하는지에 대한 깊은 고민이 보이지 않았다. 그래서 학생회장단을 불러서 물어보았다.

"너희가 생각하는 학생자치는 어떤 거니?"

내 질문 자체가 어른들(주로 선생님들)도 선뜻 대답하기 어려운 것이기는 했으나, 자발적으로 학교 회장과 부회장으로 출마했다면 학생회 운영에 대한 어떤 각오나 생각이 있을 거라고 예상했는데, 아이들은 끝내 말문을 열지 못했다. 그래서 조금 쉽게 대답을 찾고자 출마하면서 내세운 공약의 실천 방법에 대해서 물었는데, 이 역시 확실한 대책이나 대안 없이 대충 얼버무리고 말았다. 그래서 다음 날 글로 정리해 오도록 숙제를 내주었다.

"내일까지 본인이 생각하는 학생자치란 무엇인가, 각자 적어오도록 하자. 별도 양식은 없고, 분량도 정하지 않을 테니, 각자 편하게 자기 생각을 적어오도록."

다음 날 아이들은 A4 용지 반쪽 정도에 자신이 생각하는 학생자치와 학생회의 역할에 대해서 적어왔다. 인터넷 검색을 통해 일부 내용을 베낀 흔적이 보였지만, 각자 생각을 들어보니 밤새 고민을 많이 한 것 같기는 했다.

다시 눈가가 촉촉해진 학생회장의 얘기로 돌아가자. 학생회장의 어머님과 통화를 하다가 전화를 끊기 전에 이런 말씀을 드렸다.

"**어머니, **가 어려움 없이 학생회장을 잘 해내면, 저 같은 선생님들이 뭐 하러 있겠어요. 학생회장을 이삼 년 한다면 모를까, 처음 해보는데 다 그렇지요. 그러니 너무 걱정하지 말라고 전해주세요. 지금도 충분히 잘하고 있다고요."

학생자치 업무를 맡고 있다 보면, 아이들에게 교육이 필요한 이유를 알게 된다. 처음부터 알아서 잘하는 아이는 거의 없다. 그래서 난 늘 내가 먼저 실천해보이고, 그다음에는 아이들이 내가 한 것을 직간접적으로 체험해서 몸에 익히게 한 다음, 직접 자신들의 일로 받아들이게 하고 있다.

그런데 이것은 비단 아이들만의 문제는 아닌 것 같다. 교사들도 새로운 업무를 맡아서 하게 되면 첫해는 남이 세워놓은 계획에 따라가기도 바쁘다. 그러다 다음 해가 되면 자신이 계획을 세워서 실천해보고, 그 계획과 실천이 따로 움직인다는 것을 몸소 느끼고 난 3년째에야 자기 스타일에 맞는 계획을 세우고 거기에 맞춰서 운영을 하게 된다.

그러니 학생회장을 2년 연속으로 할 수 없는 현실적인 구조에서, 아이들은 자신의 스타일에 맞춰서 계획을 세워보기는커녕 전년도 학생자치의 틀에서 시행착오만 겪다가 끝나고 마는 일이 허다하다. 결론은, 학생자치는, 1학년 때부터 직접 경험을 해보게 해야 한다는 것이다.

2016년 학생자치는 이렇게 시작했다. 여전히 학생회는 한 달이 지난 지금도 멀리 내다보고 행사를 기획하지 못하고 있고, 닥쳐서야 급급하게 진행한다. 답답한 마음에 내가 언질을 주면 자신들이 이 시점에 무엇을 해야 하는지, 무엇을 놓치고 있는지를 몰라서 어리둥절해한다. 학생자치가 아직 학교 문화로 정착하지 못한 탓일 것이다.

교사의 지시와 가르침이 있기 전에 아이들 스스로 1년의 학생자치를 그리며 미리 준비해나가도록 능력을 키워주는 게 필요한데, 나도 3년째 학생부장을 하고 있는 지금까지 많이 부족하다.

아이들 입장에서는 '예년에 비해서 잘하고 있다'고 생각할 수도 있으나, 여전히 내 눈에는 부족한 점이 많이 보인다. 그렇다고 학생부장인 내가 모든 일을 주관해서 하는 것은 옳지 않고, 무턱대고 기다린다고 해서 학생자치 문화가 형성된다고도 할 수 없다. 아이들이 능력을 키워나가고 문화를 구축하기까지 여전히 교사들의 잔손이 필요하고, 오랜 시간 기다려주는 강한 인내심도 요구된다.

퇴근하기 위해 차에 올랐다. 여느 때처럼 자동차 시동을 켬과 동시에 라디오에서 DJ의 목소리가 흘러나왔다. 마침 '시인의 꿈, 네 자로 말해요'라는 코너를 시작하고 있었다. 청취자가 생활하면서 있었던 일을 4·4조의 운율에 맞춰서 방송국 홈페이지 게시판 올려놓으면, 그 중에서 우수작을 선정해 소개하는 것인데, 그날따라 왜 그런 생각이 들었는지 모르겠다.

'나도 한번 써볼까?'

이런 생각이 달아날지도 몰라서 집에 도착하자마자 컴퓨터를 켜고 홈페이지 게시판에 글을 남겼다. 글은 생각보다 쉽게 써졌다. 글 솜씨가 있어서라기보다 솔직한 감정을 표현한 것을 높이 샀는지, 채택되는 행운도 얻었다.

학생부장으로 산다는 것

아침 오면 어김없이 나는 간다, 교문으로.
한 명 두 명 교복 입은 아이들이 들어온다.
꾸벅꾸벅 구십 도로 인사하는 나를 보며
처음에는 낯설어서 힐끔힐끔 쳐다봤지.
요즘에는 아이들이 나보다 더 크게 하네.

새로 오신 교장 샘은 인사하는 나를 보며
우리 학교 포도대장 미쳤다고 말하셨지.
그렇지만 밝아지는 아이들의 표정 보며
신이 나서 나는 나는 멈출 수가 없었다네.

하루 이틀 한 달 두 달 삼 년째가 되었다오.
학생부장 일 년 하면 검은 머리 백발 된다.
학교에서 3D 업무 모두모두 싫어하지.

매일 아침 작은 천사 제일 먼저 맞이하는
나에게는 이 자리가 너무나도 행복하네.

이 기쁨과 이 보람을 남들에게 뺏길까봐
벌써부터 걱정 되네, 인사 발표 하는 날이.
머지않아 눈 내리고 겨울방학 찾아오면
학생들이 없는 학교 생각조차 하기 싫네.

사람들은 교사 직업 쉽게 쉽게 말을 하지.
남들 없는 방학 있어 부럽다고 부럽다고.
그렇지만 나는 나는 정반대라 얘기하네.
매일 아침 교문에서 아이들을 맞이하며
더도 말고 덜도 말고 이렇게만 살고 싶소.

이 글을 쓴 것은 장곡중학교에서 학생부장을 3년째 하던 해였다. 앞에서도 말했듯이 학교에 학생자치 활동이 자리를 잡는 데는 최소 3년은 필요한데, 아이들뿐만 아니라 이 업무를 담당하는 학생부장에게도 안정적인 모습으로 부서를 운영하는 데 3년 정도가 필요한 것 같다. 공교롭게 올해 광수중학교에서도 학생부장으로 3년째 근무 중이다. 그런데 '네 자로 말해요'에 표현한 그 마음이 올해 들어 다시 떠올랐다. 광수중학교에 와서 이런 마음이 든 것은 처음이다. 나처럼 생각한 선생님이 한둘이 아닐 것이다. 광수중학교에서 3년 이상 근무한 교사들은 이구동성으로 "올해 들어 학교가 너무 평화롭고 행복하다"고 말한다. 이 말의 의미를 작년이나 올해 전입한 교사들은 온전히 이해하기 힘들 것이다.

그러면서도 마음 한편이 아려오는 것은 무엇 때문일까? 이제 학교가 안정적으로 자리를 잡아가고 있을 시점에, 다음 학교를 생각해야 할 때가 되었기 때문이다. 다른 학교로 가야 한다는 슬픔이 문득문득 엄습해온다. '유예'라는 제도가 있어서 교장선생님께서 허락만 해주신다면 1~2년 정도 더 있을 수야 있겠지만, 그렇게 몇 년 더 있다고 해서 전출을 피할 수는 없다.

전입 4년차, 이제는 선택의 기로에 섰다. 새 학교에서 아이들이 학교를 안전하고 평화로운 공간으로 느끼며 행복을 가꾸어갈 수 있도록 작은 힘이나마 보태기 위해 떠날 것인가? 광수중학교에서 학생자치의 기반 위에 존중과 배려의 학교 문화가 더 탄탄하게 자리 잡을 수 있도록 지켜볼 것인가? 어느 쪽이든 내게는 기분 좋은 선택이 아닐 수 없다.

백원석

… 더디더라도 바보같이 묵묵히

중학교를 졸업하고 15년이 지난 2000년 초반, 배우는 자리에서 가르치는 입장이 되어 나는 다시 학교로 돌아왔다. 한여름에는 선풍기 가까운 자리에 앉기 위해 티격태격했고, 겨울에는 조개탄 앞에 모여 쥐포를 구워 먹던 학창시절의 추억과 교내 송시대회, 합창대회 같은 특별활동만 기억의 조각으로 연결되어 있는 그런 학교로. 설렘 한가득 품고 출근한 초임 시절이었다.

하지만 학교 현장은 별로 변한 게 없었다. 1장에서 언급했지만, 아직도 교문에서 엄격한 생활지도를 하고 있었으며, 선도부 아이들은 교사 옆에서 규정을 위반한 친구의 이름을 가차 없이 적어 내려갔다. 중학교 시절 친한 친구였던 선도부 녀석이 내 이름을 적는 모습에 주먹다짐을 벌였던 아픈 기억이, 15년이 흘러서도 똑같이 반복되는 현실에 좌절할 수밖에 없었다.

몇몇 교사와 함께 시도한 선도부 해체와 교문 생활지도 폐지 요구는 '그러면 혼란을 초래한다'는 관리자와 대다수 교사의 목소리에 묻히고 말았다. 하지만 이런 요구들이 혁신학교가 등장하면서 지지를 받아, 결국 경기도에서는 교문 생활지도 금지와 선도부 해체가 이루어졌으니 얼마나 다행인지.

2011년 장곡중학교로 발령을 받았다. 오랫동안 한 학교에서 좋은 교사들과 호흡하며 생활하다 낯선 곳으로 가야 한다는 불안감은, 모든 교사가 발령 시기에 느끼는 똑같은 감정일 것이다. 이렇게 불안한 마음을 안고 시작한 학교생활은 어려움의 연속이었다. 여학생들의 성향에만 익숙해 있던 나는 남학생들의 모습에 어찌할 바를 모르고 점점 나락으로 빠져들었다. 혁신학교라 이것저것 해야 할 일은 많았고, 기존에 하던 수업까지 바꾸라고 하니, 엎친 데 덮친 격으로 스트레스가 이만저만이 아니었다. 그렇게 1년을 좌충우돌하며 적응해가던 학기 말, 교장선생님이 신설하는 지역사회부장을 맡아보면 어떻겠느냐는 제의를 해왔다. 며칠을 고민한 끝에 승낙하고, 새 학기부터 지역사회부와 더불어 학교생활을 하게 되었다.

혁신학교 초창기에 지역사회와 학부모들은 우리 학교를 대안학교로 바라보는 시각이 있었다. 학생 스스로 참여하고 성장해나갈 수 있는 다양한 교육과정 재구성이, 그들의 눈에는 노는 것으로 비치는 것 같기도 했다. 이에 학부모와의 소통이 중요하다는 것을 느껴 학부모 프로그램을 기획하고 만들었다. 분명 소통의 긍정적 효과는 1장에서 언급했듯이 이루 말할 수 없이 훌륭했다. 하지만 학부모 자치 활동이 긍정적인 영향만 있었던 것은 아니다. 다른 학교도 비슷하겠지만, 자녀교육에 열정이 있는 소수 학부모들만 참여했고, 대다수 학부모는 관심 밖이었다. 지금까지도 일부 학부모들만 혜택을 받고 있는 것이 비판을 받는 지점이기도 하다. 지금은 마을교육공동체부로 바뀌어서 다른 부장교사가 맡고 있지만, 여전히 나는 어떻게 하면 자발적으로 많은 학부모가 마을 안에서 학교와 만날 수 있을지를 고민하고 있다.

장곡중학교는 혁신학교 7년차다. 여러 부분에서 학교 문화를 바꿔 왔으며, 교육 3주체가 노력하여 학교와 더불어 마을 문화도 조금씩 만들어가고 있다. 한 해 천여 명의 교사 및 외부 인사들이 방문함으로써 모범 혁신학교로서 자긍심을 느끼고, 아울러 선도적인 역할을 하고자 노력하고 있다. 특히 배움의 공동체 수업, 학생 인권, 자치, 전문적 학습 공동체, 민주적 자치 공동체 분야에서만큼은 최고의 학교라고 자부한다. 하지만 우리 학교라고 어려운 일이 없지는 않다. 특히 오랫동안 생활인권부장(학생부장)을 맡아오며 안타깝게 여기는 일들이 있다.

가장 안타까운 것은 바로 동아리 활동이다. 전 학교에서는 20여 개가 넘는 동아리가 있었다. 방과 후에 다양한 동아리 활동을 통해서 아이들은 자존감을 향상시키고, 특기 적성 함양과 인성 교육을 키우는 장으로서 큰 축을 담당했다. 그런데 장곡중학교에 발령받은 후 동아리 활동의 활성화를 위해 노력했지만, 아직까지 제대로 진행하지 못하고 있다. 여러 가지 요인이 있겠지만, 그 중에 환경적인 요인이 가장 큰 것 같다. 전 학교에서는 방과 후 활동을 교사나 학부모들이 적극 지지해주었지만, 지금은 수업과 교육과정 활동에 중점을 두다 보니, 자발적으로 이루어지는 동아리 활동에 아무래도 어려움이 있다.

또 다른 아쉬움은 '회복적 생활교육'이다. 2013년부터 시작한 회복적 생활교육은 단위 학교에 학생 인권의 향상, 민주적 자치 공동체와 윤리적 생활 공동체 형성에 큰 디딤돌이 되었다. 하지만 우리 학교는 수업 중심의 혁신학교 철학을 실천하면서 이미 학교 문화의 바탕에 학생들에 대한 생활교육이 인권 친화적으로 되어 있다고 생각하는지, 회복적 생활교육 연수나 시스템을 절실하게 여기지 않는 교사들이 많은 것 같다. 그러다 보니 체계적으로 깊이 있는 연수나 배움을 통해 함께 고민을 나누는 회복적 생활교육 시스템을 받아들이지 못한 채 전체 교사가 기본 과정 정도만 이수하고, 3월 오리엔테이션 기간 동안 학급 아이들과 담임교사를 중심으로 짧은 연수만 이루어지는 '수박 겉핥기식' 활동을 하고 있다. 물론 머지않아 조금씩 마음을 모은다면, 동아리 활동 활성화와 회복적 생활교육도 혁신학교 시스템 안에서 잘 정착할 거라고 믿는다.

이제 '선택과 집중'을 해야 할 시기다. 언제까지 교복 치마가 짧다고, 입술이 빨갛다고, 머리에 염색을 했다고 아이들과 씨름할 것인가? '교사가 행복해야 아이들이 행복하다'는 학교 유리창에 붙어 있는 스티커를 보았다. 당연한 말이다. 하지만 나는 '아이들이 행복해야 교사도 행복하다'는 말에 동의한다. 우리 아이들과 즐겁게 살아가자. 함께 즐기며 공동체 생활을 할 수 있도록 교사부터 먼저 마음을 활짝 열었으면 좋겠다. 그리고 그 자리에 우리 아이들과의 아름다운 상생의 활동이 자리하길 기원해본다.

나는 지금 함께 책을 쓴 두 분 선생님이자 멘토들과 아이들 이야기를 나누며 같은 길을 걸어가고 있다. 나를 매개해서 두 분과 함께한 것이 벌써 3, 4년쯤 되었다. 지금은 고민이 너무 많아 '못난이 삼 형제' 인형 같은 모습으로 이야기를 나누고 있지만, 함께하기에 두렵지 않다.

우리의 공통점은 바보처럼 묵묵히, 아이들과 천천히, 넓은 인생의 바다를 헤엄쳐가고 있다는 것이다. 아이들 한 명 한 명에게 수영하는 법과 파도를 상대하는 방법을 가르쳐주기보다 더디더라도 스스로 깨우치며 나아갈 수 있도록 뒤에서 묵묵히 함께하고 있다. 그리고 아이들뿐만 아니라 동료 교사들과 힘을 모아 아이들이 파도를 헤쳐나갈 수 있도록 서로의 역량을 이끌어내고 있다.

  나는 바보 같은 교사였다. 내 한 몸 아이들과 지내기도 힘든 교사였다. 하지만 멋진 선배들을 만나서 내가 가야 할 길을 깨달았다. 그러나 개인의 역량에는 한계가 있으므로 나 혼자서는 아무것도 할 수 없다는 것도 안다. 한 사람이 꾸는 꿈은 '이상'이지만, 둘이서 꾸면 희망이 되고, 모두가 함께 꾸면 '현실'이 된다고 한다. 우리가 공동체를 회복하고 함께 나아간다면, 아무리 거친 파도가 밀려온다 하더라도 헤쳐나갈 수 있을 것이다. 내가 자신 있게 말할 수 있는 것은 바보인 내가 변화하고 있다는 것이다. 누구나 이민영, 백원석이 될 수 있다. 그분들도 결코 여러분과 다른 사람이 아니다. 함께 꿈을 나누었으면 좋겠다. 그러면 아이들도 우리와 함께 '행복한 꿈을 꾸는 사람, 행복을 주는 사람'으로 성장할 것이다. 그리고 우리도 함께 성장할 수 있을 것이다.

조성현

에듀니티 　　행복한연수원원격연수　　happy.eduniety.net

30시간 2학점 원격연수

책읽기 좋은 봄, 여름, 가을, 겨울
교과 정규수업시간에 책 읽는 선생님들의
독서교육 이야기

교사가 지치지 않는 독서교육

독서교육에 대한 전반적인 흐름을 이해할 수 있는 연수!
다양한 교과 수업 적용 사례, 학급과 동아리 독서교육 지도법, 교사공부모임에서 하는 독서, 가정에서 하는 자녀 독서교육 지도법까지 모두 다룹니다.

독서교육의 기본

1 "독서교육, 이렇게 하면 될 줄 알았는데!"
2 "내가 고른 책, 왜 인기가 없었지?"
3 "같은 책을 읽었는데, 왜 다르지!"
4 "독서감상문, 진짜 너희들의 감상이 궁금해"
5 "무엇이 문제인가! 누구의 문제인가!"

독서교육의 여러 방법

1 "독서교육, 이렇게 하면 될 줄 알았는데!"
2 "내가 고른 책, 왜 인기가 없었지?"
3 "같은 책을 읽었는데, 왜 다르지!"
4 "독서감상문, 진짜 너희들의 감상이 궁금해"
5 "무엇이 문제인가! 누구의 문제인가!"
6 [재미] 시집으로 하는 독서교육
7 [쉬움] 네 시간 독서토론
8 [기본] 지적 단련을 위한 서평쓰기
9 [소통] 책 대화하기
10 [만남] 책 읽고 인터뷰 하기
11 [탐구] 주제 보고서 쓰기

교과 독서교육 시작하기

12 교과 독서교육 들여다보기
13 교과 독서교육 들여다보기
14 국어교사 김진영, 책읽기 수업
15 체육교사 김재광, 책읽기 수업
16 윤리교사 김현주, 책읽기 수업
17 역사교사 정태윤, 책읽기 수업
18 역사교사 우현주, 책읽기 수업
19 특성고 사회교사 허진만, 책읽기 수업
20 특목고 국어교사 남승림, 책읽기 수업
21 국어교사 구본희, 자유학기제를 활용한 책읽기 수업
22 제자들이 기억하는 그 시절, 송승훈 선생님의 책읽기 수업
23 지치지 않는 교과 독서교육을 함께 만들다
24 지치지 않는 교과 독서교육을 함께 만들다

독서교육의 확장

25 동아리와 공부모임에서 하는 책읽기
26 담임교사가 하는 독서교육
27 독서로 하는 학교폭력 예방수업
28 자녀 독서교육에 대한 궁금증 해소
29 실적이 필요할 때 쓰는 방법과 학교 예산 활용법
30 학교에서 독서교육을 하는 의미

강의 송승훈선생님
http://wintertree91.blog.me

광동고등학교 국어교사
아이들의 삶을 읽어내며, 그 안에서 자신의 꿈을 만들어가는 '꿈꾸는 교사 송승훈'선생님은
아이들이 책으로 세상을 만나고, 저마다 꿈을 꾸는 교실을 만들기 위해
전국의 선생님들에게 실패하지 않는 독서교육 방법을 전하고 있습니다.

행복한연수원 원격연수   happy.eduniety.net

15시간 1학점 원격연수

아이들의 가능성, 잠재성도
같이 잠재울 수는 없습니다.

무기력한 아이
이해하고 돕기 프로젝트
:잠자는 거인을 깨우는 법

아이들 내면의 잠자는 거인을 깨울 수 있도록 돕기 위한
무기력 아이 변신을 위한 프로젝트, 김현수 선생님과 함께 준비하는 시간을 가져보고자 합니다.

---

1. 무기력에 대한 이해

2. 무기력의 분류

3. 무기력의 형성 과정 Ⅰ

4. 무기력의 형성 과정 Ⅱ

5. 무기력의 형성 과정 Ⅲ

6. 무능함을 보여주는 네 가지 패러다임

7. 무기력과 관련된 개념 익히기

8. 무기력한 아이들에게 접근하는 유형별 방법 Ⅰ

9. 무기력한 아이들에게 접근하는 유형별 방법 Ⅱ

10. 무기력한 아이들을 위한 노력 Ⅰ

11. 무기력한 아이들을 위한 노력 Ⅱ

12. 무기력한 아이들을 위한 노력 Ⅲ

13. 무기력한 아이들을 돕는 구체적인 방법 Ⅰ

14. 무기력한 아이들을 돕는 구체적인 방법 Ⅱ

15. 무기력한 아이들을 만나는 교사들에게

강의 김현수
http://www.schoolstar.net

현 교과부 학교폭력대책위원회 기획위원 / 현 여성가족부 청소년보호위원회 보호위원
현 서남대 명지병원 정신건강의학과 교수 / 현 경기도광역 정신건강증진센터 및 자살예방센터 센터장
현 성장학교 별 및 스타칼리지 교장 / 현 프레네 클럽 대표 / 현 서울시 교육청 학교폭력대책 자문위원
저서 행복한 교실을 만드는 희망의 심리학(에듀니티) / 공부상처(에듀니티) / 교사상처(에듀니티)

happy.eduniety.net

행복한연수원 원격연수

30시간 2학점 원격연수

"생활지도의 새로운 패러다임"

회복적 정의와 비폭력대화를 기반으로 한
회복적 생활교육

학교 내 폭력과 다양한 갈등에 대해 평화적으로 대처할 수 있는 교사 역량을 강화하고자
기존의 권위적·처벌적인 생활지도에서 벗어난 **회복적 생활교육**의 **패러다임**의 확산을 다루려고 합니다.

모듈 I. 회복적 생활교육
01. 왜 회복적 생활교육인가
02. 회복적 생활교육이란
03. 정의 패러다임
04. 무엇을 회복할 것인가
05. 회복적 정의의 뿌리와 역사
06. 회복적 정의 적용사례
07. 회복적 도시를 디자인하라

모듈 II. 회복적 실천 : 회복적 서클
18. 갈등에 대한 이해
19. 회복적 서클이란
20. 회복적 서클의 과정과 시작
21. 사전 서클
22. 진행자의 사전 서클
23. 본 서클
24. 대화 지원
25. 사후 서클
26. 서클 진행자의 역할과 시스템 구축

모듈 II. 회복적 실천 : 비폭력대화
08. 비폭력대화란
09. 관찰
10. 느낌과 욕구(Need)
11. 부탁
12. NVC 모델로 자기표현하기
13. 공감으로 듣기 1
14. 공감으로 듣기 2
15. 분노 1
16. 분노 2
17. 감사

모듈 II. 회복적 실천 : 평화로운 학급 공동체 만들기
27. 공유된 목적과 약속 세우기
28. 서클을 활용한 체크인, 체크아웃
29. 배움과 성장을 위한 Feedback과 성찰

모듈 III. 교사역할과 앞으로의 과제
30. 교사 역할론과 회복적 생활교육의 과제

(사)좋은교사운동, 한국평화교육훈련원(KOPI),
한국비폭력대화센터(NVC센터)와 함께 만들었습니다.

강의 박숙영/이재영/캐서린 한